Chère Fra

En hommage 'a
toutes ces femmes
courageuses et
déterminées qui
ont ôté la plus
grande faculté des
sciences infirmières
de la francophonie.

André

25 décembre 2 002

Bonne lecture!

LES SCIENCES INFIRMIÈRES :
GENÈSE D'UNE DISCIPLINE

YOLANDE COHEN, JACINTHE PEPIN,
ESTHER LAMONTAGNE ET ANDRÉ DUQUETTE

Les sciences infirmières : genèse d'une discipline

Histoire de la Faculté des sciences infirmières
de l'Université de Montréal

Les Presses de l'Université de Montréal

La publication de ce livre a été rendue possible grâce à des subventions du Fonds d'aide à l'édition savante de l'UQAM et de la Faculté des sciences infirmières de l'Université de Montréal.

Données de catalogage avant publication (Canada)

Vedette principale au titre :

Les sciences infirmières : genèse d'une discipline
Histoire de la Faculté des sciences infirmières de l'Université de Montréal

Comprend des réf. bibliogr.

ISBN 2-7606-1847-1

1. Université de Montréal. Faculté des sciences infirmières – Histoire.
2. Soins infirmiers – Étude et enseignement (Supérieur) – Québec (Province) – Montréal – Histoire.

I. Cohen, Yolande.

RT81.C32M6 2002   610.73'071'171428   C2002-940772-9

Dépôt légal : 3ᵉ trimestre 2002
Bibliothèque nationale du Québec
© Les Presses de l'Université de Montréal, 2002

Les Presses de l'Université de Montréal remercient le ministère du Patrimoine canadien du soutien qui leur est accordé dans le cadre du Programme d'aide au développement de l'industrie de l'édition.

Les Presses de l'Université de Montréal remercient également le Conseil des Arts du Canada et la Société de développement des entreprises culturelles du Québec (SODEC).

IMPRIMÉ AU CANADA

www.pum.umontreal.ca

Pour M. F.

Remerciements

CET OUVRAGE est le fruit d'une réflexion collective menée durant ces trois dernières années par les auteurs sur le passé et l'avenir des sciences infirmières. L'étude spécifique de la Faculté des sciences infirmières de l'Université de Montréal a été menée à la demande de Suzanne Kérouac, alors doyenne de la Faculté, qui a pris cette initiative et a su trouver les fonds nécessaires auprès du Fonds de dotation pour l'enseignement et la recherche de la faculté (Fonds Alma Mater). Nous lui adressons nos plus sincères remerciements pour le courage qu'elle a eu en faisant appel à une équipe d'historiennes et de professeurs chercheurs de la Faculté en vue de mener à bien ce projet. Nous espérons amorcer ainsi une réflexion plus globale sur la place et le statut des sciences infirmières dans la société, à partir de l'étude d'un cas et dans une perspective bidisciplinaire.

Nous souhaitons également exprimer nos sincères remerciements à la doyenne actuelle, Christine Colin, qui, dès son arrivée à la Faculté en septembre 2000, a immédiatement apporté son soutien entier au projet, et nous a assuré de l'importance qu'elle accorde à cet ouvrage.

Tout ouvrage collectif est marqué par une collaboration particulière qui s'établit entre les auteurs au fil du travail requis. Pour réaliser celui-ci, nous avons tenté de concilier nos différents horizons disciplinaires ainsi que nos méthodologies particulières. Aux historiennes Yolande Cohen et Esther Lamontagne l'analyse sociohistorique du contexte et du développement institutionnel des sciences infirmières s'est d'emblée imposée ; aux spécialistes des sciences infirmières est revenue l'analyse des savoirs et de leur transformation. Toutefois, ne voulant pas diviser le livre en deux parties, ce qui lui aurait enlevé sa cohérence et son ambition bidisciplinaire, nous avons convenu de travailler ensemble tous les chapitres, Yolande Cohen étant la responsable du projet et la rédactrice principale de l'ouvrage. Néanmoins, chaque chapitre porte la marque d'un auteur qui y a plus particulièrement mis sa griffe personnelle. C'est ce que nous voulons reconnaître en identifiant, dans l'ordre, les crédits pour chaque chapitre séparément :

l'introduction, les chapitres 1, 2, 3 et la conclusion ont été rédigés par Yolande Cohen et Esther Lamontagne ;

le chapitre 4 a été rédigé par Yolande Cohen, Jacinthe Pepin, Esther Lamontagne et André Duquette ;

le chapitre 5 a été rédigé par André Duquette, Jacinthe Pepin, Yolande Cohen et Esther Lamontagne ;

le chapitre 6 a été rédigé par Jacinthe Pepin, André Duquette, Esther Lamontagne et Yolande Cohen.

Nous remercions Suzanne Kérouac de nous avoir aidés à approfondir notre réflexion concernant le dernier chapitre.

Une telle histoire ne peut s'écrire sans la contribution d'un grand nombre de personnes. Nous voulons ici remercier particulièrement Evelyn Adam, Julienne Provost, Fabienne Fortin et Marie-France Thibaudeau pour l'aide précieuse qu'elles ont bien voulu nous apporter et pour leurs remarques pertinentes. Les anciennes doyennes Diane Goyette et Marie-France Thibaudeau et les professeures sœur Marie Bonin, sœur Jeanne Forest et Jeannine Pelland ont également accepté avec beaucoup d'enthousiasme de répondre à nos questions, de vérifier nos données et même d'apporter leur contribution particulière à cette histoire qu'elles connaissent mieux que quiconque. Qu'elles soient ici vivement remerciées pour leur précieuse collaboration à cet ouvrage, dont par ailleurs elles ne peuvent porter la responsabilité qui nous incombe entièrement. Les archivistes sœur Gaëtane Chevrier (de la Congrégation des Sœurs de la Charité de Montréal) et Denis Plante (du service des archives de l'Université de Montréal) nous ont été d'un secours constant. Quelques donateurs anonymes ont confirmé leur soutien aux sciences infirmières et, via le fonds de dotation Alma Mater, ont fait preuve d'une grande générosité en finançant le projet.

Ces fonds, ainsi que ceux obtenus du Conseil de recherche en sciences humaines du Canada par Yolande Cohen, ont pu être utilisés pour engager Esther Lamontagne qui a en outre bénéficié d'une bourse de doctorat du Hannah Institute for the History of Medicine.

Nous tenons également à remercier Françoise Acker qui a bien voulu lire le manuscrit et nous adresser ses commentaires, dont nous avons apprécié la pertinence, en particulier sur les questions du curriculum et de la formation des infirmières, ainsi que Nadia Famy-Eid, dont les conseils nous sont toujours précieux. Et à Marcel Fournier qui m'a soutenue tout au long de ce projet, durant la relecture et la correction des dernières épreuves, ma plus profonde gratitude.

YOLANDE COHEN

Préface

IL N'EST PAS RARE D'ENTENDRE depuis quelques années déjà que les soins infirmiers sont en crise. Cette situation se retrouve dans plusieurs pays où les systèmes de santé sont ébranlés par de profondes transformations dues en grande partie aux contraintes financières. L'optimisation du travail infirmier constitue un défi majeur pour tous : planification des ressources infirmières, organisation du travail, interdisciplinarité et formation académique sont au centre des discussions. C'est dans ce contexte qu'il était manifestement urgent de publier ce livre.

Les infirmières forment au Québec le groupe le plus important de professionnels de la santé. Le public lui manifeste son appui de manière soutenue : on reconnaît l'importance des soins infirmiers, la nécessité de salaires et de conditions de travail favorables compte tenu des exigences de la fonction. Les infirmières participent généreusement à la transformation du réseau de la santé et, dans des conditions relativement précaires, relèvent le défi de l'innovation pour répondre aux besoins de santé de la population.

La question se pose moins sur « ce que font les infirmières » : en effet, tous et chacun ont eu l'occasion de l'observer à un moment ou l'autre de leur vie. Aussi, des ouvrages ont permis de l'expliquer au cours des dernières années et notamment de retracer l'évolution de la profession au Québec[1]. Par ailleurs, il est étonnant de constater aux différents paliers sociopolitiques une méconnaissance des enjeux auxquels fait face la profession, là même où des décisions primordiales se prennent sur son avenir. Serait-ce parce qu'elle représente une profession de femmes qu'il a fallu, depuis des décennies, expliquer à de nombreuses commissions la nature des soins infirmiers, la nécessité d'une formation de pointe et sa légitimité académique ? Le questionnement va plutôt vers « ce que font les infirmières à l'université ».

Encore fallait-il trouver la manière rigoureuse, adroite et efficace de dire qu'elles y œuvrent depuis un bon moment et que leurs réalisations sont porteuses d'espoir pour l'avenir.

Cet ouvrage est essentiel. En premier lieu, il permet une prise de conscience des enjeux qui ont marqué l'histoire des savoirs infirmiers au Québec. Cinq décennies se seront écoulées avant qu'il ne soit question de formalisation des savoirs. En effet, partant de vertus et de valeurs morales, la profession a évolué au fil des événements professionnels, sociaux et politiques qui ont bousculé ses valeurs premières. La discipline s'est d'abord établie sur un premier champ qui la caractérise, l'hygiène, avec un savoir particulier et autonome et une formation supérieure universitaire. Par ailleurs, les structures hospitalières franco-catholiques ont su mettre en valeur le caractère de dévouement et de don de soi lié au travail de l'infirmière. Reconnu pour l'expression noble du caractère féminin plutôt que pour la maîtrise de savoirs spécifiques, le nursing cantonnera ses adeptes dans des emplois subalternes. Ces deux orientations — hygiène et nursing — coexisteront et se croiseront pour aboutir à un modèle particulier qui fondera son évolution sur l'éducation, le développement de savoirs exclusifs et l'autonomie professionnelle. Il n'en demeure pas moins que le domaine du soin (*caring*) placera longtemps les infirmières dans une situation où elles négocieront sans cesse leurs liens avec d'autres professionnels et seront confrontées aux exigences des décideurs du système de santé qui accordent plus ou moins d'importance au soin. Par conséquent, la façon dont les savoirs se sont transformés au fil du temps n'est pas sans soulever de nombreuses questions, au-delà de la pratique des soins, de la profession et de la discipline infirmière.

1. Yolande COHEN, *Profession infirmière. Une histoire des soins dans les hôpitaux du Québec*, Montréal, Les Presses de l'Université de Montréal, 2000 ; Olive GOULET et Clémence DALLAIRE, *Soins infirmiers et société*, Québec, Gaëtan Morin, 1999.

La publication de ce livre est l'occasion de rendre hommage à la détermination des Sœurs Grises qui, dès les années 1920, présentent leur projet de formation supérieure en nursing aux autorités de l'Université de Montréal. Leur engagement prend racine dans une vision éclairée des concepts et des assises de la profession et dans une ouverture aux autres dont témoignent leurs fréquents entretiens avec les infirmières anglo-protestantes de l'époque. Ne sous-estimons pas la subtile complicité qu'elles ont su entretenir avec les médecins — souvent en admiration devant leur adresse — qui n'ont pas hésité à les aider à surmonter certaines réticences institutionnelles, par exemple lors de la fondation de l'Institut Marguerite d'Youville en 1934 et de la Faculté de nursing en 1962. Dès 1952, elles offrent un programme de baccalauréat de base où le concept de santé est le fondement qui vise à doter le nursing d'un ensemble de savoirs propres. Leurs dirigeantes sont aux premières loges en matière de formation infirmière et de planification de l'hôpital universitaire dont les bases ont été jetées il y a plusieurs décennies. Leurs diplômées occupent des postes clés en éducation et en administration.

Deuxièmement, cet ouvrage est essentiel car il amorce une analyse critique sur la genèse des savoirs infirmiers et ouvre une fenêtre sur l'avenir. En ce sens, il faut rendre hommage à l'engagement des personnes qui ont hérité du message des Sœurs Grises. Au Québec, les années 1960-1970 ont été marquées par la laïcisation des institutions d'enseignement, la mise en place d'une profonde transformation des services de santé et d'éducation ainsi que par la professionnalisation de ses personnels. Avec l'avènement de l'éducation publique et non confessionnelle, une nouvelle dynamique et une autre logique prennent place. L'enjeu des connaissances à transmettre prend une autre forme. Professeurs de la Faculté, personnel clinique et étudiantes adhèrent au concept d'une formation spécifique et de haut niveau pour l'infirmière. On n'hésite pas à confronter sa vision des soins à celles d'autres groupes et à défendre haut et fort le caractère spécifique et essentiel de cette formation. L'affirmation est telle que la place déjà occupée par la Faculté dans des secteurs bien établis, comme ce fut le cas pour l'hygiène, l'éducation et l'administration des soins, échappe à la vigilance des protagonistes. Si la formation initiale demeure divisée entre deux secteurs, collégial et universitaire, et que la question reste en suspens au fil des années, c'est loin d'être faute de rapports, mémoires, prises de position, etc. Bien au contraire, leur nombre est impressionnant. L'éclatement témoigne plutôt de la distance du discours échangé entre les défenseurs de la profession, les administrateurs et les politiciens. Le statut de l'infirmière restera captif d'enjeux que l'argumentaire des porte-parole infirmiers arrive peu à ébranler.

Si la reconnaissance de la profession reste difficile à confirmer au cours des trente dernières années, la transformation des savoirs pour le développement d'une discipline offre un potentiel jusqu'ici peu exploré. Explorant les grands courants de pensée qui ont marqué le XXe siècle, cet ouvrage entame une analyse critique sur la façon dont se sont développés les connaissances et les programmes éducatifs au cours des dernières décennies. Les programmes élaborés et enseignés à la Faculté fournissent la trame utilisée par les chercheurs. Ils nous permettent de tracer une évolution dont la base est bien ancrée sur nos valeurs, principes et convictions, qui s'épanouit en une ouverture aux autres pour en arriver à des collaborations et à un partage de la responsabilité collective de la santé.

Les années 1970 sont marquées par l'importance des études de premier cycle, le début d'une formation de deuxième cycle et l'octroi des premières subventions de recherche accordées à des professeurs par des organismes subventionnaires reconnus. C'est au cours de cette décennie que les publications des professeurs porteront sur les fondements pratiques du nursing, parmi lesquels on peut citer les savoirs infirmiers de base, les soins spécifiques à des groupes cibles, l'administration des soins et l'éducation en nursing, les aspects sociaux, économiques, politiques et professionnels ainsi que la recherche.

Dès les années 1980, la Faculté s'engage résolument dans la recherche subventionnée. Un développement remarquable prend place malgré d'importantes contraintes financières et la nécessité de modifier le corps professoral. Les savoirs se concentrent autour des fondements théoriques de la pratique infirmière: les soins à la famille incluant les soins à la mère, au nouveau-né, à l'enfant et à la femme; les soins à la personne âgée incluant la situation de chronicité, la santé mentale et la psychiatrie ainsi que la qualité des soins. Les travaux des étudiants et des professeurs contribuent à la formalisation des savoirs infirmiers et au développement de la science infirmière. Ces nouveaux savoirs sur le soin portent sur les dimensions psychosociales de l'expérience de santé des individus et des familles, ainsi que sur les effets de l'intervention infirmière sur la santé.

Au cours des années 1990, on assiste à la création de projets structurants qui permettent un rapprochement entre des savoirs spécifiques infirmiers et les soins à des groupes cibles. En ce sens, des équipes reçoivent des fonds importants d'organismes subventionnaires, notamment pour le développement des dimensions spécifiques aux sciences infirmières. La Faculté héberge en 1996 l'un des cinq centres d'excellence sur la santé des femmes au Canada et elle crée en 1998 une première chaire de recherche sur le soin à la personne âgée et à la famille. C'est aussi au cours de cette décennie qu'apparaissent des sujets d'études portant sur l'efficacité des interventions et des services infirmiers réalisés en partenariat avec des chercheurs d'autres disciplines, d'autres universités ou d'autres secteurs. Le programme conjoint de doctorat en sciences infirmières — Université de Montréal et Université McGill —, implanté en 1993, témoigne du degré de maturité de la recherche réalisée à la Faculté. L'obtention de bourses de recherche ainsi que le recrutement de nouveaux professeurs et de stagiaires postdoctoraux permettent de renforcer l'essor de la recherche. Le nouveau programme de baccalauréat implanté en 1995 est le fruit d'une concertation facultaire qui témoigne de la convergence désirée entre l'enseignement et la recherche. De plus, la collaboration des milieux clinique et communautaire est un gage de la pérennité des projets de la Faculté. Les dernières décennies auront été marquées par l'objectif de réaliser une œuvre conjointe entre les milieux de pratique, académique et administratif. Cette mission de développement et de transmission des connaissances vise la santé et le bien-être des individus, la continuité des soins et l'anticipation des changements.

Soulignons que cet ouvrage est également un hommage aux diplômées de la Faculté. Elles ont à tout moment de leur programme d'études partagé l'ambition de développer un mouvement durable pour propulser les sciences infirmières vers l'avenir. Grâce à leur collaboration au développement des connaissances et au renouvellement des pratiques, les sciences infirmières représentent un nouveau système dans le monde du troisième millénaire. Des remerciements chaleureux sont adressés à nos diplômées et à des donateurs anonymes du Fonds Alma Mater de la Faculté qui ont rendu possible la réalisation de cette recherche.

Enfin, cet ouvrage est essentiel car il pousse le public à s'interroger. C'est un pan de l'histoire des femmes québécoises qui est présenté ici. Ces femmes ont assuré, au fil du temps, les soins et services infirmiers à la population. Elles ont travaillé à la sauvegarde des valeurs et à la promotion d'une spécificité qui se confirme progressivement. Qu'elles aient été infirmières hygiénistes, soignantes, éducatrices ou administratrices, et plus tard conseillères, chercheuses ou professeures, c'est un engagement attentif et fidèle à la population qui émerge de leur mission. Dans cette perspective, elles ont partagé les longues marches entreprises pour la reconnaissance des femmes au xxᵉ siècle et ont contribué sans relâche au développement de l'économie du savoir. En dehors des milieux de la santé, bien peu de gens réalisent l'existence et l'importance des savoirs spécifiques qui caractérisent le soin infirmier, domaine dit féminin. S'en trouve-t-il qui imaginent comment ces savoirs ont été construits ? C'est l'itinéraire que nous proposent les auteurs.

La professeure Yolande Cohen, historienne, a réussi une heureuse alliance avec nos chercheurs en sciences infirmières. Je félicite chaleureusement les auteurs qui ont relevé avec brio le défi de retracer les grandes étapes du développement des sciences infirmières au Québec. Je les remercie pour la rigueur de leur travail et la finesse avec laquelle ils nous informent des nombreux bouleversements, imprévus et détours qui ont marqué notre passé. La richesse de l'intégration des perspectives historiques et scientifiques rend leur contribution inestimable. C'est précisément parce que nous nous connaîtrons davantage que nous pourrons mieux préparer l'avenir et prendre des décisions éclairées.

Plusieurs courants sociaux ont influencé l'exercice des soins infirmiers et continueront de le faire. Pensons notamment aux changements démographiques, à l'augmentation de l'espérance de vie, à la hausse des maladies chroniques, à la transformation de la structure familiale, aux changements des rôles homme-femme et aux conséquences qui en découlent dans la vie de tous les jours. L'accumulation des situations de stress, la violence conjugale et familiale, la pauvreté et l'itinérance font trop souvent partie de la réalité des clientèles des services de soins et de santé. D'autres facteurs s'ajoutent à cette réalité, comme la prépondérance des technologies, la communication électronique, la mobilité des gens, l'augmentation du nombre d'immigrants, de réfugiés, de populations déplacées, l'existence de conflits culturels et le racisme. Tous ces facteurs modifient la façon de vivre des gens et font en sorte que la demande de soins n'ira pas en décroissant, bien au contraire... Les infirmières sont très près des expériences quotidiennes des patients, des personnes et de leur famille. Leur pratique est fondée sur une disposition à travailler avec les personnes dans leur propre milieu, permettant de trouver avec elles forces et ressources plutôt que de regretter les déficits. Si on a souvent référé au soin infirmier à la personne, à la famille, au groupe et à la communauté, on peut insister en fonction de l'avenir sur le « soin humain », qui tient compte des caractéristiques culturelles et reconnaît l'importance des façons de vivre et des convictions des personnes.

Depuis quelques années et dans plusieurs pays, on déplore ouvertement une pénurie de personnel infirmier qualifié pour répondre aux demandes en soins de santé. Des conditions de travail difficiles, l'absence d'un plan de carrière, l'inadéquation des politiques guidant la pratique infirmière, une formation souvent insuffisante en soins de première ligne sont tenues responsables de la récurrence de ce problème. De plus, l'instabilité économique et politique de certains pays contribue à la précarité de la situation. Il n'est pas exagéré d'affirmer qu'il s'agit d'une problématique sans frontières...

Plus près de nous, les transformations rapides du système de santé ont occasionné des changements majeurs dans les environnements de soins. Le départ prématuré d'infirmières qualifiées, la prolifération d'emplois à temps partiel, un environnement de travail souvent inadéquat, un manque de planification des ressources infirmières entraînent une situation de crise sans précédent. Le caractère restrictif des politiques concernant le personnel infirmier a offert peu d'occasions pour la pratique avancée des infirmières et a sous-estimé la valeur de leur contribution à l'administration des institutions de soins. À un moment où les infirmières sont appelées à être des partenaires à part entière des équipes interdisciplinaires, elles se retrouvent en nombre insuffisant, souvent avec une formation académique lacunaire et ne cachent plus leur colère face aux conditions de travail dans les institutions de soins. Combien de fois ont-elles dénoncé le fait de ne plus avoir le temps de « soigner » et de travailler souvent dans des conditions chaotiques ? Un tel contexte pose à l'ensemble des professionnels de la santé des défis de taille qu'ils avaient peu ou pas prévus et crée un impact majeur sur l'organisation, sur la prestation des soins ainsi que sur les rôles des différents acteurs du système.

Bien que les infirmières et infirmiers représentent le groupe occupationnel le plus nombreux dans le domaine de la santé, peu de travaux à l'échelle canadienne ont cherché à étudier les relations entre les politiques gouvernementales et l'évolution de la profession infirmière, l'organisation des soins et services infirmiers ainsi que les variations du cadre juridique qui régit l'exercice infirmier. N'est-il pas étonnant de constater que la perspective de leurs caractéristiques, activités, conditions de travail et perceptions demeure fragmentaire ? En 1999, l'annonce d'un fonds de recherche réservé au développement des connaissances en sciences infirmières, à l'occasion de la création des instituts de recherche en santé du Canada, a été saluée avec optimisme. Une telle annonce est venue confirmer la nécessité de la contribution des infirmières à l'évolution du savoir scientifique dans le domaine de la santé. La mission dévolue aux sciences infirmières, soit le développement d'une capacité de recherche dans un contexte de rareté des ressources infirmières, ne relève-t-elle pas du défi ? L'histoire nous fournit-elle quelques éléments de réponse ?

Les sciences infirmières sont un domaine d'avenir et le caractère académique de la discipline ne fait pas de doute. En ce sens, l'expertise de la Faculté est recherchée. Les auteurs démontrent que les sciences infirmières ont relevé ou entrevu les défis de taille auxquels elles ont été confrontées : heureux présage pour l'avenir. Je suis persuadée que les infirmières y verront une source d'encouragement à poursuivre avec fierté la réalisation de leur mission. Je souhaite aux lecteurs un vif plaisir à ce rendez-vous avec l'histoire qui invite à une compréhension renouvelée de la discipline infirmière. Le danger est d'oublier d'où l'on vient... Ce qui serait très triste...

C'est un honneur et un privilège de saluer la parution de cet ouvrage qui retrace l'évolution des savoirs infirmiers à travers l'histoire de la Faculté des sciences infirmières de l'Université de Montréal. Ce livre rend hommage à toutes les pionnières qui ont partagé l'idéal de l'élaboration des savoirs infirmiers pour que soit forgée la base scientifique d'une discipline. Il aura fallu la vision, l'énergie, la volonté et la cohésion d'un grand nombre pour tracer et assurer la voie qui a permis aux sciences infirmières de dépasser la modernité. C'est une chance de célébrer ce moment !

SUZANNE KÉROUAC
Professeure titulaire à la Faculté
des sciences infirmières
de l'Université de Montréal

Liste des sigles

ACEUN	Association canadienne des écoles universitaires de nursing
ACFAS	Association canadienne-française pour l'avancement des sciences
AFSI	Archives de la Faculté des sciences infirmières
AGMEPQ	Association des gardes-malades enregistrées de la province de Québec
AHDM	Archives de l'Hôtel-Dieu de Montréal
AIC	Association des infirmières du Canada
AIHDUM	Association des infirmières hygiénistes diplômées de l'Université de Montréal
AIIPQ	Association des infirmières et infirmiers de la province de Québec
AIPQ	Association des infirmières de la province de Québec
ASGM	Archives des Sœurs Grises de Montréal
AUM	Archives de l'Université de Montréal
AVM	Archives de la ville de Montréal
BNA	British Nurses' Association
CAFIR	Comité d'attribution des fonds internes de recherche
CAUSN	Canadian Association of University Schools of Nursing
CÉGEP	Collège d'éducation générale et professionnelle
CHUM	Centre hospitalier universitaire de Montréal
CII	Conseil international des infirmières

CLSC	Centre local de services communautaires
CQRS	Conseil québécois de la recherche sociale
CRMC	Conseil de recherches médicales du Canada
CU	Conseil des universités
CUSM	Centre universitaire de santé McGill
DEC	Diplôme d'études collégiales
DESS	Diplôme d'études supérieures spécialisées
DGEC	Direction générale de l'enseignement collégial
DSI	Directrices des services infirmiers
ÉH	École d'hygiène
ÉHSA	École d'hygiène sociale appliquée
ÉIH	Écoles d'infirmières hygiénistes
ERSI	Équipe de recherche en sciences infirmières
FCAR	Fonds pour la formation de chercheurs et l'aide à la recherche
FDR	Fonds de développement de la recherche
FEP	Faculté de l'éducation permanente
FIIC	Fédération des infirmières et infirmiers du Canada
FM	Faculté de médecine
FN	Faculté de nursing
FRESIQ	Fondation de recherche en sciences infirmières du Québec
FRSQ	Fonds de recherche en santé du Québec
FSI	Faculté des sciences infirmières
HND	Hôpital Notre-Dame
ICS	Infirmière clinicienne spécialisée
IM	Institut de microbiologie
IMY	Institut Marguerite d'Youville
MEQ	Ministère de l'Éducation du Québec
OIIQ	Ordre des infirmières et infirmiers du Québec
OMS	Organisation mondiale de la santé
PNRDS	Programme national de recherche et de développement en matière de santé
RRRMOQ	Réseau de recherche en adaptation-réadaptation de Montréal et de l'Ouest du Québec
SPH	Service provincial d'hygiène
SEP	Service de l'éducation permanente

Introduction

L'ÉDUCATION SUPÉRIEURE DES INFIRMIÈRES a permis à un grand nombre de femmes d'accéder à une des premières carrières universitaires. Un des premiers bastions de l'éducation supérieure des filles[1], la formation en sciences infirmières apparaît rarement comme une conquête dans les histoires de l'éducation ou même dans les anthologies féministes. On a souvent préféré encenser celles qui ont transgressé les interdits plus puissants du patriarcat en entrant dans des disciplines qui les en avaient exclues, comme les premières femmes médecins ou professeures d'université ou les premières à entrer dans les facultés de droit. Ces images apparaissent pertinentes pour montrer la difficulté d'obtenir des droits égaux pour les femmes. Toutefois, elles projettent de l'ombre sur la démarche menée de concert par les associations de femmes pour l'ouverture de professions et de carrières féminines au tournant du siècle dernier. Ce mouvement en faveur de l'éducation supérieure des filles a eu des effets déterminants sur la naissance d'une nouvelle discipline qu'on appelait alors *nursing* et d'une nouvelle carrière pour les femmes tant dans le monde de la santé que dans l'université. Comme toute histoire de conquête de droits, l'histoire de l'éducation des infirmières est celle

1. Voir l'annexe 1 pour une meilleure compréhension du système d'éducation au Québec et des termes qui désignent les différents niveaux d'études pour les garçons, les filles et les infirmières.

d'une nouvelle discipline, façonnée de toutes pièces par la volonté de femmes visionnaires et par la nécessité de prendre en compte le soin aux personnes, en dehors des familles et de la charité.

Pourquoi si peu d'attention portée à la signification de l'histoire des infirmières ? Largement ignorée par l'histoire générale et par l'histoire des femmes, jusqu'à ces dernières années, l'histoire des infirmières suscite encore questions et controverses. Et si l'on sait à la faveur des grèves nombreuses de ces dernières décennies qu'il existe une différence notable entre infirmières bachelières et infirmières techniciennes ou auxiliaires, on sait moins que la formation supérieure des infirmières est l'objet d'âpres controverses depuis le début du siècle dernier. On ne sait pas non plus que les infirmières ont constitué pendant longtemps (de 1940 à 1980) le contingent le plus nombreux de femmes à l'université. Autrement dit, l'accession du nursing au rang de discipline universitaire permet de mieux comprendre les différentes facettes de l'histoire de l'éducation supérieure durant le siècle dernier. C'est l'objet de cet ouvrage que de faire la lumière sur les processus qui ont conduit à l'élaboration des sciences infirmières (histoire des savoirs), de la période de réforme des soins infirmiers à celle de l'instauration des facultés de sciences infirmières et donc de leur reconnaissance académique (contexte institutionnel).

L'institutionnalisation de la formation infirmière au niveau universitaire, et la recherche scientifique qui y est effectuée permettent d'éclairer le phénomène de professionnalisation des infirmières sous un jour nouveau et d'apprécier leur place dans l'univers de la santé, de la science, des savoirs et de leur hiérarchie. Plus généralement il s'agit de montrer les transformations des savoirs infirmiers au cours du XXe siècle et les conditions qui ont marqué la formation des infirmières au Québec.

La profession infirmière: domination et autonomie

L'éducation constitue un enjeu majeur dans la définition des professions et occupe une place centrale dans les rapports de pouvoir qui déterminent leurs rôles respectifs. Analyser les processus par lesquels une profession se dote de mécanismes de reproduction permet d'envisager sous un autre angle son histoire et sa contribution aux savoirs. Longtemps classés de façon dichotomique, les savoirs définissent des champs de pratique et d'expertise qui ne sont pas équivalents. Ainsi Pierre Bourdieu a-t-il établi la distinction entre le champ des savoirs formels et informels (haut savoir, savoirs pratiques, savoirs tacites et profanes, etc.), soulevant la question des modalités de production de ces savoirs et de l'espace de domination qu'ils définissent (domination par exemple du champ des sciences exactes par rapport aux sciences sociales et humaines, etc.). Dans le système de santé, la domination des savoirs médicaux sur les autres champs de savoir en santé semble incontestable, bien que toujours objet de contestation. Elle apparaît clairement par la distinction qu'on y fait entre les professions qui ont un droit de pratique exclusif et celles qui ont des actes délégués. La profession infirmière apparaît comme faisant partie des deux groupes. Une grande partie des tâches effectuées par les infirmières dépend étroitement du diagnostic médical, même si ces dernières revendiquent constamment de nouvelles prérogatives et l'autonomie de pratique. Longtemps caractérisée comme une semi-professsion, la profession d'infirmière tente d'affirmer son autonomie depuis les grandes réformes du début du siècle. Toutefois, ces revendications d'autonomie trouvent-elles une assise dans les savoirs dont elle s'est dotée? C'est ce que l'histoire de la formation infirmière et l'analyse de la discipline académique qui en est issue nous permettra de mieux évaluer.

Depuis près de trente ans, au Québec comme dans les autres sociétés occidentales, sociologues, historiens et historiennes se sont employés à rendre compte du mouvement de professionnalisation des infirmières et des obstacles qu'elles ont rencontrés dans la conquête de leur autonomie. La situation paradoxale du nursing est partout soulignée: la subordination des infirmières dans le système de santé est patente malgré l'autonomie qui est associée, en principe, au statut professionnel. Les études parues dans les années 1970 insistent particulièrement sur la domination de ce champ de pratique par le pouvoir médical[2], considéré alors comme pouvoir patriarcal[3]. Après avoir dressé ce constat, on en est venu quelques années plus tard à identifier d'autres raisons de cette domination par les ambivalences propres au nursing. Ces études mettent en lumière les tensions «culturelles» ou les conflits de classes opposant les praticiennes aux élites du nursing[4]; elles

---

2. Eliot FREIDSON, *Profession of Medicine,* New York, Harper & Row, 1970.
3. Judi COBURN, «I See and I Am Silent: A Short History of Nursing in Ontario», dans *Women at Work, 1850-1930,* Toronto, Canadian Women's Educational Press, 1974, p. 127-163.
4. Micheline DUMONT, «Les infirmières... cols roses?», *Nursing Québec,* 1, n° 6, 1981, p. 10-19; Barbara MELOSH, *The Physician's Hand: Work, Culture and*

soulignent les différences majeures qui caractérisent les immigrantes de différentes origines ethniques, souvent cantonnées dans des emplois subalternes, par rapport aux infirmières blanches de confession protestante ou catholique qui atteignent les postes supérieurs[5], ainsi que la hiérarchisation des rôles entre les infirmières et les auxiliaires[6].

Plus récemment encore, à la faveur de l'intérêt suscité par l'histoire des femmes, l'histoire des infirmières a acquis une dimension internationale, la question de leur statut étant à nouveau posée comme un dilemme entre la prolétarisation et la professionnalisation. Dans ce contexte, comment envisager le type de formation et de savoirs requis pour éduquer les infirmières ? Comment ces savoirs se sont-ils développés ? Quels sont les concepts qui les sous-tendent ? C'est l'enquête que nous avons voulu mener dans le présent ouvrage. Elle permet de mesurer plus nettement les transferts de savoirs du domaine privé et familial au domaine public et professionnel, d'identifier les modalités d'acquisition d'un statut académique et leur reconnaissance éventuelle dans le cadre d'une discipline universitaire. La transformation des savoirs tacites en savoirs scientifiques est au cœur de cette démarche.

La majorité des travaux consacrés aux savoirs infirmiers dressent le constat de leur domination par les savoirs médicaux. Parés de la légitimité scientifique acquise au XIXᵉ siècle, renforcée durant le XXᵉ siècle par des stratégies professionnelles expansionnistes, les savoirs médicaux ont établi une hégémonie patente sur tout le système de santé. La formalisation rapide de ces savoirs définit les sphères du soin, le *cure*, en contrôlant la formation et en s'octroyant le pouvoir, auparavant détenu par les soignantes, de la légitimité morale (religieuse ou charitable) dans l'univers hospitalier au tournant du siècle. La formation et les savoirs infirmiers, le *care*, constitués au début du siècle par un savoir-faire dérivé de l'expérience et de l'apprentissage

Conflict in American Nursing, Philadelphie, Temple University Press, 1982 ; Susan REVERBY, *Ordered to Care : The Dilemma of American Nursing, 1850-1945,* Cambridge ; New York, Cambridge University Press, 1987 ; Yolande COHEN et Louise BIENVENUE, « Émergence de l'identité professionnelle chez les infirmières québécoises, 1890-1927 », *Bulletin canadien d'histoire de la médecine,* 11, 1994, p. 119-151.

5. Kathryn MCPHERSON, *Bedside matters. The Transformation of Canadian Nursing, 1900-1990,* Toronto, Oxford University Press, 1996.

6. André PETITAT, *Les infirmières. De la vocation à la profession,* Montréal, Boréal, 1989.

des femmes dans le milieu familial, apparaissent dominés, même si cette expertise « féminine » de maternage tente de se revêtir de qualités techniques. Objet de négociations continuelles entre les administrateurs et les professionnels de la santé, les instances académiques et les politiciens, l'éducation des infirmières apparaît alors comme donnant accès à un savoir de second ordre et est tout juste tolérée dans l'univers académique et professionnel.

Toutefois, les récentes études consacrées aux infirmières montrent également l'existence de stratégies qui leur sont propres, révélant ainsi l'existence de réseaux complexes d'interactions entre les deux professions, celles des médecins et des infirmières. Se voulant investies, comme femmes, de la légitimité morale du soin (de leurs familles et de leurs proches), les infirmières tentent ainsi d'établir les bases de leur profession au début du siècle sur des attributs féminins « naturels », qui devront être cultivés par une éducation appropriée. Si, dans les discours, on reconnaît cette capacité de soigner aux femmes, la question cruciale sera la nature de cette éducation. Pour la pionnière britannique du nursing Florence Nightingale, seules les femmes de haute moralité pourront accéder à cette discipline quasi militaire du don de soi, déjà largement présente dans les communautés religieuses hospitalières. La nouveauté réside dans la formulation de principes de base d'une éducation aux soins. La mise en lumière de ces savoirs tacites est précisément l'objet du mouvement de réforme du nursing au tournant du siècle. Dès lors, le dilemme du nursing apparaît clairement : voulant ouvrir une profession aux femmes des élites qui revendiquent une éducation supérieure, l'éducation aux soins donne également accès à une sphère d'emploi rémunéré aux femmes de toutes origines avec une formation pratique, dérivée des qualités stéréotypées des femmes.

D'un côté, l'identification à la légitimation scientifique des savoirs est totale : elle sous-tend en fait le processus de professionnalisation engagé au début du siècle dernier. De l'autre, le recours à des savoirs pratiques peu formalisés au départ suffirait à la formation de la majorité des infirmières. Ces deux tendances, largement présentes au moment de la réforme des soins infirmiers et diversement incarnées par des groupes ethnoculturels distincts, conduisent à des stratégies divergentes. Dans les deux cas toutefois, l'identification de la formation infirmière à la morale et à la mystique féminine alors dominantes ne se démentira pas. Cette analyse en termes de stratégie d'autonomie professionnelle pour les unes, ou de brèche ouverte dans le monde de la santé pour des femmes qui veulent y travailler, aide à comprendre comment s'est forgé un discours identitaire où toute infirmière est d'abord et avant tout une femme. Ce discours, largement répandu par les pionnières, se retrouve également véhiculé par des médecins et des administrations hospitalières ; on y présente l'infirmière comme une mère dévouée à ses patients et à ses enfants (virtuels, car elle est célibataire), attentive à exécuter les ordres du médecin. Les qualités requises de l'infirmière font appel à la « conaturalité » des tâches de soins personnels au patient (maternage, entretien, etc.) et des attributs féminins (patience, gentillesse, attention, etc.). Reste à savoir sur quelles bases scientifiques les infirmières devront établir leur légitimité professionnelle[7]. Quel formule improbable devront-elles élaborer pour faire une place à la pratique (aujourd'hui appelés les savoirs cliniques), à la théorie, aux sciences ? Ces questions doivent être posées dans un contexte où l'éducation supérieure n'est ouverte qu'à une minorité de filles.

La formation infirmière comme paradigme de l'éducation des filles

Au cours du XIXe siècle, l'éducation, privée ou publique, des filles est distincte de celle des garçons partout dans le monde occidental. Victimes d'anti-intellectualisme, les filles sont présentées par le discours essentialiste qui a cours comme ayant des capacités intellectuelles réduites et cantonnées dans un rôle d'épouse et de mère dévouée[8]. Ainsi, l'enseignement primaire offert aux filles est limité aux savoirs domestiques et à une éducation pratique. C'est dans les années 1920 que certains changements apparaissent. La revendication de l'éducation et l'élargissement du rôle dévolu aux femmes dans la société est véhiculée au Québec par les éducatrices, religieuses et laïques, et par des regroupements féministes[9]. Elles obtiennent d'intégrer davantage d'éducation, de savoirs scientifiques et de culture générale dans les écoles ménagères, instituts familiaux, écoles normales, dans

---

7. Kathryn McPherson, *Bedside Matters. The Transformation of Canadian Nursing, 1900-1990,* Toronto, Oxford University Press, 1996.

8. Anne Marie Rafferty, *The Politics of Nursing Knowledge*, Londres, New York, Routledge, 1996 ; Micheline Dumont et Nadia Fahmy-Eid, *Les couventines. L'éducation des filles au Québec dans les congrégations religieuses enseignantes 1840-1960*, Montréal, Boréal, 1986.

9. Dumont et Fahmy-Eid, *op.cit.,* 1986.

les collèges classiques, les cours de lettres et sciences, les cours supérieurs au public. Mais,ces changements s'opèrent de façon camouflée et ponctuelle, alors que les discours sur l'éducation des filles continuent d'insister sur leur spécificité. De fait, l'ouverture du cours lettres et sciences et la fondation d'un collège classique remettent en question le consensus du XIXᵉ siècle d'un savoir modeste conforme aux droits et aux besoins des filles. Comme le résument bien Dumont et Fahmy-Eid, on passe, dans ce processus, d'un modeste savoir pour les filles à la modestie du savoir. Cette situation durera jusqu'aux années 1950-1960 au Québec.

Parallèlement à ces accommodements, et durant toute la première moitié du XXᵉ siècle, l'accès des filles à l'éducation supérieure demeure au premier rang des revendications des associations féminines[10]. Les associations d'infirmières diplômées réclament l'amélioration des critères d'admission aux professions et demandent la mise en place de cours universitaires. Elles s'appuient sur leur expertise « féminine » et sur leur rôle majeur dans le système de santé (on pense ici aux étudiantes infirmières qui constituent la principale main-d'oeuvre dans les hôpitaux) pour développer les critères de formation et accéder à un statut professionnel. Quelque vingt ans plus tard, les diététistes et les physiothérapeutes rencontrent les mêmes difficultés que les infirmières pour faire reconnaître leurs savoirs par le milieu universitaire[11]. À ce titre, le cas des infirmières reste emblématique de la démarche engagée par ces femmes: elles sont les premières femmes à vouloir se doter d'une formation universitaire complète, à partir de la formalisation de savoirs féminins personnels. Leur cohésion comme groupe, ou leur culture, les place dans une situation où elles ont réussi à être le groupe professionnel numériquement le plus important et donc le moteur de tout le système; le revers de cette position réside dans leur difficulté à résister à la prolétarisation et à la déqualification qui touche les grands nombres.

Comment alors ont-elles réussi à entrer dans l'université, malgré tout? Le rôle des religieuses est ici également déterminant. Le rôle essentiel des communautés soignantes, protestantes ou catholiques,

---

10. Ruby HEAP et Alison PRENTICE (dir.), *Gender and Education in Ontario*, Toronto, Canadian Scholars' Press, 1991.
11. Nadia FAHMY-EID *et al.*, *Femmes, santé et professions. Histoire des diététistes et des physiothérapeutes au Québec et en Ontario, 1930-1980*, Montréal, Fides, 1997.

dans l'accès des infirmières à l'éducation supérieure est patent. Indissociable à ses débuts d'une œuvre de christianisation et de moralisation, le travail d'éducation des filles est entre les mains des religieux et religieuses, en particulier au Québec, où le réseau d'enseignement demeure de façon générale l'apanage du clergé[12]. Les communautés religieuses apparaissent pour les filles comme la porte d'entrée à la vie spirituelle et à une éducation plus avancée. Ce qui ne manque pas de créer une situation singulière, où l'éducation des filles est le fait principalement des congrégations religieuses enseignantes, plutôt que le résultat des revendications féministes et laïques, comme dans les autres pays occidentaux. Il y a adéquation parfaite entre les préceptes moraux et l'éducation dispensée : « [...] les impératifs d'un discours éducatif basé avant tout sur la nature féminine et le rôle féminin ne viennent qu'appuyer, en quelque sorte, le caractère religieux qui établit la base de l'éducation des filles[13]. » À la piété des couventines correspond la piété des familles...

Ces institutions religieuses ont permis l'éducation supérieure des filles d'abord dans des institutions privées, puis dans des cours supérieurs publics. Le dilemme là aussi est présent : « Les religieuses ont tenté, durant plus d'un siècle, de résoudre la quadrature du cercle, soit de maintenir une référence obligée à la différence culturelle des filles tout en cherchant en même temps des avenues pour établir l'égalité avec les études des garçons[14]. » Ce double ancrage confessionnel et identitaire (féminin) de l'éducation des filles trouve son expression parfaite dans l'éducation des infirmières au Québec.

Une formation pratique

Le premier trait remarquable de cette éducation réside dans la formalisation de l'apprentissage pratique. La codification rigide de cette formation est réalisée d'abord dans le secteur anglo-protestant par l'apprentissage de la discipline dans les écoles d'hôpitaux ; elle contribue à associer l'infirmière à une image respectable et féminine[15]. Ainsi, le recours à l'éducation des infirmières vise à conférer une nouvelle

---

12. Dumont et Fahmy-Eid, *op. cit.*, 1986, p. 33.
13. Dumont et Fahmy-Eid, *op. cit.*, 1986, p. 17.
14. Dumont et Fahmy-Eid, *op. cit.*, 1986, p. 24.
15. McPherson, *op. cit.*, 1996, p. 33.

dignité à une fonction peu valorisée et peu qualifiée. La participation des médecins confirme cette orientation et établit une certaine rupture avec la formation traditionnelle des filles. Sollicités par les pionnières pour donner des enseignements théoriques, les médecins contribuent avec ces dernières à la transformation des modèles de soin: le code vestimentaire et les prescriptions de comportement ont ainsi pour but de rendre les fonctions soignantes asexuées[16]. Les tâches des infirmières en milieu hospitalier devront toutefois rester conformes à l'image féminine de l'infirmière héritée de la symbolique victorienne[17]. Ce modèle qui inclut une certaine formation théorique et la rhétorique d'un comportement idéalisé (discours essentialiste sur la nature féminine) perpétue l'ambivalence du modèle précédent. Il permet de maintenir une homogénéité presque parfaite du contingent infirmier en cohérence avec les aspirations des pionnières au début du siècle. Seules les femmes blanches des classes moyennes et supérieures pourront se destiner à cette carrière; les femmes du monde rural ou issues de la classe ouvrière devront s'approprier l'image de féminité et de don de soi des classes supérieures en mimant leurs comportements vestimentaires et leur tenue[18]. Le nursing canadien-anglais se développera donc dans la première moitié du XXᵉ siècle selon quatre paradigmes: les soins et l'éducation domestiques, la dévotion religieuse (principe chrétien de l'aide aux démunis), la discipline et les tâches militaires et la médecine scientifique. Plus on avance dans le siècle, moins les trois premiers éléments paraissent déterminants. Très rapidement la question de l'éducation supérieure des infirmières se posera dans le milieu anglo-protestant. À la *ward nurse* ivrogne et inculte succède la nurse en blanc respectable et autoritaire.

Dans le milieu franco-catholique du Québec, la fonction de soignante n'a pas été aussi radicalement réformée puisque peu ou pas dévaluée. Essentiellement assurées par les religieuses hospitalières, propriétaires ou gestionnaires de leurs hôpitaux et « représentant véritablement la clef de voûte de toute l'organisation soignante », leurs

16. Esther LAMONTAGNE, «Histoire sociale des savoir-faire infirmiers au Québec de 1870 à 1970», mémoire de maîtrise (histoire), UQAM, 1999.
17. « *Playing on class and religious imagery, uniforms signalled both the celibacy that nurses shared with nuns and the sexual repression of Victorian feminity* », McPHERSON, *op. cit.*, 1996, p. 37.
18. McPHERSON, *op. cit.*, 1996, p. 40.

tâches vont de la direction des soins aux soins au chevet du malade ou à l'entretien des salles et du matériel[19]. Ce sont elles qui détiennent également le prestige du savoir, comme les sœurs pharmaciennes à qui « revient la responsabilité des fonctions curatives (la guérison)[20] ». La communauté religieuse de soignantes cumule donc un ensemble de savoirs pratiques et théoriques, transmis en son sein. La question qui se pose à l'aube du XXᵉ siècle est celle de l'enseignement de ces savoirs à des personnes étrangères à la communauté.

En effet, le développement hospitalier et scientifique contraint les religieuses à augmenter le nombre de soignantes et à améliorer leur niveau de formation. L'idée d'une école ouverte aux laïques circule, sans faire l'unanimité[21]. L'opposition de certaines religieuses, telles les Hospitalières de Saint-Joseph, apparaît comme « traditionaliste ». Selon ces dernières, l'unique préoccupation d'une soignante doit être le malade, dont elle ne doit s'éloigner sous aucun prétexte (pour en éduquer d'autres par exemple)[22]. En fait, ces religieuses préfèrent maintenir leur emprise intégrale sur le recrutement infirmier par le biais de la communauté. Adeptes du savoir-faire « naturel ou divin », ces religieuses ne conçoivent pas les soins comme une profession mais comme un service de charité divine, qu'elles tentent d'inculquer aux gardes-malades.

D'autres communautés, dont sœur Desaulniers instigatrice des premières écoles d'infirmières apparaît comme la porte-parole, affirment qu'il leur faut suivre le rythme de l'évolution scientifique et médicale. Elles vont créer un réseau d'écoles d'hôpitaux au cours du XXᵉ siècle afin de « conserver leur position d'avant-garde dans le domaine des soins infirmiers et de préserver leur autorité » dans le désir de « faire plus et mieux » que les laïques[23]. La formation y est conçue « dans l'optique d'un apprentissage réalisé par l'observation, sous la supervision des religieuses hospitalières[24] ». Outre leur ouverture nouvelle

19. Johanne Daigle, « Devenir infirmière : le système d'apprentissage et la formation professionnelle à l'Hôtel-Dieu de Montréal, 1920-1970 », thèse de doctorat (histoire), Université du Québec à Montréal, 1990, p. 124.
20. Daigle, *op. cit*, 1990, p. 126.
21. Daigle, *op. cit*, 1990, p. 133.
22. Daigle, *op. cit*, 1990, p. 136.
23. Daigle, *op. cit*, 1990, p. 137.
24. Daigle, *op. cit*, 1990, p. 269.

aux savoirs formels et médicaux, les religieuses hospitalières voient également dans les écoles d'infirmières un bassin de main-d'œuvre pour assurer les besoins croissants occasionnés par le développement hospitalier. Cette double détermination marquera l'entrée des gardes-malades dans le monde de l'éducation au Québec pour en faire des infirmières.

Une brèche dans l'univers académique

Une fois acquise l'idée d'une éducation formelle des infirmières, reste à savoir comment et par qui elle se fera. Ardentes partisanes d'une éducation des filles, les Sœurs de la Charité, ou Sœurs Grises, en sont les principales instigatrices partout en Amérique du Nord. Ce sont elles qui feront la promotion d'une éducation supérieure des infirmières pour améliorer la qualité des soins offerts aux malades. Leur argumentation s'appuie sur la nécessité de s'éloigner du malade pour quelque temps afin d'obtenir de nouvelles connaissances[25]. Elles seront ainsi les premières à se doter de diplômes, ce qui fera d'elles les infirmières les plus éduquées (par rapport aux infirmières laïques) de 1895 à 1970. L'éducation supérieure des Sœurs Grises a permis l'ouverture du nursing à de nouveaux courants, tant théoriques que pratiques, en Alberta comme au Québec. Accompagnant le grand changement dans le curriculum du nursing des écoles d'infirmières, pour qu'il soit de plus en plus contrôlé par les infirmières[26], les Sœurs Grises ont su d'abord y associer les médecins et un contenu scientifique au cours de la première moitié du XXe siècle[27]. Elles ont ainsi développé de nouvelles techniques de nursing suivant une approche commune qui prendra la forme du *total patient care* qui sera propre

25. Pauline PAUL, « A History of the Edmonton General Hospital : 1895-1970, 'Be Faithful to the Duties of Your Calling' », thèse de doctorat, Faculté de nursing, Université de l'Alberta, 1994. Entrevue avec Marguerite Létourneau, novembre 1999.

26. PAUL, *op. cit.*, p. 447, Cohen, *op. cit*, 1996.

27. Entre 1908 et 1942. Le programme est axé surtout sur la formation clinique. Les cours théoriques se donnent le soir. L'art du nursing est enseigné par la directrice de l'école, et les sciences relatives au nursing sont enseignées par les médecins (anatomie, physiologie, médecine, chirurgie, et obstétrique). En 1916, on ajoute à l'obstétrique la gynécologie et la pédiatrie données par la directrice ; en 1917, on ajoute la chimie et la diététique ; et, en 1935, des enseignements sur la tuberculose. Voir PAUL, *op. cit.*, p. 302-303.

au nursing et constituera la base des savoirs dans cette nouvelle discipline[28].

Après la guerre de 1939-1945, de nombreux changements sont à l'ordre du jour sur le plan institutionnel, avec la délégation d'actes médicaux à la profession infirmière[29], la séparation administrative de l'école et du service de nursing de l'hôpital et la multiplication dans les écoles d'instructrices diplômées d'un cours supérieur en nursing. Au plan des savoirs qui y sont enseignés, on met davantage l'accent sur la théorie dans le curriculum plutôt que sur la pratique. Pauline Paul y voit pourtant une perte de statut pour le nursing :

> Bien que le nursing ait acquis de nouvelles responsabilités (qui reflètent le développement de la profession) et que la séparation de la formation infirmière des services infirmiers ait permis l'amélioration de l'éducation et la légitimité professionnelle, le nursing n'a jamais regagné l'envergure dont il jouissait au début du XXe siècle[30].

En fait, il s'agit plutôt d'une perte de statut pour les Sœurs Grises qui après avoir insisté sur l'importance de la science dans la formation infirmière n'ont pu néanmoins résister aux coups de boutoir de la laïcisation rapide des institutions hospitalières et du corps infirmier[31]. À partir des années 1960, l'instauration d'un système public de santé au Québec conforte la spécialisation et le morcellement des fonctions et des tâches de l'infirmière. La nécessité, pour les infirmières, de choisir un champ spécialisé rend caduque l'ancienne formation qui amalgamait les connaissances techniques, scientifiques, ou académiques. Il reste qu'une grande part de la pratique du soin (formation et service)

---

28. Sœur Duckett, dans une conférence sur les hôpitaux des Sœurs Grises, souligne l'importance de l'organisation et de la transmission d'une approche commune pour l'exercice des soins infirmiers tant à domicile qu'à l'hôpital, et de la collaboration entre la directrice de l'école et les hospitalières dans la création de nouvelles techniques de soins ; sœur Saint-Praxède, de Saskatoon, affirme quant à elle que les étudiantes devraient prendre soin des patients du début à la fin (*total patient care*) en opposition à la méthode d'attribution des tâches en vogue durant les années 1920 et 1930, Cf. PAUL, *op. cit.*, p. 304-307.

29. PAUL, *op. cit*, p. 448.

30. PAUL, *op. cit*, p. 449. Nous traduisons

31. Yolande COHEN, « La contribution des Sœurs de la Charité à la modernisation de l'Hôpital Notre-Dame, 1880-1914 », *The Canadian Historical Review*, 77, n° 2, juin 1996, p. 185-220.

est imprégnée de façons de faire, de dire, d'être (compétences sociales et domestiques), qu'on identifie facilement à un « sale boulot [32] », à ce qui se dérobe à l'explication rationnelle [33] ou à l'image de la femme soignante [34], comme le constate Anne Véga qui a mené une étude ethnographique du groupe infirmier en France. Les représentations infirmières et leur prégnance dans l'univers hospitalier continuent de définir ce groupe professionnel, indépendamment des reconnaissances académiques et institutionnelles. À chacune des catégories de personnel infirmier (technicienne, spécialisée, relationnelle, cadre, etc.) correspondent des représentations et métaphores (femme-soignante, curative experte, proche du malade, ou religieuse). Ces représentations déterminent souvent les relations entre les membres du personnel infirmier, qui prennent parfois l'allure d'accusations réciproques : éloignement du malade de l'infirmière technicienne, éloignement des savoirs médicaux de l'infirmière relationnelle, etc. Dans des situations de stress professionnel, elle note une façon de gérer les émotions « suscitées par le corps à corps contraint des infirmières avec l'altérité et la contagion ». Considéré comme ayant une position intermédiaire dans la hiérarchie des professions, le groupe infirmier doit en outre faire face à la représentation des malades (bons ou mauvais), des corps hospitalisés (contagieux, incurables), de la maladie, de l'espace hospitalier. Nul doute que, dans un tel contexte, les analystes continuent de penser l'éducation des infirmières en tant que sous-champ, étroitement

32. Au sein même du corps infirmier, les décisions professionnelles tendent à décharger les infirmières des tâches d'entretien du malade (laver, changer, faire manger) pour les donner à des aides ou auxiliaires pour se centrer sur des tâches qui rejoignent davantage les critères de haute technicité. Anne-Marie ARBORIO, « Quand le "sale boulot" fait le métier : les aides-soignantes dans le monde professionnalisé de l'hôpital », *Sciences sociales et santé*, vol. 13, n° 3, septembre 1995, p. 93-124.

33. La sphère du souci quotidien, de ce qui est subi et agi : les gestes coutumiers (du lever au coucher), les gestes du corps, la nourriture, les communications avec autrui [nous pourrions ajouter la souillure]. Cf. Marie-Françoise COLLIÈRES, « Difficultés rencontrées pour désentraver l'histoire des femmes soignantes », dans François WALTER, *Peu lire, beaucoup voir, beaucoup faire. Pour une histoire des soins infirmiers au 19ᵉ siècle*, Genève, Zoé, 1992, p. 13-31.

34. Contrairement à la « technicienne », à la « relationnelle » et à la cadre « bureaucratique ». Anne VEGA, « Les infirmières hospitalières françaises : l'ambiguïté et la prégnance des représentations professionnelles », *Sciences sociales et santé*, vol. 15, n° 3, septembre 1997, p. 103-130.

dépendant d'autres disciplines et trop ancré dans des savoirs tacites, essentialisés. Ainsi s'expliquerait son absence de la narration féministe. Pourtant, si l'on pousse davantage l'investigation, on trouve des avenues inexplorées qu'il s'agit d'étudier en sortant des schémas binaires pour faire apparaître la complexité de la démarche et l'hybridité des solutions élaborées.

Comment alors faire l'arbitrage entre ces diverses écoles de pensée et modalités institutionnelles de formation ? Comment combiner les savoirs théoriques et formalisés qui proviennent des sciences biomédicales avec les savoirs pratiques qui s'acquièrent grâce à un système d'apprentissage au chevet du patient ? Comment formaliser ces savoirs pratiques pour en faire une procédure technique et scientifique ?

La constitution d'une discipline académique (1960-2000)

Plusieurs facteurs institutionnels et scientifiques interviennent dans la constitution d'une nouvelle discipline, notamment l'institutionnalisation de la formation et de la recherche au niveau universitaire ; la création d'associations de chercheurs et de revues spécifiques au champ[35]. Au plan des savoirs, les transformations sont majeures. Tout d'abord, la dissonance peut sembler forte entre le discours éducatif traditionnel, qui est de préparer des épouses et mères de famille, avec la réalité de cours supérieurs offerts très tôt aux femmes, par des femmes célibataires, religieuses et professionnelles. On verra donc se déployer dans le cadre des cours supérieurs une théorie particulière, élaborée par les Sœurs Grises, de nouvelles techniques de soins dans une perspective holiste. On verra que les savoirs élaborés par les Sœurs Grises persisteront sous différentes formes dans les programmes universitaires au Québec. De leur côté, les médecins continuent de vouloir imposer leur modèle de formation (en participant désormais à la formation des instructrices des écoles) et délèguent aux infirmières ainsi éduquées une partie de leurs prérogatives (délégation de certaines tâches aux infirmières et aux auxiliaires). Une des façons de dépasser

---

35. Esther LAMONTAGNE, « L'émergence de la discipline infirmière au Québec : le cas de la Faculté des sciences infirmières de l'Université de Montréal », rapport de recherche non publié, séminaire de doctorat, UQAM, 2001 ; Yves GINGRAS, « L'institutionnalisation de la recherche en milieu universitaire et ses effets », *Sociologie et sociétés*, vol. XXIII, n° 1, printemps 1991, p. 41-54.

ces divisions entre spécialités (biomédicales et humanistes) sera de faire appel à des savoirs objectifs et spécialisés en nursing.

La domination du paradigme moderne de la science[36] conduit ainsi à distinguer les éléments caritatifs et curatifs des soins de santé. L'examen des tâches quotidiennes des infirmières permet-il d'évaluer les composantes scientifiques des fonctions liées au soin ? Dans son étude sur le travail pratique des infirmières en service privé, Barbara Keddy[37] conclut que, malgré leur rôle de maternage, ces infirmières ont utilisé la science dans les soins aux patients et ont fait preuve d'ingéniosité dans l'approche technologique. Ce sont des professionnelles qui ont contribué à poser les fondations de l'avancement médical.

L'étude de Kathryn McPherson va dans le même sens et généralise le propos[38]. Elle considère comme majeur le rôle de la science dans la pratique infirmière et propose un aperçu de la relation entre femmes et sciences au XXe siècle[39]. Elle procède à une classification des soins infirmiers en six catégories de travail : tâches administratives, test diagnostique, préparation du patient et assistance au médecin dans le traitement, entretien de l'équipement hospitalier, organisation et entretien de l'environnement, soin au chevet du patient. Deux principes guident son interprétation. D'abord, la pratique peut être définie comme scientifique parce que les infirmières travaillent avec les méthodes d'antisepsie et d'asepsie relevant de la théorie du germe, dans les techniques thérapeutiques et dans leurs tâches d'entretien. Deuxièmement, la gestion scientifique au sein de l'hôpital, la rationalisation du travail selon les critères de l'efficacité vont faire en sorte que les infirmières n'auront pas de contrôle sur leur propre travail[40]. McPherson explique ainsi le manque d'autonomie des infirmières même si la science est partie prenante des soins infirmiers dans la période d'avant-guerre. Elle en conclut que même le travail des

36. « *Feminist scholars have concluded that until at least the post World War II years nursing work fell outside the modern paradigm of science* », Kathryn McPherson, « Science and Technique : The Content of Nursing Work at a Canadian Hospital, 1920-1939 », dans Dodd et Gorham, *op. cit.*, 1994, p. 71.
37. Barbara Keddy, « Private Duty Nurse Days of the 1920s and 1930s in Canada », *Canadian Woman Studies*, 1984, 7, 3, p. 99.
38. McPherson, *op. cit.*, 1994, p. 71-101.
39. *Ibid*, p. 71.
40. *Ibid*, p. 82.

infirmières en service privé sera marqué par le rituel de l'hôpital et par les techniques scientifiques qui y sont développées et qui leur permettent d'intégrer le *care* et le *cure*. Pour le secteur hospitalier, McPherson constate que la pratique du nursing a été construite par les infirmières elles-mêmes, sur des protocoles précis et des approches détaillées. Les tâches standardisées et ritualisées demandées aux infirmières par les administrateurs d'hôpitaux et les médecins ont été mises à profit à leur avantage. Elles se sont approprié un savoir et s'y sont identifiées réussissant ainsi à se faire une place distincte dans le réseau de santé. Voyant l'impossibilité d'augmenter le contrôle sur leur travail, les infirmières « semblent avoir plus de pouvoir en appliquant le système ritualisé des soins aux patients[41] ». Des études sur la situation québécoise vont dans le même sens[42].

L'imposition d'un ordre dans les soins, leur rationalisation dans une formulation écrite, notamment dans les manuels, ont permis aux infirmières et aux médecins d'intégrer les diverses composantes des soins en milieu hospitalier. L'intégration de la science dans le nursing se réalise donc sur d'autres paradigmes. Les écoles américaines de nursing fournissent l'essentiel de cet arsenal pour alimenter la formation supérieure des infirmières québécoises.

Dès les années 1970, différentes théoriciennes formées aux États-Unis importeront au sein de la Faculté des sciences infirmières les principales théories et méthodes du nursing. Il s'agit de rompre avec l'ancienne conception de l'infirmière comme assistante du médecin et donc d'isoler des aspects de la pratique qui leur semblent propres afin d'élaborer, clarifier et préciser leur rôle dans la sphère sanitaire. La discussion du processus de nursing devient l'objet de nombreux débats qui tout à la fois légitiment et constituent les nouvelles sciences infirmières comme discipline universitaire. Elles doivent donc se comparer aux autres sciences et définir leur propre champ.

Au plan institutionnel, les tensions restent vives entre les tenants, d'un côté, d'une formation sur le tas, dans des écoles d'hôpitaux, et, de l'autre, d'une formation dans des instituts universitaires spécialisés.

41. *Ibid*, p. 91.
42. Esther LAMONTAGNE, « Histoire sociale des savoir-faire infirmiers au Québec de 1870 à 1970 », mémoire de maîtrise (histoire), UQAM, 1999 ; « Savoirs infirmiers et professionnalisation au Québec au XXᵉ siècle », communication présentée dans le cadre du colloque « Promesses et enjeux de l'histoire des femmes », Université du Québec à Montréal, 30 novembre 2001.

Plutôt qu'une formation unique, les diverses solutions retenues par des intervenants surtout préoccupés de maintenir ou d'étendre leur champ de compétence propre aboutissent à la juxtaposition de nombreuses formules. La formation d'infirmières gestionnaires et de cliniciennes spécialisées dans des écoles et facultés de nursing à partir d'un cours de base se démarque nettement de celle de la grande majorité des infirmières obtenue dans des écoles d'hôpitaux, avec un curriculum court, qui annoncent l'arrivée des cégeps en techniques infirmières. Quelle est la rhétorique développée par les Sœurs Grises pour justifier leur initiative de créer les premiers cours supérieurs pour infirmières à l'université? L'analyse en termes économiques du marché de l'emploi dans les hôpitaux administrés ou gérés par les religieuses hospitalières suffit-elle à justifier la création de ces écoles et donc de cours supérieurs pour celles qui doivent gérer les soins infirmiers dans les hôpitaux ou enseigner dans ces écoles? Une fois ce double cursus établi, comment faire face aux changements majeurs que sont la laïcisation et la nationalisation de l'éducation et de la santé dans les années 1970?

Avec l'éclosion des mouvements féministes, les processus de reconnaissance professionnelle et de valorisation du travail féminin changent et transforment en profondeur les conceptions que l'on s'en fait. Peut-on alors parler de dilemme des soins infirmiers? Serait-il possible de sortir de cette triple subordination? Devrait-on définir un champ de pratique plus autonome, établi sur des savoirs particuliers qui requièrent une formation spécifique et dont la rémunération reflèterait une vision plus équitable du travail ainsi réalisé? Faut-il donc placer au cœur de cette démarche l'analyse des politiques du savoir qui permettrait de placer les questions de l'éducation et de la formation des infirmières dans le contexte plus large de la constitution d'une main-d'œuvre féminine spécialisée, des politiques sociales naissantes au Canada et des batailles internes en vue de son contrôle, comme le suggère Anne Marie Rafferty[43]?

Il s'agit alors de comprendre quelle est la dynamique qui a conduit à la constitution de la discipline des sciences infirmières en tenant compte de la double perspective institutionnelle et scientifique. L'étude de la genèse de la Faculté des sciences infirmières de l'Université de

---

43. RAFFERTY, *op. cit.*, 1996.

Montréal, parce qu'elle est l'héritière du cours supérieur des Sœurs
Grises et de l'Institut Marguerite d'Youville, nous permettra de mettre
à jour l'ensemble de ce processus, dans les détails. L'étude du cas de la
Faculté illustre bien les questions soulevées par les processus institutionnels et scientifiques de constitution de la discipline. Comment le
transfert de savoirs scientifiques issus d'autres secteurs (la médecine
par exemple, mais aussi la sociologie, la psychologie, etc.) se fait-il ?
Quelles sont les fonctions occupées par les savoirs médicaux et para-
médicaux dans la formation des infirmières[44] ? À quel moment ces
savoirs deviennent-ils un cycle de formation spécifique, comment
sont-ils produits et par qui, etc. ?

Méthodologie et sources

Les hypothèses développées dans cet ouvrage s'appuient sur différentes considérations. Comme toutes les autres professions de la santé,
la profession d'infirmière est largement balisée. D'abord, la nécessité
de recruter un personnel qualifié pour assurer des soins continus aux
patients détermine en grande partie les qualités requises des infirmières depuis le début du siècle. Ces contraintes, liées au marché de
l'emploi des femmes, des hôpitaux et des médecins d'une part, et des
politiques sociales de l'État et des politiques académiques de l'autre,
ont pesé de façon importante sur la formation infirmière. Ainsi
déterminés, les savoirs infirmiers doivent être étudiés en tenant compte
des particularités de chaque groupe ethno-religieux dont ils sont
imprégnés. Cette histoire particulière nous conduit à poser l'histoire
des soins infirmiers au Québec comme unique. Doit-on pour autant
parler d'une voie québécoise de formation infirmière, distincte de celle
des anglo-protestants canadiens et américains, ou de celle franco-
catholique et laïque des Français ? Il semble bien que l'existence même
d'une Faculté des sciences infirmières, dès les années 1960, soit unique
dans le monde francophone et que, compte tenu des différences entre
les systèmes d'éducation, elle trouve difficilement son équivalent dans
le monde anglophone (ainsi l'École de nursing de McGill n'est pas une
faculté autonome, par exemple). Plus globalement, on tentera de faire

44. FREIDSON, *op. cit.* ; et Nadia FAHMY-EID *et al.*, *Femmes, santé et professions.
    Histoire des diététistes et des physiothérapeutes au Québec et en Ontario,
    1930-1980*, Montréal, Fides, 1997.

le point sur la question fort controversée du statut des sciences infirmières par rapport aux autres disciplines académiques.

L'histoire des savoirs infirmiers enseignés et développés à l'Université de Montréal révèle l'importance accordée à la formation en nursing au sein de la Faculté et la nature des changements opérés dans les savoirs. Elle est analysée ici à partir du dépouillement de plusieurs sources[45]. Cette étude propose une analyse des manuels, enquêtes et programmes d'études, de leur conception à leur réalisation finale, avec en contrepoint une réflexion rétrospective portée par celles-là même, qui en étaient à l'origine, les doyennes de la Faculté, qui ont accepté de répondre à nos questions. L'étude systématique des recherches produites depuis une vingtaine d'années par le corps professoral de la Faculté permettra aussi de dégager les principales thématiques en cours dans ce milieu. L'étude d'un cas permet de révéler certaines tendances qu'il nous appartiendra d'interroger[46].

45. Les savoirs enseignés dans les écoles d'infirmières dans les hôpitaux du Québec et la formation spécialisée pour infirmières dans les institutions universitaires avant la création de la Faculté de nursing ont été étudiés à partir d'une analyse de contenu de programmes d'études d'écoles d'hôpitaux du Québec, de manuels et de textes à l'usage des infirmières d'une part (LAMONTAGNE, *op. cit.*, 1999, chap. 1), et des programmes d'études en vigueur aux écoles d'hygiène (ÉHSA, ÉIH et ÉH) et à l'Institut Marguerite d'Youville, composantes de l'Université de Montréal, d'autre part. Pour les savoirs développés et enseignés à la Faculté des sciences infirmières de l'Université de Montréal, trois principales sources ont été analysées: les titres et descriptifs de cours des programmes d'études, les sujets des mémoires et des rapports de stage des étudiants à la maîtrise, ainsi que les titres des publications des professeurs. Nous avons sélectionné l'ensemble des textes produits par les professeurs de la FSI à partir de leur recrutement au sein de l'institution, compilé systématiquement leurs titres, comme premiers auteurs ou collaborateurs durant la période allant de 1962 à 1998, et les avons analysés selon une grille comportant cinq catégories principales: 1) bases fondamentales des savoirs infirmiers (concepts et méthodes); 2) soins spécifiques à diverses populations; 3) recherche; 4) contexte politico-socio-économique et philosophique; 5) administration/ éducation/ gestion.

46. Sources: Archives des Sœurs Grises de Montréal, fonds L102 (Institut Marguerite d'Youville), procès-verbaux, correspondances et programmes; AUM, fonds D35 (cours supérieurs pour infirmières à l'Université de Montréal) et E62 (fonds de la Faculté de nursing - sciences infirmières); *annuaires généraux de l'Université de Montréal de 1964 à 1999; synthèse des activités de recherches et publications des professeurs de la FSI de 1969 à 1999;* verbatim des

Les concepts utilisés dans les descriptions de cours comme dans les titres des publications des professeurs, mémoires ou rapports de stage de second cycle permettent de mieux connaître les sujets d'enseignement privilégiés selon l'orientation choisie pour décrire la discipline infirmière (soin à la personne ou à la famille, malade ou en santé) et qui ont été à l'origine des recherches menées à la Faculté. Certaines constantes apparaissent d'emblée comme étant problématiques : la place du soin dans la société comme un domaine féminin, les définitions de la santé et de la maladie, la reconnaissance des soins infirmiers dans le système de santé et dans le milieu universitaire marquent particulièrement l'évolution des savoirs infirmiers enseignés et développés à la FSI. Ainsi le corps enseignant de la FSI se trouve-t-il également confronté à la nécessité de cerner la nature et les frontières des soins infirmiers et de la discipline infirmière. On verra comment la Faculté s'est acquittée de cette tâche en la considérant comme une façon de résoudre les dilemmes auxquels toute la profession fait face. Mais pour comprendre ses modalités de fonctionnement, il faut encore recourir à l'histoire des savoirs antérieurs à son existence, dont la FSI sera particulièrement tributaire.

En amont des pratiques infirmières, l'étude des savoirs s'impose, même si une étude plus exhaustive de ces pratiques nous aurait sans doute montré d'autres aspects de leur constitution[47]. Alberto Cambrosio et Peter Keating nous convient à élargir le concept de discipline, non seulement en tant que mécanisme institutionnel, mais en tant que savoir constitutif[48]. L'analyse des manuels d'enseignement et des théories enseignées nous permettra de mieux comprendre l'univers éducatif dans lequel les infirmières baignent depuis le début du siècle. Les paradoxes de cette histoire tiennent à la difficulté de lier

---

entrevues avec des professeurs et les doyennes de la FSI (sœur Marie Bonin, sœur Jeanne Forest, sœur Marguerite Létourneau, Mme Alice Girard, Mme Jeannine Pelland, Mme Diane Goyette, Mme Marie-France Thibaudeau, Mme Suzanne Kérouac).

47. Nous entamons dans cet ouvrage une analyse des savoirs et des enjeux qui constituent l'espace disciplinaire. Ce type d'analyse se poursuit dans le cadre d'une thèse de doctorat, rédigée par Esther Lamontagne, qui examine spécifiquement le développement des savoirs à l'Université de Montréal, mais également dans les institutions de l'Université Laval et de l'Université McGill.

48. Alberto CAMBROSIO et Peter KEATING, « The Disciplinary Stake : The Case of Chronobiology », *Social Studies of Science*, vol. 13, 1983, p. 323-353.

adéquatement les aspirations des réformateurs avec la réalité du travail salarié, souvent long et fastidieux, effectué dans les unités de soins par les infirmières.

Au chapitre 1, il sera question de l'impact du mouvement de réforme hygiéniste de la deuxième moitié du XIXᵉ siècle sur le rôle des infirmières. Les études sur la profession d'infirmière, essentiellement le fait d'historiennes étudiant les cas anglo-américains, insistent sur l'importance de ce mouvement. Les études les plus récentes considèrent qu'il a fourni les conditions d'émergence d'une profession féminine relativement autonome, modifiant ainsi certaines conclusions antérieures, qui semblaient n'y voir qu'une profession subalterne[49]. Pour apprécier pleinement la nature des changements à l'œuvre, l'analyse en termes de savoirs s'avère précieuse. Car la formation représente un enjeu majeur dans tout processus de professionnalisation. Dans le cas des infirmières, la question de ces savoirs, étroitement liés aux savoirs féminins, constitue une des pièces centrales du débat. Étudier la façon dont ce débat s'est engagé, ses principaux protagonistes et les orientations qui furent prises est l'objet de ce chapitre.

Au chapitre 2, nous éluciderons la démarche adoptée par les Canadiennes françaises. Le modèle apostolique franco-catholique de soins dans le secteur hospitalier est fortement structuré au Québec dès les débuts de la colonisation. Profondément ancrés dans une longue tradition que certains font remonter au XIIᵉ siècle, les soins aux plus démunis se sont organisés essentiellement dans des hôpitaux durant toute la période de la colonisation française. Il s'agit donc de retracer les interpénétrations nombreuses qui ont conduit à l'adoption des différents modèles de formation, qui dépendent autant de la structure très autonome de chaque institution hospitalière et communauté religieuse que de la transformation rapide de ces modèles[50]. Nous tâcherons donc de comprendre comment le modèle français de soins, prédominant dans les années de colonisation avec ses structures

---

49. Voir, à ce sujet, l'introduction (p. 7-18) et le deuxième chapitre « Les soins comme organisation » (p. 41-79) du récent ouvrage de Yolande Cohen, *Profession infirmière. Une histoire des soins dans les hôpitaux du Québec*, Montréal, Les Presses de l'Université de Montréal, 2000.

50. Nous nous limitons ici au groupe culturel le plus important dans le réseau hospitalier pour la période étudiée : la communauté francophone catholique qui, jusque dans les années 1960 au Québec, gère la majeure partie des hôpitaux.

hospitalières et charitables, est peu à peu abandonné au moment de la réforme du nursing à la fin du XIXᵉ siècle. La version républicaine du modèle français ne sera guère influente au Québec, car souffrant d'une double carence : celle d'être laïque, ce qui la discrédite aux yeux des communautés religieuses, et celle de proposer une vision de l'infirmière comme employée subalterne, ce qui la discrédite aux yeux des candidates. Le contenu très technique de l'enseignement offert ne retient pas non plus l'intérêt des pionnières. On y verra le déploiement d'une conception de l'enseignement du nursing dans un cours supérieur à l'Université de Montréal.

Au chapitre 3, nous mettrons en relief la rencontre de ces deux modèles avec la création de la Faculté de nursing de l'Université de Montréal dans les années 1960. Cette période de transformations majeures et de mise en place de nouvelles politiques sociales dans les secteurs de la santé et de l'éducation aura un impact considérable sur les sciences infirmières. Ce mouvement contribue à changer les structures de l'université, qui se démocratisent, et permet une nouvelle organisation de la formation universitaire pour infirmière. La laïcisation de l'institution contribue également au départ des religieuses de la direction du premier cycle universitaire en nursing et leur remplacement par une direction laïque. Un programme de deuxième cycle est aussi créé et la formation en hygiène publique pour les infirmières se donne désormais au sein de la Faculté. L'adoption de concepts de nursing directement empruntés aux sciences cognitives répond-elle à la demande de main-d'œuvre professionnelle et qualifiée ? Si la rupture avec les anciennes théories n'est pas réalisée durant cette période, on délaisse l'hygiène et la gestion infirmière comme bases des savoirs et on peut déjà voir l'amorce d'approches nouvelles en nursing.

Aux chapitre 4, 5, 6, l'accent est mis sur l'analyse minutieuse de l'évolution sociopolitique de la Faculté de nursing et des débats majeurs qui ont cours au sein de la profession, de l'éducation et de la santé. La question est de savoir s'il faut adopter le baccalauréat universitaire de base de trois ans comme critère de formation de toutes les infirmières. Cette question, héritée des Sœurs Grises, marquera l'histoire des trois premières décennies de la Faculté.

Au chapitre 4, nous analysons les débuts de la Faculté des sciences infirmières dans les années 1970. La Faculté crée des nouveaux programmes de formation universitaire de base en parallèle avec les techniques infirmières du nouveau réseau collégial. Tout comme le corps professoral qui a fondé la nouvelle Faculté est marqué par les concepts défendus par les Sœurs Grises, au sein de l'Institut Marguerite d'Youville, le baccalauréat de base est devenu son credo. La voie de l'institutionnalisation de la recherche en milieu universitaire qui s'affirme dans les années 1970 pour les sciences infirmières permet d'effectuer une analyse, non plus seulement des programmes de formation et de leur contenu, mais des processus de recherche en sciences infirmières et des savoirs qui en sont issus. Nous étudions les nouveaux contenus des programmes de formation au sein des premier et deuxième cycles d'étude, et les résultats des premières recherches infirmières subventionnées.

Suivant la même logique, nous présentons, au chapitre 5, les processus de normalisation de la Faculté des sciences infirmières dans le monde universitaire au cours des années 1980. La recherche scientifique doit y prendre une place plus importante ; c'est pourquoi nous analysons les démarches effectuées en ce sens par la Faculté et les difficultés qu'une telle transformation engendre dans l'enseignement professionnel. Nous présentons le résultat de cette démarche sur l'enseignement disciplinaire et sur la création du savoir infirmier au sein de la Faculté, avec toutes les tensions que les distinctions entre enseignement professionnel et disciplinaire impliquent. Au chapitre 6, nous étudions les décisions récentes prises par la Faculté pour tenter de faire un meilleur arrimage de la recherche subventionnée, des savoirs disciplinaires et de l'enseignement professionnel, notamment par l'établissement d'un nouveau programme de doctorat. Face aux changements nombreux auxquels doit faire face la profession infirmière, nous observons les discussions en son sein, en soulignant la position de la Faculté par rapport à des réalités en constante mutation. L'imposant corpus de savoirs produits par la Faculté ces dernières années, tant dans les recherches subventionnées que libres, permet d'apprécier plus nettement le chemin parcouru par cette discipline.

En filigrane se dessine la transformation des soins, prodigués par des femmes en service privé et professionnel, souvent bénévolement, en un service professionnel nécessitant des savoirs formalisés et définis par le *caring*. (C'est pourquoi nous utiliserons plus fréquemment le féminin dans cet ouvrage.)

1 L'hygiène comme fondement des savoirs infirmiers, de Nightingale à l'École d'hygiène de l'Université de Montréal (1880-1947)

LA COMPÉTENCE DES FEMMES qui pourront prodiguer des soins aux patients est au cœur de la réforme du nursing proposée par Florence Nightingale. Cette compétence, considérée comme une vertu féminine, se traduit par la formation du caractère (*character training*). Le courant animé par Nightingale ne tardera pas à être contesté par un autre groupe, plus proche du mouvement féministe des droits, qui revendique plutôt l'accès égal à l'éducation supérieure pour les filles. Ce débat, qui oppose les grandes figures du féminisme européen et nord-américain, prendra une coloration particulière dans le milieu du nursing, d'abord en Grande-Bretagne, puis aux États-Unis et au Canada quelques années plus tard.

Le mouvement de réforme britannique qui se développe dans la seconde moitié du XIXe siècle déploie toute une imagerie de la modernité et légitime son intervention sociale sur la propreté, la moralité et la pureté pour éduquer ou soigner les plus pauvres. Les réformatrices vont forger un discours hygiéniste en particulier pour nettoyer les villes des sources d'insalubrité, tant morales que matérielles et physiques. Elles doivent réformer aussi les fonctions de celle qui apporte soins et secours, la *nurse* anglaise. Représentée comme une ivrogne, sans éducation ni manières, tout juste bonne à tout faire dans des hôpitaux insalubres, la *nurse* d'avant le mouvement de réforme ploie sous le poids du travail et est incapable malgré toute sa bonne volonté de comprendre l'ampleur de sa mission. Grossi à souhait, ce portrait vise à servir d'antithèse au modèle proposé par le mouvement de réforme. Dans la rhétorique hygiéniste, les femmes de haute vertu occupent par leurs qualités naturelles un rôle de tout premier plan comme dispensatrices de bien-être, de sécurité et de discipline. Cette compétence exclusive, une fois acquise par une éducation appropriée, leur donnerait accès à une toute nouvelle carrière. Se profile alors tout l'intérêt porté par un mouvement de réforme animé par des femmes, des médecins et des philanthropes de la bourgeoisie anglaise pour parfaire l'éducation de leurs filles. L'idée est d'en faire des femmes indépendantes, grâce à une éducation supérieure appropriée et à l'ouverture de nouvelles carrières compatibles avec l'idéal de la féminité qu'elles cherchent à promouvoir[1].

Les médecins, très actifs dans le mouvement hygiéniste, appellent également de leurs vœux une formation plus poussée et plus uniforme des infirmières. Le mouvement vise tout autant la réforme des soins hospitaliers, effectués par une petite minorité d'infirmières, que celle des soins à domicile dispensés jusque-là par la majorité d'entre elles, sans contrôle[2].

---

1. Martha VICINUS, *Independent Women: Work and Community for Single Women, 1850-1920*, Chicago, University of Chicago Press, 1985.
2. Les infirmières visiteuses méritent une attention toute particulière, car, correctement éduquées, elles seront à leur tour les agents de réforme dans les milieux défavorisés qu'on cherche à atteindre pour les réformer. Voir Louise BIENVENUE, « Le rôle du Victorian Order of Nurses dans la croisade hygiéniste montréalaise (1897-1925) », mémoire de maîtrise (histoire), Université du Québec à Montréal, 1994 ; et Denyse BAILLARGEON « Care of Mothers and Infants in Montreal Between the Wars: The Visiting Nurses of the Metropolitan Life, Milk Deposits and Assistance maternelle », dans Dianne

La triple mission d'éducation, de christianisation et de féminisation véhiculée par le mouvement de réforme britannique s'incarne dans la volonté de moralisation et de formation du caractère de la nouvelle infirmière. Inspirée des sciences sociales naissantes, la campagne pour la tempérance associe la formation des infirmières au redressement des classes laborieuses. Les infirmières véhiculent les idées de réforme dans les foyers des plus démunis; elles doivent aussi convaincre les femmes de la maison de déléguer les soins prodigués bénévolement par ces nouvelles spécialistes. Elles pourront également les convaincre de venir se faire soigner dans les hôpitaux, considérés par les réformateurs comme les seuls lieux propices pour vaincre la maladie et pour évangéliser les patients. La surveillance continue des malades dans un environnement discipliné et structuré sur le modèle de l'usine ou des couvents permet ainsi d'établir un contrôle plus étroit sur ces classes « dangereuses », selon le terme utilisé par Louis Chevalier dans sa célèbre enquête sur les classes laborieuses[3].

C'est aussi en Grande-Bretagne que la croisade hygiéniste permet de mieux appréhender la réalité du débat où se conjuguent deux conceptions de l'émancipation des femmes. L'identité féminine permet un accès direct à une profession faite sur mesure pour elles; en même temps, il s'agit de revendiquer l'égalité avec les hommes pour obtenir une reconnaissance sociale et professionnelle équivalente. Ces deux versions de l'émancipation sont néanmoins incarnées par deux fortes personnalités qui s'opposent, Ethel Bedford Fenwick et Florence Nightingale. On connaît bien les conceptions sur l'hygiène de cette dernière comme savoir pratique pour les femmes de haute moralité, parce qu'elles ont largement défini le profil de l'infirmière moderne[4]. Pour sa part, Elisabeth Fenwick fut aussi la promotrice fervente de la professionnalisation des infirmières. Principale organisatrice du Congrès international des infirmières en 1899, c'est à elle que l'on doit la formation d'organisations propres aux infirmières et de leurs

DODD et Deborah GORHAM (dir.), Caring *and Curing, Historical Perspectives on Women and Healing in Canada*, Ottawa, Presses de l'Université d'Ottawa, 1994, p. 163-182.

3. Louis CHEVALIER, *Classes laborieuses et classes dangereuses à Paris pendant la première moitié du xixᵉ siècle*, Paris, Hachette, 1984, p. 729).

4. Florence NIGHTINGALE, *Notes on Nursing: What It Is, and What It Is Not*, Londres, Harrison and Sons, 1859.

premières revues professionnelles en Grande-Bretagne[5]. On la verra s'opposer aux positions de Nightingale pour s'engager à fond dans la bataille de l'enregistrement[6]. L'intérêt de ce débat réside dans le rôle différent attribué aux savoirs féminins comme éléments d'une compétence professionnelle. Pour Florence Nightingale, il s'agit de réformer les comportements des postulantes (*character training*) pour leur permettre d'acquérir des savoirs généraux et des compétences techniques qui en feront de bonnes infirmières[7]. Pour la seconde, il s'agit d'établir un rapport de force favorable aux infirmières, en particulier face à la profession médicale, en dotant celles-ci de tous les attributs d'une profession à part entière, en particulier d'une formation scientifique, ainsi que d'organisations nationales vouées à la défense des intérêts de ses membres, d'un code de déontologie, etc. Dans les deux cas, le niveau de la formation, le lieu où elle est dispensée et les critères de sélection des enseignants et des élèves constituent des enjeux de taille. Dans un contexte de réforme des institutions sanitaires et universitaires, ce débat fixera les paramètres de la nouvelle discipline, pas seulement en Grande-Bretagne mais aussi au Canada, où une partie des protagonistes formées en Grande-Bretagne y deviennent des chefs de file du mouvement en faveur de la modernisation du nursing. C'est le cas à l'Université McGill par exemple, où la pratique infirmière sera longtemps considérée comme «le prolongement du rôle domestique des femmes[8]». Le nursing y est présenté comme un service féminin de soin découlant de la tradition britannique, au sein d'une institution universitaire où «l'assise scientifique, rationnelle, dépersonnalisée et masculine[9]» est la règle. À cause

---

5. Janet Ross KERR et Jannetta MacPHAIL, *Canadian Nursing. Issues and Perspectives*, Saint Louis, Mosby, 1996, p. 15.

6. À propos de ce débat précis, voir Anne-Marie RAFFERTY, *The Politics of Nursing Knowledge*, Londres, Routledge, 1996.

7 . Pour un exposé plus détaillé des prescriptions aux infirmières de Florence Nightingale, voir Yolande COHEN, *Profession infirmière. Une histoire des soins dans les hôpitaux du Québec*, Montréal, Les Presses de l'Université de Montréal, 2000, p. 256-260. Voir aussi Esther LAMONTAGNE, «Histoire sociale des savoir-faire infirmiers au Québec de 1880 à 1970», mémoire de maîtrise (histoire), Université du Québec à Montréal, 1999, chapitre 2.

8. Lynn KIRKWOOD, «Nursing's Intellectual Foundations: McGill University, 1920-1975», communication présentée dans le cadre du congrès de l'ACFAS, 16 mai 2000.

9. *Ibid.* Nous traduisons.

des liens étroits qui unissent le nursing britannique à la transformation du nursing anglo-canadien, l'analyse poussée du débat britannique nous permettra de mieux distinguer les enjeux et la façon dont il s'est déroulé en sol canadien. Son impact n'est pas négligeable non plus dans le secteur franco-catholique, avec la laïcisation rapide de l'hygiène. C'est en effet par le biais du mouvement hygiéniste que furent établis les premiers fondements du nursing moderne[10].

Le statut différencié des savoirs féminins

En participant activement à ce mouvement d'évangélisation de la société victorienne, les femmes des classes supérieures ont contribué à établir les critères d'intervention sociale et philanthropique qui définissent les bases du *nursing*[11]. S'étant déjà livrées à une bataille victorieuse pour l'accès des filles des classes aisées à l'éducation supérieure, elles veulent ouvrir les portes de l'hôpital aux nouvelles *nurses*, formées de façon à pouvoir relever le défi de cette double mission : sauver les âmes, guérir les corps. Le programme d'éducation des infirmières proposé par Florence Nightingale est le produit d'une série de contraintes exercées par des médecins, des administrations d'hôpitaux et des infirmières avides de réformer le nursing[12]. Si tous n'ont pas les mêmes objectifs, il leur paraît vite nécessaire de promouvoir un programme de formation suffisamment élaboré mais assez souple pour répondre à différents besoins. Les médecins et les directions hospitalières ont tout intérêt à ce que la formation des infirmières se fasse dans des écoles d'hôpitaux, sous leur direction, car ces dernières fourniraient en outre une main-d'œuvre gratuite pour assurer le suivi permanent des malades. De leur côté, les femmes des élites sont sensibles au fait qu'elles peuvent faire reconnaître certaines qualités féminines comme compétences. Ann Summers critiquera durement l'aspect élitiste de leurs propositions. Elle y voit la reproduction des relations avec leurs domestiques, leur référence pour définir les

10. Voir Yolande COHEN, *Profession infirmière. Une histoire des soins dans les hôpitaux du Québec*, Montréal, Les Presses de l'Université de Montréal, 2000.
11. À propos du mouvement de réforme sociale, voir Mariana VALVERDE, *The Age of Light, Soap, and Water : Moral Reform in English Canada : 1885-1925*, Toronto, McClelland and Stewart, 1991.
12. Ann SUMMERS, *Angels and Citizens : British Women as Military Nurses, 1854-1914*, Londres, Routledge, 1988.

apprentissages. Dès lors, l'enseignement de la propreté et de la discipline correspond au respect des modes de vie de l'élite chez les apprenties infirmières[13]. Toutefois, toutes les réformatrices du nursing britannique s'accordent à vouloir définir une formation pour devenir infirmière, mais ne s'entendent pas sur son contenu. Toutes conviennent cependant que c'est un champ de compétence exclusif aux femmes.

Pour Florence Nightingale, seule la formation stricte du caractère permettrait à certaines femmes de devenir des infirmières. Basé sur une conception alors largement répandue que l'éducation est la formation du caractère, son programme remet en question la séparation longtemps entretenue entre le corps et l'esprit, le physique et le moral. À l'instar du mouvement hygiéniste, Nightingale conçoit l'hôpital comme un univers moral, reflétant les règles de la société et permettant le contrôle des maladies par des règles de discipline et d'asepsie. Pour elle, les maladies proviennent certes d'un environnement social où la pauvreté est souvent synonyme de maladie, mais doivent être traitées comme des symptômes de l'avilissement individuel, du désordre et de l'atmosphère sale propice aux contagions et aux microbes. C'est pourquoi la guérison est une lutte individuelle, où le redressement moral est préconisé comme un remède essentiel. Les infirmières qui exercent ce métier prestigieux doivent être d'une moralité exemplaire, incarnant elles-mêmes la vertu, la chasteté et l'ordre (que l'on retrouvera comme les vertus premières de l'organisation hospitalière moderne). Les manuels destinés aux infirmières et rédigés durant cette période montrent l'importance accordée à l'éthique, souvent confondue avec l'étiquette, dans la conduite des relations avec les médecins et les patients[14]. L'accent y est mis sur le contrôle de soi et de ses émotions, une discipline rigoureuse qui rappelle l'importance accordée à l'origine sociale des infirmières. Affirmant la nécessité d'un comportement hautement civilisé, cette vision du nursing légitime dès lors sa prétention à être un métier pour des femmes des classes sociales supérieures, ou pour des femmes qui veulent y accéder. C'est cette possibilité d'acquérir une respectabilité sociale, en même temps qu'une compétence, qui fera de cette

13. *Ibid.*, p. 21.
14. RAFFERTY, *op. cit*, 1996, p. 29.

profession une carrière attirante pour des femmes de toutes les catégories sociales.

Nul ne doute que cette formation est exigeante. Nightingale rompt avec la vision de la charité offerte aux pauvres par des dames oisives, en exigeant un contact direct avec le malade. Les infirmières devront effectuer un travail continu auprès des malades et devront remplir les tâches prescrites par Nightingale, qui s'avèrent essentielles autant pour elles que pour la santé des patients : le sommeil, une nourriture saine, la propreté et l'aération des pièces. Toutes ces recommandations font partie du programme de formation de l'école de nursing de Nightingale à l'hôpital Saint-Thomas en 1860 (même s'il est peu probable que toutes y aient été appliquées). La structure fortement hiérarchisée de l'école, son administration indépendante et sa séparation physique des autres ailes de l'hôpital contribuent à en faire un univers à part, autonome[15]. Établie sur le modèle des écoles normales d'institutrices, l'école de nursing propose des cours qui sont donnés par des religieuses qui supervisent les pratiques des élèves dans les salles et leur donnent des instructions. Les cours de médecine et de chirurgie, sanctionnés par des examens oraux et écrits, sont donnés par des médecins, bénévolement. L'éducation morale des élèves constitue la clé de leur formation : leur confinement dans des espaces séparés, leur apparence, leur maintien, etc., toute leur personnalité doit traduire la rigueur et la discipline. Point de pruderie ou de zèle qui puissent rappeler les anciennes orientations confessionnelles des soins : une nouvelle éthique basée sur l'observation, l'intelligence et les savoirs pratiques caractérise la formation de l'infirmière moderne, telle que se la représente Nightingale.

Imprégnée des principes du mouvement hygiéniste, à la diffusion desquels elle aura largement contribué, convaincue que les soins adéquats aux patients peuvent hâter leur guérison (*bedside care*), Nightingale confère également aux infirmières la tâche de gestion et d'administration des soins. C'est pourquoi leur formation requiert un ensemble de compétences théoriques comprenant des matières qui

---

15. L'École Nightingale pour les infirmières est fondée en 1860 en tant qu'institution indépendante et est financée par le Fonds Nightingale ; les administrateurs choisissent de l'installer à l'Hôpital saint-Thomas. Voir M. Patricia DONAHUE et Patricia A. RUSSAC (dir.), *Nursing : The Finest Art : An Illustrated History,* Saint Louis, Toronto, C. V. Mosby, 1985, p. 248.

font appel aussi bien aux qualités intellectuelles des femmes qu'à l'observation des mécanismes psychomoteurs et à la fermeté de leur caractère pour faire face à toutes les situations. L'idéal contemporain de la féminité (séparation entre les sphères masculine et féminine et complémentarité des rôles) imprègne ses propositions[16]. Selon cette perspective, les femmes puisent dans leurs fonctions « naturelles » leurs qualités de soignantes. Leurs fonctions sociales dérivent de leurs capacités de maternage ; de là leur responsabilité et leur compétence à l'égard du bien-être de leurs enfants et de leurs familles. Et pour contrer le discours, alors largement répandu, qui leur attribue une infériorité intellectuelle, Nightingale ajoute qu'elles devront développer leur supériorité morale. Ainsi, par la voie de la formation du caractère, Nightingale et le mouvement qui l'appuie se prononcent en faveur de l'éducation des filles. Le nursing devient un idéal conforme à la nature féminine, dont il emprunte les qualités, mais en rupture avec le confinement des femmes au foyer, puisqu'il représente une carrière.

La réforme proposée par Nightingale a été aussitôt critiquée par ses contemporaines à cause de l'étendue des contraintes qu'elle impose aux femmes. Paradoxalement, alors que Nightingale vise l'émancipation des femmes par l'éducation et l'ouverture d'une nouvelle carrière, sa réforme reproduit les inégalités majeures entre les savoirs masculins et féminins. Les qualités requises pour exercer le métier d'infirmière selon Nightingale ne s'appliquent qu'aux femmes de haute moralité ; la formation qu'elles reçoivent leur interdit en outre d'effectuer des tâches ménagères, qui seront d'ailleurs par la suite dévolues aux préposées. Dévouement, sympathie et équilibre émotif, tels sont les attributs psychologiques des infirmières, dont elles usent à l'égard des patients, des médecins, etc. Les infirmières doivent également savoir modérer leurs émotions en les contrôlant, montrer les qualités de l'être noble et

16. Cela explique pourquoi Nightingale fut critiquée par certaines féministes contemporaines qui considèrent cette séparation comme source d'oppression pour les femmes ; Susan REVERBY, *Ordered to Care : The Dilemma of American Nursing, 1850-1945,* Cambridge, New York, Cambridge University Press, 1987, 286 p. ; ainsi que Celia DAVIES, *Rewriting Nursing History*, Londres, Croom Helm, 1980, 226 p. Cette idéologie, qualifiée d'essentialiste, a fait l'objet de nombreuses recherches et suscité de nombreuses critiques de la part de féministes. Attribuée essentiellement à une élite de femmes des classes aisées, oisives et n'ayant pas besoin d'emploi rémunéré, elle conforte leur position de femmes dominant d'autres femmes et cherchant à étendre à toutes ce que l'on appellera, bien plus tard, la mystique féminine.

généreux des classes aisées, faire preuve de beaucoup de patience, acquérir une perception rapide des problèmes, un bon jugement et une capacité d'intervention rapide, ferme mais tendre. Dextérité et sens de l'observation, respect de la vérité des faits et reconnaissance de son ignorance sont des apprentissages complexes qui peuvent conduire à d'intenses conflits[17]. Ils ne sont pas sans rappeler les ambivalences souvent relevées par les analystes dans la construction sociale de la féminité[18].

Ces prescriptions qui valorisent l'apprentissage de savoirs pratiques au détriment de savoirs intellectuels reflètent certaines valeurs potentielles en cours au XIXe siècle sur l'éducation des filles, idées qui seront rapidement critiquées. Elles seront contestées par les premières associations de diplômées des écoles d'infirmières qui, à la faveur du mouvement suffragiste et de l'égalité des droits, soulignent qu'une telle éducation, aussi étroitement associée aux qualifications personnelles des femmes, peut les conduire à une impasse, celle des emplois féminins subordonnés aux professions masculines. La polémique que Nightingale poursuivra avec Fenwick prend toute sa dimension dans le contexte de l'éclosion de ce second mouvement de revendication féministe, qui met l'accent sur les droits des femmes plutôt que sur la réforme des mœurs.

Pour Ethel Bedford Fenwick, la stratégie de Nightingale, qui s'appuie sur la séparation des sphères et la formation du caractère, mène à une impasse. Elle animera le mouvement en faveur de l'enregistrement, qui tente d'établir une stratégie de professionnalisation sur un autre paradigme. Liberté et mobilité dans le système de santé sont des éléments essentiels à une carrière réussie, pour ces nouvelles diplômées avides d'une reconnaissance professionnelle. Elles se retrouvent au sein de la British Nurses' Association (BNA, 1887), association d'infirmières diplômées, menées par Ethel Bedford Fenwick. Elles adoptent une stratégie basée sur l'acquisition d'une formation technique et sur l'approche scientifique dérivée de leur association avec la médecine. Elles déploient un ensemble d'arguments qui les conduisent à rejeter le modèle précédent pour reprendre celui des médecins, ouvrir le débat en faveur de l'enregistrement et proposer la professionnalisation du nursing[19].

17. RAFFERTY, *op. cit.*, p. 33.
18. Beverley SKEGGS, *Formation of Class and Gender*, Londres, Sage, 1997.
19. RAFFERTY, *op. cit*, p. 41.

Leurs critiques, d'abord timides, attaquent les fondements de la perspective de Nightingale comme essentiellement basée sur des services personnels, qui ne peuvent être interchangeables, et donc monnayables partout. Établie sur le *character training*, cette formation ne peut être objectivement évaluée, partout et par tous ; en outre, les injonctions disciplinaires qu'elle contient risquent de forcer l'infirmière à obéir aux ordres de façon mécanique. Elles insistent également sur la nécessité de développer leurs habiletés techniques et leur qualification générale, plutôt que leur moralité (sans en nier la nécessité, mais c'est par la formation technique qu'elles préfèrent l'acquérir).

À l'issue d'un conflit hargneux entre ces principaux protagonistes depuis 1880, Ethel Fenwick remporte la bataille de l'enregistrement ; le Nurses' Registration Act est obtenu en 1919 grâce à la mobilisation qu'elle a su organiser autour de son réseau international (le Conseil international des infirmières), du mouvement féministe des droits (qui partage sa représentation de la femme nouvelle) et de certains médecins qui lui sont acquis.

Cette stratégie comporte de nombreux avantages, en particulier celui de distinguer l'éducation des infirmières du modèle de formation préconisé par Nightingale et ses émules, mais elle présente d'autres problèmes, soulignés par certaines analystes, en particulier par l'historienne britannique Anne-Marie Rafferty. À partir du moment où le modèle médical est celui dont dépend la professionnalisation des infirmières, comment pourront-elles atteindre l'autonomie professionnelle ? Elle considère ainsi que l'enregistrement vise plutôt à uniformiser l'éducation pour l'adapter aux nouvelles exigences du système de santé et constitue une victoire des médecins pour le contrôle du marché très important des services des infirmières visiteuses. Elle insiste sur le dilemme dans lequel cette stratégie place les infirmières, qui se retrouvent dans un rapport de domination double, soumises à des médecins qui sont aussi des hommes[20]. C'est aussi la position défendue par Susan Reverby dans son étude sur le nursing dans l'est des États-Unis, et par Kathryn McPherson pour le Canada. On devra s'interroger toutefois sur les autres possibilités qu'avait cette génération de femmes quant à ses choix de carrière. Ces auteures s'entendent d'ailleurs pour dire que ce sont ces femmes de la bourgeoisie, réformatrices et féministes, qui ont les premières bénéficié de l'ouverture d'une carrière

20. *Ibid.*, p. 67.

dans le nursing, en qualifiant cette génération de pionnières, d'élite du nursing. C'est encore à elles que l'on doit d'avoir élaboré les prescriptions des soins à prodiguer aux patients. Ce processus de formalisation du soin (*care*) débouche ainsi sur une série de tâches et de techniques qui s'éloignent graduellement des caractéristiques personnelles pour devenir objet d'apprentissage et d'acquisition de compétence. On les trouve d'abord dans trois domaines spécifiques.

Les techniques de soins: l'hygiène, l'assistance chirurgicale et médicale et les soins personnels (1859-1900)

C'est autour de l'hygiène, des soins biomédicaux et des soins personnels que sont élaborées les premières recommandations formelles adressées aux infirmières. Pour reconstituer ce qu'a été cet enseignement à la fin du XIXe siècle, alors qu'il reposait essentiellement sur un apprentissage pratique, il faut recourir à l'analyse des manuels utilisés par les écoles d'infirmières dans les hôpitaux du Québec et du Canada. La plupart proviennent de manuels anglais et américains, ou français pour les écoles franco-catholiques. Les principales auteures de ces manuels sont la Britannique Florence Nightingale, avec *Notes on Nursing: What It Is and What It Is Not*[21], ouvrage publié en 1859, et les Américaines Clara Weeks, Isabel Hampton, Adelaide Nutting et Charlotte Aitkens. Toutes visent une rationalisation du savoir-faire féminin, développent des concepts d'assistance médicale et chirurgicale et des techniques d'hygiène.

Une première description de ce que devraient être les soins infirmiers modernes se trouve dans *Notes on Nursing : What It Is and What It Is Not*. Ce sont d'abord des techniques d'hygiène, qui consistent à entretenir et organiser l'environnement du malade. Pour Nightingale, les soins infirmiers doivent permettre que la soignante assiste le soigné dans le processus de guérison, par « l'utilisation adéquate de l'air frais, de la lumière, de la chaleur, de la propreté, de la tranquillité et par le choix approprié du régime alimentaire, tout en veillant à ménager l'énergie vitale du patient[22] ». Pour assurer le bien-être du malade et favoriser sa guérison, l'infirmière doit accomplir des

---

21. Florence NIGHTINGALE, *Notes on Nursing: What It Is, and What It Is Not.* Londres, Harrison and Sons, 1859.
22 *Ibid.*, p. 6. Nous traduisons.

tâches d'entretien général pour aseptiser les lieux et les équipements qui entourent le malade. L'entretien ménager fait donc partie de l'aide au processus de guérison. Pour avoir par ailleurs la maîtrise de l'environnement global du malade, l'infirmière doit superviser les installations, gérer les visites, contrôler le bruit tant extérieur que celui qu'elle est susceptible de produire elle-même (d'où la discrétion, la douceur). Elle doit aussi veiller au bien-être moral du malade en lui assurant divertissement sain et encouragement moral et religieux. Elle doit lui enseigner des exercices et un régime approprié, qui assureront son bien-être physique. Elle apprend aussi certaines techniques de bien-être du corps, la discipline qui s'impose à elle et au malade (par exemple, comment faire le lit) et comment faire le toilette personnelle. L'observation du malade lui sert à évaluer le processus de guérison et complète le tableau des tâches qui constituent, selon les critères établis par Florence Nightingale en 1859, la base des soins infirmiers.

D'autres éléments, considérés alors comme propres à la nature féminine, permettent aux infirmières de développer leur savoir-faire[23]. Ces conseils qui s'appuient sur de supposées vertus féminines permettent aux infirmières de se mouvoir avec discrétion pour contrôler le bruit, de marcher sur la pointe des pieds et de faire les choses lentement, avec douceur, tout en usant de fermeté[24]. Ou encore, pour ne pas inquiéter le patient, l'infirmière le sécurisera en l'informant du moment où elle reviendra le voir[25]. Des conseils détaillés ayant trait au comportement sont donnés pour chaque domaine de soins et complètent ainsi la gamme du savoir-faire infirmier. Ces bases établies au milieu du XIXe siècle seront reprises au niveau international, essentiellement par des infirmières américaines qui publient à leur tour des manuels sur les principes et la pratique du nursing en s'inspirant largement de l'exemple britannique[26]. Ces manuels ont servi de

23. Éric VAILLANCOURT, « Les rapports médecins-infirmières au Canada et au Québec : analyse de l'interdiscursif à travers leurs revues professionnelles : (1867-1920) », Montréal, mémoire de maîtrise (histoire), Université du Québec à Montréal, 1995, p. 51.

24. NIGHTINGALE, *op. cit.*, p. 26.

25. *Ibid.*, p. 22.

26. Aux États-Unis, des manuels pour infirmières écrits par des infirmières apparaissent à la fin du XIXe siècle. L'initiative vient d'infirmières ayant eu une formation d'enseignantes (Clara WEEKS, 1890, *A Text-book for Nurses*, 1885 ; Lavinia DOCK, *Materia Medica for Nurses*, 1890 ; Isabel HAMPTON, *Nursing :*

curriculum aux écoles d'infirmières américaines avant la formulation d'un curriculum standard en 1917. Les écoles anglo-protestantes de l'Hôpital général de Montréal et de l'Hôpital Royal Victoria, qui ont fait appel à des surintendantes des écoles anglaises et américaines, ont utilisé ces manuels et s'en sont aussi servi comme base pour leur programme de formation jusqu'aux années 1920.

Une étape est franchie avec les réflexions que tire Isabel Hampton de l'enseignement et de la pratique du nursing[27]. Comme elle le mentionne dans la préface de la deuxième édition de son manuel, « un chapitre "suggestif" a été ajouté sur la division du travail durant les trois ans d'enseignement, et des séances magistrales ont été planifiées pour couvrir cette période[28] » La modernité de cet ouvrage réside, selon Lippman, dans le fait qu'il traite des techniques de soins (comment prendre soin des patients), mais aussi qu'il développe les bases scientifiques de la pratique (pourquoi on en prend soin)[29]. Outre le soin direct au patient, Hampton traite, dans ses trois premiers chapitres, du rôle plus large de l'infirmière dans l'hôpital, comme gestionnaire et enseignante. Les vingt-huit autres chapitres du manuel sont consacrés à la description détaillée de toutes les techniques de soin (des façons de faire un lit aux soins des maladies contagieuses, en passant par l'administration de médicaments). La description des tâches d'assistance médicale et chirurgicale (asepsie et hygiène comprises) est soutenue par des explications médicales pour chaque technique, tandis que seulement deux ou trois chapitres sont consacrés aux attentions personnelles portées au malade, à son observation et à son confort.

Hampton semble vouloir accorder une plus grande importance à ce qui relève des techniques et des soins biomédicaux qu'aux soins personnels aux patients. Ainsi, des règles précises sont proposées pour procéder aux soins médicaux et chirurgicaux, autant pour donner un

---

its Principles and Practices, 1893). Voir Doris T. LIPPMAN, *The Evolution of the Nursing Textbooks in the United States from 1873 to 1953 : A Preliminary Survey*, Columbia University Teachers College, 1980, chap. IV.

27. Nous n'avons trouvé qu'un seul ouvrage pour l'ensemble des quatre auteures citées par Lippman dans l'ensemble des bibliothèques montréalaises : Isabel Adams HAMPTON, *Nursing : its Principles and Practice*, 2e éd. (1re éd. 1893), Toronto, J.A. Carveth & Co, 1899, 512 p.

28. Nous traduisons.

29. LIPPMAN, *op. cit.*, p. 343. Nous traduisons.

bain ou un lavement que pour stériliser les instruments en salle d'opération. L'accent n'est pas mis sur la relation malade/infirmière, mais
plutôt sur la technique de soin. Par exemple dans le cas d'un bain,
l'infirmière doit s'assurer d'abord qu'elle a tous les instruments nécessaires à sa disposition. Après avoir déshabillé le malade et l'avoir
couché entre deux couvertures,

> on lave le corps par sections, d'abord le visage, le cou et les bras, puis la
> poitrine et l'abdomen, les jambes et les pieds, et finalement le dos et les
> surfaces entre les cuisses. Le bain peut être administré de façon à main-
> tenir intacte l'intimité des patients, en découvrant une partie du corps
> seulement et la procédure entière ne doit pas durer plus de quinze
> minutes, vingt minutes au plus[30].

Si la technique inclut de couvrir le patient et rappelle les anciennes
exigences morales de pudeur par lesquelles les infirmières devaient se
distinguer[31], la morale n'en est plus le fondement explicite. Ces nouvelles règles apparaissent désormais fondées sur des principes biomédicaux. Comme pour le bain, l'application d'un cathéter requiert
une technique bien précise :

> [...] Le cathéter est alors trempé dans l'huile et introduit, en prenant soin
> de ne toucher avec les mains que la section émergeante. [...] Si l'on sent
> une obstruction, il ne faut pas tenter de pousser l'instrument en avant,
> mais le retirer légèrement de façon à trouver la position adéquate. Si
> l'urine cesse de couler, le cathéter doit être retiré légèrement et l'on doit
> changer sa position. Si la vessie est très gonflée, elle devrait être vidée
> entièrement la première fois. Pour retirer le cathéter, le doigt doit être
> placé sur le bout pour qu'aucune goutte d'urine qui pourrait s'y trouver
> ne tombe dans le lit[32].

Peu de conseils sont donnés aux infirmières en vue de mettre les
patients en confiance ou pour leur assurer chaleur et réconfort. Il en
subsiste quelques-uns, néanmoins. dans les cas de gynécologie ou de
pédiatrie, les femmes et les enfants étant considérés comme plus
vulnérables durant les périodes d'hospitalisation. Ainsi, à l'arrivée

30. *Ibid.*, p. 134. Nous traduisons.
31. Voir Susan Reverby, *Ordered to Care. The Dilemna of American Nursing
    1850-1945*, Cambridge, Cambridge University Press, 1987.
32. Hampton, *op. cit.*, p. 180. Nous traduisons.

d'un nouveau patient qui, l'auteur le présume, pourrait avoir faim ou soif mais se sentirait mal à l'aise pour demander à boire, l'infirmière « ne doit pas attendre d'être appelée, mais doit elle-même s'informer des besoins du patient[33] ». L'accent est plutôt mis sur l'observation clinique. Le chapitre sur l'observation du malade propose de détecter les symptômes médicaux relatifs au bien-être du malade du début de la formation jusqu'à la fin[34]. Les moments du bain et du coucher au lit sont d'une importance considérable pour observer et déceler des anomalies qui peuvent devenir des pathologies :

> Au chevet du lit, l'infirmière constate la condition générale du corps du patient, en notant tous les détails, comme l'existence ou l'étendue d'une malformation, l'obésité, l'extrême minceur, un œdème ou autre chose ; elle observe ensuite la condition de la peau pour voir si elle est trop chaude, sèche, froide, humide, etc.[35].

Les surintendantes des écoles américaines, auteures de ces manuels, formalisent le processus de description et d'explication des tâches de l'infirmière en instituant des procédures de soin. En privilégiant les aspects biomédicaux du nursing, elles relèguent à l'arrière-plan les tâches liées au développement d'une relation de confiance entre l'infirmière et le malade, ce qui permettra au *caring* de se développer et de devenir un élément constitutif de la profession. C'est ce qui distingue ce modèle de celui qui sera développé au Canada. Tout porte à croire à la construction d'un modèle hybride, pas tout à fait semblable à celui de la Grande-Bretagne, ou de certains États américains, même si des principes semblables inspirent la réforme du nursing entreprise dans la plupart des provinces canadiennes.

Les qualités féminines de maternage sont le point de départ des discours canadiens sur le devoir des femmes de prodiguer des soins, d'abord à leur famille, ensuite à leurs proches. Les écoles d'hôpitaux prodiguent une formation où figure en bonne place l'apprentissage des comportements et des manières d'être (respect, soumission, dévouement), des techniques (pour faire les lits et se mouvoir en silence, maintenir un environnement propre), etc. Voyons alors dans le détail le contenu de la formation ainsi que l'origine sociale des pionnières

---

33. *Ibid.*, p. 121.
34. *Ibid.*, p. 355.
35. *Ibid.*, p. 359. Nous traduisons.

pour tenter de comprendre comment s'opère la transformation du nursing canadien.

Le modèle canadien de nursing

Au Canada, on ne l'a pas assez souligné dans les études portant sur les infirmières, plusieurs modèles de soins coexistent. Outre les pratiques soignantes des nations amérindiennes, dont on connaît peu la nature ou l'ampleur, une pluralité de pratiques sont importées par les communautés immigrantes dans les différentes villes et provinces du pays. Les études récentes se sont plutôt penchées sur celles du Canada anglais (d'origine britannique essentiellement), en en faisant ainsi le modèle de référence obligé, ignorant d'autres pratiques, en particulier celles issues du Régime français, présentes dans plusieurs provinces. Il est intéressant de voir comment le modèle anglo-protestant s'est développé au Canada, par rapport d'autres pratiques.

Un modèle hybride et diversifié

À première vue, les questions de formation se sont posées dans les mêmes termes qu'en Grande-Bretagne quelques années plus tôt. À la formation du caractère, très liée aux rôles féminins, succède rapidement l'éducation basée sur l'acquisition de connaissances techniques et pratiques, médicales et organisationnelles au sein des premières écoles d'infirmières canadiennes. Kathryn McPherson qualifie la période du début du XXᵉ siècle comme celle où une seconde génération d'infirmières fait l'apprentissage de la discipline et de la subordination, perceptible dans le code vestimentaire strict des écoles : « Jouant sur les métaphores religieuses et sociales, l'uniforme signale à la fois le célibat, que les infirmières partagent avec les religieuses, et la répression sexuelle induits par les stéréotypes de la féminité victorienne[36]. » Cette répression du corps sexué des femmes vise à créer une icône morale, une sainte laïque asexuée, selon le mot de Véronique Leroux-Hugon[37]. Paradoxalement, cette construction a pour but de hisser la

36. Kathryn McPherson, *Bedside Matters. The Transformation of Canadian Nursing, 1900-1990*, Oxford University Press, 1996, p. 37 ; nous traduison ce passage. Cette étude fort instructive n'inclut pas du tout le Québec.

37. Véronique Leroux-Hugon, *Des saintes laïques : les infirmières à l'aube de la Troisième République*, Paris, Sciences en situation, 1992.

profession d'infirmière à un niveau social supérieur, enviable pour les femmes des classes laborieuses rurales, et envié pour sa sainteté par toutes. Elle contribue à créer autour des comportements vestimentaires et des injonctions morales un semblant d'homogénéité (ethnique, sociale et surtout sexuée) propice au développement professionnel.

Ainsi McPherson distingue quatre grands paradigmes de savoirs infirmiers au Canada durant la première moitié du XXe siècle : les soins et l'éducation domestiques (*domestic nurturing*)[38], la dévotion religieuse (principe chrétien de l'aide aux démunis), la discipline et l'encadrement (sur le modèle militaire) et la médecine scientifique. Selon cette analyse, les infirmières devront s'approprier ces savoirs, qui seront uniformisés et ritualisés durant leur formation, pour se forger une place distincte dans le réseau de santé. Elles devront également développer leur expertise pratique au sein de l'hôpital en accomplissant des tâches administratives, en développant leur compréhension des diagnostics, en offrant leur assistance technique au personnel médical et en effectuant des tâches thérapeutiques qui leur sont exclusives. Du point de vue de l'acquisition des savoirs théoriques, elles ne sont pas en reste, avec l'intégration de la science dans le curriculum enseigné.

Durant la première moitié du XXe siècle, la transformation des soins infirmiers est un moment charnière dans la réorganisation du système hospitalier[39]. La gestion scientifique des soins impose de nouvelles normes d'efficacité et de spécialisation dans un univers hospitalier déjà fortement hiérarchisé. La rationalisation des techniques permettra à un petit nombre d'infirmières diplômées de superviser le travail de l'ensemble des étudiantes. À travers l'exécution et la supervision de ces multiples tâches standardisées, les infirmières peuvent assister les médecins dans leur conquête d'une thérapie scientifique ; si elles gagnent de nouvelles initiatives dans le soin des patients, elles perdent peu à peu le contrôle sur leur travail, en étant elles-mêmes surveillées et supervisées[40].

38. McPherson, *op. cit.*, p. 75.
39. Yolande Cohen, *Profession Infirmière. Une histoire des soins dans les hôpitaux du Québec*, Montréal, Les Presses de l'Université de Montréal, 2000.
40. McPherson, *op. cit.*, p. 91.

La rationalisation des soins, envisagée par McPherson comme une démarcation nette entre le nursing et les services personnels et domestiques, entraîne une segmentation du travail en différentes tâches, qui peuvent être répétées par toute personne dûment formée. Le vocabulaire change : les termes *nurturing* et « réconfort » associés aux soins prodigués par des femmes sont remplacés par « manipulation », « gestion » et « contrôle »... Les infirmières canadiennes, selon McPherson, n'hésitent pas à réaliser ce changement dans les années 1920 et 1930 et à adopter des termes plus techniques et des pratiques ritualisées car il leur ouvre la possibilité de se forger une place différenciée dans le système de santé et d'intégrer dans le contact quotidien avec le patient la double équation du *caring* et du *curing*[41]. Elles participent ainsi activement à la création de la culture médicale scientifique, bureaucratique et à l'ouverture d'un marché d'emploi aux femmes de toutes les catégories sociales. Constituant le plus important groupe de soignantes dans le système de santé, les infirmières participent au mouvement menant à la suprématie de l'hôpital comme centre des services de santé[42].

Ombre tenace au tableau, l'utilisation de la science et de sa terminologie n'a toutefois pas mené à la valorisation espérée du rôle des infirmières. Le rôle de la science dans les savoirs infirmiers n'est qu'un aspect de la recherche de légitimité dans laquelle s'inscrit la profession :

> Situées entre médecins et patients, entre administrateurs et soignantes, les infirmières sont identifiées par des concepts scientifiques, mais invoquent également ce type de concept pour se définir elles-mêmes. Durant la période 1900-1940, les infirmières sont requises simultanément pour soigner et guérir ; elles utilisent les savoirs scientifiques à la fois pour arriver à la compréhension théorique de l'infection et comme des rituels « rationnels » de techniques pour résoudre les contradictions inhérentes à leur vie quotidienne[43].

Deux logiques sont ainsi à l'œuvre dans la constitution du nursing au Canada, l'une est basée sur des savoirs scientifiques (McPherson inclut le *cure* dans la description des tâches) et l'autre sur des

41. *Ibid.,* p. 94.
42. *Ibid.,* p. 111.
43. *Ibid.,* p. 114. Nous traduisons.

savoirs pratiques, établis sur la connaissance intime et personnelle des patients.

Cette interprétation nous fait voir la réforme canadienne des soins infirmiers comme un mouvement logique (les progrès de la science) et relativement uniforme dans toutes les provinces, y compris au Québec. Si l'analyse de McPherson offre l'avantage de dresser un bilan rigoureux de l'état de nos connaissances sur l'histoire du nursing, elle reste partielle et incomplète sur ce qui en a constitué le ressort. Ainsi, elle ne dit rien d'un facteur déterminant dans le décollage de la réforme au Canada comme au Québec, à savoir l'influence des mouvements féminins philanthropiques. Or ces mouvements seront différents selon qu'ils se manifestent dans l'Ouest ou l'Est du pays, selon qu'ils sont d'inspiration catholique ou protestante, selon qu'ils agissent directement ou indirectement auprès des infirmières. S'il est facile d'expliquer les ressemblances du modèle anglo-canadien avec celui de la Grande-Bretagne par la présence d'un bon nombre d'instructrices formées en Angleterre dans les institutions anglo-protestantes, cela est plus difficile pour le Canada français. La présence de plusieurs communautés religieuses hospitalières comme les Sœurs Grises rend l'influence franco-catholique tangible en Alberta, en Ontario et au Québec. Au Québec un autre modèle s'élabore, où rationalité et progrès scientifique se conjuguent avec charité et don de soi. L'impulsion en faveur d'une réforme des soins infirmiers y sera également lancée par un fort mouvement hygiéniste, qui à son tour poussera les intervenants traditionnels, en particulier les communautés religieuses, à aménager le modèle apostolique qui était le leur. Comment la réforme des soins infirmiers au Québec se réalise-t-elle et quelles en sont les particularités ?

L'infirmière hygiéniste, fer de lance du nursing moderne

Au Québec aussi, les préoccupations envers la santé des populations se traduisent par des pressions des mouvements de réforme sur les pouvoirs publics en vue de leur intervention. Animés par deux grands groupes d'intérêt, médecins et élites féminines éclairés, ces mouvements aboutiront vite à la mise sur pied d'un système de santé publique. Conscients des méfaits des conditions de vie insalubres à Montréal, des médecins franco-catholiques veulent organiser un système de santé publique au Québec. Dès 1886, le Conseil supérieur d'hygiène, que dirige E.-P. Lachapelle[44] et son équipe de médecins[45], est doté du pouvoir de créer des bureaux municipaux d'hygiène, devenus obligatoires à partir de 1888. L'organisation mise en place reste encore en 1913 peu efficace en milieu rural (les inspecteurs sanitaires chargés de les installer sont incompétents)[46] ; un système sectoriel remplace les bureaux par des unités sanitaires de comté, qui seront chargées d'appliquer le programme spécial voté par l'Assemblée législative en 1922 pour lutter contre la tuberculose et la mortalité infantile[47]. Cette nouvelle structure, qui donne autorité au Service provincial d'hygiène (SPH), est financée conjointement par la Fondation Rockefeller et les pouvoirs municipaux[48].

La prévention des maladies infantiles et maternelles et le traitement des maladies contagieuses créent une recrudescence de services de santé, publics et privés[49], qui se spécialisent : « [...] l'intégration de la bactériologie dans les pratiques de santé publique a conduit à une séparation de plus en plus marquée entre la médecine curative et la médecine préventive[50]. » Ainsi se consolide le secteur de l'hygiène publique, autour de médecins qui bénéficient déjà d'une formation spécialisée : diplôme en santé publique, offert depuis 1899 à l'Université McGill, diplôme d'hygiéniste public en 1911 à l'Université de

---

44. Voir sa biographie réalisée par Georges DESROSIERS, Benoît GAUMER et Othmar KEEL, *Vers un système de santé publique au Québec. Histoire des unités sanitaires de comté : 1926-1975*, Université de Montréal, Département de médecine sociale et préventive, Département d'histoire, 1991.

45. À propos du rôle des médecins dans le mouvement hygiéniste, voir Claudine PIERRE-DESCHÊNES, « Santé publique et organisation de la profession médicale au Québec 1870-1918 », *Revue d'histoire de l'Amérique française*, vol. 35, n° 3, décembre 1981, p. 355-375.

46. Claudine PIERRE-DESCHÊNES, *op. cit.*, p. 372.

47. Georges DESROSIERS, Benoit GAUMER et Othmar KEEL, *op. cit.*, 1997.

48. Yolande COHEN, *Profession infirmière. Une histoire des soins dans les hôpitaux du Québec*, Montréal, Les Presses de l'Université de Montréal, 2000, chap. 5.

49. Georges DESROSIERS, Benoît GAUMER et Othmar KEEL, *La santé publique au Québec. Histoire des unités sanitaires de comté 1926-1975*, Montréal, Les Presses de l'Université de Montréal, 1997, p. 69.

50. Georges DESROSIERS, Benoît GAUMER et Othmar KEEL, « Contribution de l'École d'hygiène de l'Université de Montréal à un enseignement francophone de santé publique, 1946-1970 », *Revue d'histoire de l'Amérique française*, vol. 47, 3, hiver 1994, p. 323.

Montréal et diplôme d'hygiéniste expert en 1912 à l'Université Laval[51]. Il faut désormais former d'autres spécialistes que les médecins et offrir des cours universitaires spécialisés en hygiène publique pour répondre à la demande d'hygiénistes de carrière, profession créée par le gouvernement du Québec[52]. À ce mouvement en faveur d'une intervention des spécialistes en santé publique correspond une éducation spécialisée dispensée par les grandes institutions universitaires.

L'intérêt du gouvernement du Québec pour la santé publique et l'implantation de nouvelles structures sanitaires dans les années 1920 ne parviennent toutefois pas à conférer à ce secteur de la médecine un statut équivalent aux autres spécialités : « L'hygiène publique et la médecine préventive n'ont pas le prestige des spécialités dites cliniques ou même fondamentales[53]. » Si cette analyse peut s'avérer pertinente pour caractériser le statut académique des médecins, elle ne l'est pas nécessairement pour rendre compte des carrières des infirmières en hygiène publique. Mobilisées avec les médecins pour combattre les fléaux de la pauvreté et de la maladie, de très nombreuses infirmières pratiquent déjà la prévention et soignent les familles de toutes les catégories sociales par des visites à domicile et le service privé. Avec la consolidation de l'hygiène comme service public, la carrière d'hygiéniste s'ouvre à elles. D'ailleurs, c'est dans ce secteur que s'amorcera la réforme du nursing au Québec aussi. C'est pourquoi on y retrouvera ses principales caractéristiques, à savoir la lutte pour la professionnalisation et la lutte pour la laïcisation (les compétences féminines justifiant là aussi une pratique infirmière autonome et exclusive)[54].

51. Georges Desrosiers, Benoît Gaumer et Othmar Keel, *Étude de l'évolution des structures et du contenu de l'enseignement universitaire spécialisé de santé publique au Québec et de ses déterminants de la fin du XIXᵉ à 1970*, communication présentée au Congrès des sociétés savantes, Hamilton, 1987, p. 2-3.
52. Georges Desrosiers, Benoît Gaumer et Othmar Keel, *op. cit.*, 1987, p. 3.
53. De 1900 à 1970, 306 médecins hygiénistes (DHP) ont été formés dans les trois universités québécoises et, de ce nombre, 218 ont été formés entre 1946 et 1970 à l'Université de Montréal. Voir Georges Desrosiers, Benoît Gaumer et Othmar Keel, *op. cit.*, 1987, p. 20.
54. Yolande Cohen, *Profession infirmière. Une histoire des soins dans les hôpitaux du Québec*, Montréal, Les Presses de l'Université de Montréal, 2000 ; Geertje Boschma, « Ambivalence about Nursing's Expertise : The Role of a Gendered Holistic Ideology in Nursing », dans Anne Marie Rafferty, Jane Robinson et Ruth Elkan, *Nursing History and the Politics of Welfare*, Londres, Routledge, 1997, p. 164-176.

Ainsi, ce sont les infirmières hygiénistes qui les premières entrevoient l'avenir du nursing par la professionnalisation des soins et qui s'engagent à promouvoir un enseignement supérieur en soins infirmiers au sein de l'Association des gardes-malades enregistrées de la province de Québec (1920)[55]. Appuyées par de grandes organisations internationales de santé comme la Croix-Rouge et par des organisations pancanadiennes, comme The Canadian Nurses Association, elles réclament la mise sur pied d'une formation universitaire pour les infirmières (voir l'annexe 2 : Structures et programmes de formation infirmière). Elles obtiennent gain de cause à l'issue de la Première Guerre mondiale : la Croix-Rouge finance l'organisation de cours en *public health nursing* dans les universités anglophones, notamment aux universités de Colombie-Britannique, de Toronto, d'Alberta et de Dalhousie[56]. La School of Graduate Nurses de l'Université McGill, créée en 1920 et largement subventionnée par la Croix-Rouge[57], offre pour la première fois au Québec un cours d'hygiène publique (*public health nursing)* destiné aux infirmières[58]. Recrutant ses élèves presque exclusivement en dehors du Québec et dans le milieu anglophone de Montréal, l'école supérieure de McGill aura toutefois peu d'impact sur la formation des infirmières franco-catholiques, « malgré la qualité et l'avant-gardisme de son programme[59] ». Les partisans d'une formation équivalente et accessible aux infirmières franco-catholiques avanceront précisément l'argument du manque de formation pour les franco-catholiques pour procéder à l'implantation de cours universitaires.

Une formation supérieure en hygiène

La professionnalisation rapide de ce secteur va contribuer à en faire un bastion laïque (les religieuses ne pouvant maintenir leur emprise

---

55. Édouard DESJARDINS *et al.*, *Histoire de la profession infirmière au Québec*, Montréal, AIPQ, 1970, p. 120.
56. Janet ROSS KERR et Jannetta MACPHAIL, *Canadian Nursing. Issues and Perspectives*, Saint Louis, Mosby, 1996, p. 308.
57. DESJARDINS, *op. cit.*, p. 120.
58. Supérieure prend ici le sens de « postscolaire », « postinitiale ». Ce type de formation est donné dans le réseau universitaire. Voir André PETITAT, *Les infirmières. De la vocation à la profession*, Montréal, Boréal, 1989, p. 188.
59. Georges DESROSIERS, Benoît GAUMER et Othmar KEEL, *op. cit.*, 1994, p. 327.

sur la formation supérieure dans ce secteur)[60]. Alors que la formation générale des infirmières relève des autorités hospitalières, fonction surtout occupée par les communautés religieuses, la formation spécialisée en hygiène relève des institutions universitaires. Il est intéressant alors de voir comment on est parvenu à étatiser des services qui relevaient de l'action charitable, dans ce secteur plus tôt qu'ailleurs. Le rôle conjoint de la Fondation Rockefeller, des municipalités et du mouvement hygiéniste, anglo-protestant et franco-catholique y a contribué. Dès lors, l'hygiène publique apparaît comme une arme de choix dans l'éventail des ressources sociales dont l'État voudra se doter pour lutter contre la mortalité infantile et pour faire face aux problèmes liés à la rapide urbanisation du Québec. La laïcisation presque immédiate de ce secteur signifie en outre la professionnalisation des intervenants.

De fait, la majorité des infirmières hygiénistes qualifiées sont des laïques. Selon Cohen, les « préjugés défavorables [...] qu'une telle pratique suscite dans les [...] communautés religieuses » et les efforts sans succès de « Mgr Bruchési pour garder un certain contrôle dans le secteur de l'hygiène publique » se sont ajoutés à diverses forces, économiques et politiques, pour laisser « le champ libre aux infirmières hygiénistes laïques pour exercer une vocation qui va de plus en plus devenir une profession, et même une spécialité fort prisée au sein du nursing ». Avec un décalage de quelques décennies par rapport aux États de la Nouvelle-Angleterre, cette cohorte de femmes célibataires fortement urbanisée apparaît comme une élite qui aurait imposé aux filles rurales, peu éduquées et à la recherche d'un métier rémunéré mais honorable, une structure hiérarchique calquée sur le système de formation supérieure qu'elle adopte. Si, aux États-Unis, les *public health nurses* restent sous le contrôle d'associations charitables féminines, au Québec, les hygiénistes se joindront à la campagne orchestrée par les médecins et les services de la Compagnie d'assurance-vie La Métropolitaine et prônant les bienfaits de l'hygiène[61].

60. Yolande COHEN, *Profession infirmière. Une histoire des soins dans les hôpitaux du Québec*, Montréal, Les Presses de l'Université de Montréal, 2000, chapitre 5 (p. 133–161).

61. En 1891, 839 municipalités ont leur bureau provincial d'hygiène, dix districts sanitaires sont créés en 1910 et les unités sanitaires essaiment dans toute la province dès 1926. Voir André PETITAT, *op. cit.*, p. 55.

Un savoir spécialisé pour les infirmières

La formation des infirmières hygiénistes échappe également au contrôle des associations charitables féminines et aux communautés religieuses, qui assuraient la formation supérieure en nursing. Ainsi, la Faculté de médecine de l'Université de Montréal offre des cours d'hygiène aux infirmières franco-catholiques du Québec, avec les cours de perfectionnement pour gardes-malades enregistrées établis par les Sœurs Grises en 1923 (en administration, enseignement et diététique; un enseignement en hygiène était prévu également)[62]. Ce compromis, adopté avec l'aide du secrétaire général de l'université, Édouard Montpetit, favorable à une éducation supérieure laïque[63], permet aux hygiénistes d'être formées avec les autres infirmières par les Sœurs Grises. Mais, rapidement, leur formation sera transférée à l'École d'hygiène sociale appliquée (EHSA) dirigée par le docteur Joseph A. Baudoin[64].

Créée en 1925, l'École accueille les infirmières franco-catholiques qui se destinent spécifiquement à une carrière d'hygiéniste et qui répondraient aux besoins des multiples organismes de protection sanitaire[65]. On retrouve les représentants de ces derniers au comité de la Faculté (CA de l'EHSA), avec les docteurs Alphonse Lessard[66] pour le Service provincial d'hygiène, Séraphin Boucher pour le Service de

62. Jacques DUCHARME et Francine PILOTE (dir.), *Répertoire numérique détaillé du Fonds du Secrétariat général (D35) (1876-1950)*, Université de Montréal, Service des archives, Division des archives historiques, 1982, préface, p. v.

63. *Ibid.*, p. v.

64. Le Dr Joseph Baudoin a été boursier de la Fondation Rockefeller, à l'École d'Hygiène publique de Johns Hopkins à Baltimore en 1921. Il est directeur médical de la Ligue antituberculeuse et de santé publique de Montréal et directeur de l'EHSA. Il enseigne, en tant que professeur titulaire, le cours d'Hygiène générale appliquée. Cf. AUM, Université de Montréal, Faculté de médecine, cours de perfectionnement pour les gardes-malades. École d'hygiène sociale appliquée. Annuaire 1927-1928, Montréal, 1927, p. 13.

65. ASGM, Fonds L102 1C1, 6, Annuaire 1926-1927, Faculté de médecine de l'Université de Montréal, cours de perfectionnement pour les gardes-malades, I. École d'hygiène sociale appliquée; II. Cours d'organisation hospitalière.

66. Nommé professeur à la Faculté de médecine à Québec en 1915, c'est à partir du début des années 1920 que le Dr Alphonse Lessard s'investira dans le mouvement hygiéniste québécois. En 1921, il est nommé directeur du nouveau Service de l'assistance publique et, en 1922, devient le premier directeur du Service provincial d'hygiène de la province de Québec. Il le demeurera jus-

santé de la Cité de Montréal, A. Grant Flemming pour la Ligue de Montréal contre la tuberculose et pour la santé publique et Alice Ahern pour la Compagnie d'assurance-vie La Métropolitaine.

L'EHSA ouvre ses portes pour l'année scolaire 1925-1926 et recrute ses étudiantes parmi les diplômées d'écoles reconnues par la Faculté de médecine de l'Université de Montréal, ou équivalentes. Sur 177 élèves qui obtiennent leur diplôme entre 1925 et 1938, 174 avaient acquis leur formation dans des écoles d'hôpitaux du Québec[67]. Il y a également une continuité entre les écoles d'hôpitaux et l'École d'hygiène en ce qui concerne le programme d'études. Il comporte une expérience pratique dans les unités sanitaires de la paroisse Sainte-Catherine et de la paroisse du Sacré-Cœur, où les étudiantes apprennent l'hygiène prénatale et celle des nourrissons, l'hygiène scolaire, urbaine, buccale, la psychiatrie, bactériologie, diététique, tuberculose et autres maladies contagieuses. Cette formation pratique est assurée par quatre infirmières hygiénistes, dont une occupe un poste de professeure titulaire au sein de l'École. Cette dernière, Edith Belle Hurley, est bachelière et a obtenu sa maîtrise ès arts comme infirmière hygiéniste de l'Université de Columbia, à New York. Les trois autres, Rachel Bourque, Alexina Marchessault et Anysie Deland, ont des charges d'enseignement pratique et sont diplômées de l'EHSA[68]. Des médecins de la Faculté de médecine de l'Université de Montréal dispensent l'enseignement théorique. Ils représentent le corps enseignant le plus nombreux avec leurs 13 postes de professeurs sur 23 à l'École. Par ailleurs, un chirurgien-dentiste, un ingénieur sanitaire et quatre spécialistes du domaine social venus d'autres facultés assument aussi des enseignements à l'EHSA. Entre 1926 et 1939, la formation théorique regroupe trois blocs de matières: le nursing, l'hygiène (population-cible

qu'en 1936. Selon Desrosiers, Gaumer et Keel, ses visites des structures sanitaires aux États-Unis, effectuées sur invitation de la Fondation Rockefeller, ont eu un impact déterminant sur sa pensée quant à la santé publique. Ses efforts, contrairement à ceux de J.A. Baudoin qui vise la sensibilisation à l'hygiène publique au sein du milieu universitaire, portent sur la mise en place d'un système organisé de soins et d'éducation sanitaire. Georges DESROSIERS, Benoît GAUMER et Othmar KEEL, *op. cit.*, p. 13-16.

67. Georges DESROSIERS, Benoît GAUMER et Othmar KEEL, *op. cit.*, 1994, p. 328.

68. ASGM, fonds L102 1C1, 6, Annuaire 1926-1927, Faculté de médecine de l'Université de Montréal, cours de perfectionnement pour les gardes-malades: I. École d'hygiène sociale appliquée; II. Cours d'organisation hospitalière.

et problèmes particuliers) et les sciences sociales (sociologie appliquée, législation sociale, droit social, civisme, économie sociale). Il faut y ajouter des cours plus spécialisés dans le domaine biomédical avec les cours de psychiatrie, hygiène de l'enfance, hygiène scolaire et hygiène urbaine, tuberculose, soins à domicile[69]; et des cours plus généraux, comme «champ d'action de l'infirmière hygiéniste[70]», «hygiène et prophylaxie», «diététique[71]». La scolarité s'étend sur 9 mois de formation théorique et pratique, après quoi les infirmières sont jugées aptes à effectuer le travail de prévention[72]. Très peu de changements

69. Définition du cours: «Visites des malades à la ville, à la campagne. Principes et méthodes du nursing. Difficultés des soins à donner aux malades pauvres. Première visite, secours à procurer, relations avec les associations de charité (Saint-Vincent de Paul, *Benevolent Societies*). Améliorations du logement. Moyens de traiter les cas aigus, chroniques, contagieux, obstétricaux. Relations avec les médecins, les autorités sanitaires, scolaires», *ibid.*, p. 32.

70. Définition du cours: «Histoire du mouvement, ses principes, les problèmes contemporains que l'infirmière hygiéniste peut contribuer à solutionner (mortalité infantile, écoles, industries, causes et conséquences sociales de la maladie, de la pauvreté, anormalité psychique, hospitalisation, services de charité publique et privée, tuberculose, habitation, etc.). Relations de l'infirmière hygiéniste avec les administrations sanitaires, les médecins, les hôpitaux, les institutions sociales, philanthropiques, charitables et autres. Principes d'organisation des œuvres, méthodes d'administration, finances, tenue de fiches. Travail général de l'infirmière hygiéniste. Spécialisations (puériculture, tuberculose, écoles, industries, maladies contagieuses). Qualités de l'infirmière (tact, bonne volonté, désir de rendre service, initiative, bonne santé, belle humeur et optimisme, doit inspirer confiance). Son rôle dans la formation de l'opinion publique, dans les écoles, les sociétés, les familles, méthodes d'enseignement. Organisations sanitaires officielles (fédérale, provinciale, municipale), privées (Assistance maternelle, Croix Rouge, etc.), œuvres d'assistance, instituts antituberculeux, dispensaires généraux, oto-rhino-laryngologiques, antivénériens, etc. Législation sociale.» AUM, Université de Montréal, Faculté de médecine, cours de perfectionnement pour les gardes-malades. L'École d'hygiène sociale appliquée, Annuaire 1927-1928, Montréal, 1927, p. 23.

71. Définition du cours: «Art culinaire et diététique: Principes d'alimentation rationnelle. Régimes pour enfants d'âge préscolaire et scolaire, adultes, femmes enceintes, nourrissons, malades, convalescents, saisons, travail. Meilleure utilisation du budget d'une famille ouvrière», *ibid.*, p. 28.

72. Dominique GAUCHER, «La formation des hygiénistes à l'Université de Montréal, 1910-1975: de la santé publique à la médecine préventive», *Recherches sociographiques*, XX, 1, janvier-avril 1979, p. 69.

seront apportés à ce programme, jusqu'à l'intégration de l'EHSA à la Faculté de médecine en 1940[73].

L'étroite collaboration qui existe entre l'École et les organismes d'hygiène publique contribue à son succès. L'École est financée par les pouvoirs publics, les organisations charitables, la Compagnie d'assurances-vie La Métropolitaine et par les frais de scolarité[74]. Ses diplômées n'ont pas de mal à se trouver un emploi : des 177 diplômées de l'EHSA entre 1925 et 1938, le ministère de la Santé en recrute près de la moitié (45 %) et la Compagnie d'assurances-vie La Métropolitaine un bon tiers (31 %)[75]. Les autres choisissent le mariage (11,7 %), sont à l'emploi des services municipaux (7,9 %) ou sont en disponibilité[76].

Un département autonome pour les infirmières hygiénistes

Le caractère laïque de la formation des infirmières franco-catholiques est bien établi durant la période de l'EHSA, qui bénéficie alors d'un statut d'école annexée à la Faculté de médecine de l'Université de Montréal[77]. Mais les difficultés financières de l'EHSA conduisent à

73. AUM, Annuaire de la Faculté de médecine de l'Université de Montréal, École d'hygiène sociale appliquée, 1929-1930 et 1939-1940.

74. ASGM, fonds L102 1C1, 6, Annuaire 1926-1927, Faculté de médecine de l'Université de Montréal, Cours de perfectionnement pour les gardes-malades : I. École d'hygiène sociale appliquée ; II. Cours d'organisation hospitalière.

75. ASGM, Fonds L102 1C1, 6, Annuaire 1926-1927, Faculté de médecine de l'Université de Montréal, Cours de perfectionnement pour les gardes-malades : I. École d'hygiène sociale appliquée : II. Cours d'organisation hospitalière, p. 66.

76. J.A. BAUDOIN, « École d'hygiène sociale appliquée de l'Université de Montréal », *Revue trimestrielle canadienne*, 25, 98, juin 1939, p. 209-210, tiré de Georges DESROSIERS, Benoît GAUMER et Othmar KEEL, *op. cit.*, 1994, p. 328.

77. Une école annexée est une « une école affiliée à l'université par l'intermédiaire d'une faculté ou d'une école ». On entendait par *école affiliée* « une école située dans la province de Québec, qui accepte les règlements et le programme que l'université a établis comme siens, dont cette dernière dirige les examens universitaires, selon des statuts d'affiliation arrêtés d'un commun accord, et à laquelle l'université décerne ses propres diplômes », Denis GOULET, *Histoire de la Faculté de médecine de l'Université de Montréal, 1843-1993*, Montréal, VLB Éditeur, 1993, p. 338, note 90, source : Loi concernant la charte de l'Université de Montréal, 14, Georges VI, chap. 142.

Groupe de diplômées (1942-1943) de l'École des infirmières hygiénistes (AFSI),
à l'époque où l'École était dirigée par Alice Girard.

son intégration à la Faculté de médecine en 1940[78]. Elle devient alors
l'École des infirmières hygiénistes de la Faculté de médecine (FM)[79].
Bien que la FM ait apporté des changements au programme de formation, censé donner aux infirmières plus de latitude dans sa gestion,
la formation des infirmières est désormais sous son contrôle. La
question de savoir où doit se faire la formation des hygiénistes, avec
les infirmières ou avec les médecins, se pose à nouveau.

Les tiraillements internes témoignent de ce malaise. On fait alors
appel à une évaluation externe pour mieux en juger. La doyenne de la
Faculté de nursing de l'Université catholique de Washington, la

78. AUM, fonds D35/1192-2, Université de Montréal, École d'hygiène sociale
    appliquée, « Salaires non payés depuis l'ouverture de l'École », 8 novembre
    1938; et 1192-4, lettre de Me Antonio Perrault (avocat) à Mgr Olivier
    Maurault (recteur de l'Université de Montréal), 28 septembre 1938.

79. GAUCHER, *op. cit.*, p. 66.

Gabrielle Charbonneau, directrice de l'École des infirmières hygiénistes de 1947 à 1967.

Révérende Sœur Olivia Gowan[80], recommande à la Faculté de médecine de confier la direction de l'École à une infirmière, ce qui fut fait. Annonciade Martineau prend la première la direction de l'École pour la transmettre à Alice Girard en 1942 (de retour de sa formation à Washington) et à Gabrielle Charbonneau en 1947[81]. Elles apportent quelques changements au programme : ainsi, elles y ajoutent de la théorie en hygiène, en nursing ; de plus, un cours de langue française et d'art oratoire est intégré à la formation générale de l'infirmière. Dans le bloc nursing, un seul cours regroupe les notions théoriques et pratiques de soins infirmiers dans les diverses sections de l'hygiène publique (spécialités en nursing), et un cours sur les méthodes d'éducation de la population en matière d'hygiène (principes pédagogiques appliqués au nursing) est ajouté.

Mais le malaise persiste ; avec l'adoption de la loi de 1947 qui dote les infirmières d'une corporation professionnelle, il apparaît claire-

80. AUM, Annuaire de la Faculté de médecine, 1941-1942, p. 94.
81. DESJARDINS, *op. cit.*, p. 125.

ment que la formation des infirmières hygiénistes (qui sortent en grand nombre de l'École) ne peut plus échapper à la nouvelle corporation. Comment l'École d'hygiène, créée en 1946 pour la formation spécialisée de professionnels, s'adaptera-t-elle ? L'hygiène publique est devenue un enjeu non négligeable, avec le développement rapide des unités sanitaires de comté, la multiplication des intervenants et le développement de la recherche. La volonté de regrouper la formation dans ce secteur sous une même direction et de l'adapter au système public est à l'origine de la création de l'École d'hygiène (EH) en 1946. Elle obtient l'appui du ministère de la Santé[82] et un statut de faculté au sein de l'Université de Montréal. Au départ, l'EH est envisagée comme devant être une institution de perfectionnement, devant former seulement les médecins qui ont déjà une expérience dans le domaine de la santé publique. Peu à peu, la formation d'autres professionnels (dentistes, vétérinaires, administrateurs, inspecteurs sanitaires, éducateurs sanitaires, etc.) s'y greffera, nécessitant des programmes de formation de premier niveau universitaire. Mais le plus gros de la clientèle reste sans conteste celle des infirmières. C'est alors que l'École cherchera à annexer l'École des infirmières hygiénistes, qui y sera finalement intégrée en 1949. L'annexion de l'École des infirmières hygiénistes en 1949 et la création d'un programme axé sur la multidisciplinarité régleront-elles les problèmes ?

Toutes les garanties d'autonomie au sein de l'École sont données aux infirmières par les docteurs Armand Frappier et Jules Gilbert, alors directeur et sous-directeur de l'EH[83] : a) le nom d'École des infirmières hygiénistes sera conservé, b) l'EIH formera un département distinct dans l'EH au même titre que ses quatre autres départements, c) la direction du département sera confiée à une infirmière hygiéniste, d) quatre infirmières assisteront la directrice, à titre de directrices ou d'éducatrices du personnel des services d'infirmières dans les organismes de santé publique, e) L'autorité administrative de l'EIH est assurée par la direction de l'EH et l'autorité pédagogique est assurée

---

82. Le ministère de la Santé joue un rôle important dans l'ouverture de cette école en subventionnant l'École d'un montant de 40 000 $ par an pendant vingt ans. Georges Desrosiers, Benoît Gaumer et Othmar Keel, *op. cit.*, 1994, p. 327.
83. AUM, fonds D35/1187, Armand Frappier et Jules Gilbert, *Mémoire sur l'intégration de l'École d'infirmières hygiénistes dans l'École d'Hygiène de l'Université de Montréal*, 10 août 1949.

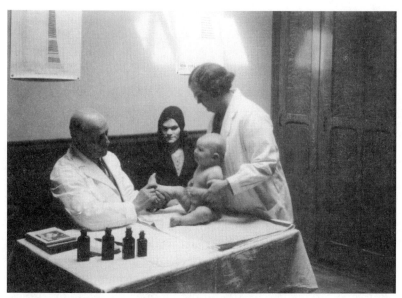

Une infirmière hygiéniste au service de la Ville de Montréal,
avec le Dr Bourdon, lors d'une visite dans les écoles, 1932 (AVM).

par le Conseil pédagogique de l'EH dont la directrice des infirmières hygiénistes fera partie, f) le programme comptera 535 heures de théorie (cours commun et cours spéciaux) et 428 heures de pratique.

Tout concourt à rendre ce nouveau programme multidisciplinaire attrayant pour celles qui visent à faire carrière dans ce domaine. Le rêve des pionnières d'obtenir une formation universitaire, acquise avec les médecins et les autres professionnels de la santé, semble se réaliser. On retrouve dans ce programme davantage de cours théoriques en hygiène, l'ajout de cours sur l'administration hospitalière, l'hygiène publique, la législation du nursing et l'organisation de la profession. Ce programme sera maintenu à l'EH jusqu'en 1964 et offert conjointement par des infirmières et des médecins. De 1946 à 1970, sur 1926 diplômes décernés par l'École d'hygiène, 559 sont décernés à des infirmières hygiénistes[84] et attribués en majorité à des étudiantes résidant au Québec (95,5 %)[85]. La plupart d'entre elles sont recrutées

84. Georges DESROSIERS, Benoît GAUMER et Othmar KEEL, *op. cit.*, 1994, p. 337.
85. *Ibid.*, p. 344.

dans les unités sanitaires de comté (38,5 %), au Victorian Order of Nurses (VON, 6,6 %), à la Ville de Montréal (3,3 %) et à la Métropolitaine (1,3 %)[86].

Avec le quart des effectifs diplômés de l'École, les infirmières hygiénistes constituent un sous-groupe suffisamment important pour justifier leur existence autonome. Reste à savoir si la discipline enseignée a acquis, elle aussi, suffisamment d'autonomie pour exister par elle-même, comme les pionnières en faisaient le pari. Cette question sera remise à l'ordre du jour à l'occasion de la crise générale de l'éducation dans les années 1960. On peut dire toutefois que les hygiénistes ont amorcé le tournant en faveur de la laïcité bien avant que les réformes de l'éducation n'en fassent leur programme.

Ainsi, on peut voir à quel point la formation universitaire en hygiène pour les infirmières franco-catholiques fut étroitement dépendante de leur capacité à trouver des alliés à leur cause. Le mouvement de réforme anglo-protestant et franco-catholique a joué un rôle déterminant en structurant la première pratique professionnelle laïque des infirmières dans le domaine de l'hygiène. Il a également contribué à ouvrir un champ autonome pour leur formation au sein d'une institution de haut savoir. Le choix qui fut alors fait par les infirmières hygiénistes découlait de leur fort lien avec ce mouvement et avec les médecins qui y œuvraient. À différents moments de leur histoire, elles ont préféré rester dans le giron de l'hygiène plutôt que de rejoindre le camp, considéré comme plus aléatoire, du nursing. Elles ont réussi à y définir un profil particulier d'infirmières, permettant ainsi à nombre d'entre elles de poursuivre une carrière professionnelle autonome dès l'ouverture de l'École dans les années 1920, forçant par là même la formation générale en nursing à s'adapter, tout en développant des relations étroites avec les médecins hygiénistes.

Plus globalement, les débats qui ont eu lieu dans le mouvement de réforme sur le nursing ont permis de dégager les lignes de force d'une formation propre dont les hygiénistes ont été les premières bénéficiaires. L'alliance de ces dernières avec des médecins influents dans le mouvement laïque de réforme leur ont permis au Québec aussi d'implanter une formation supérieure dans une institution universitaire.

86. *Ibid.*, p. 344.

Elles ont ainsi réussi à transférer certains savoirs infirmiers, les savoirs plus spécifiquement liés à l'éducation sanitaire et à la prévention, au sein d'une discipline universitaire qui donne accès à une profession à part entière. On verra dans les chapitres suivants qu'il n'en sera pas de même pour les autres secteurs du nursing.

2 De l'Institut Marguerite d'Youville à la Faculté de nursing (1880-1967)

UNE VAGUE DE RÉFORMES va transformer le modèle de soins dans le système hospitalier franco-catholique au Québec aussi. Amorcées dans le secteur de l'hygiène publique d'abord sous l'influence des modèles anglo-protestants, comme on a pu le voir au chapitre précédent, les réformes sont entreprises différemment dans le secteur hospitalier. Hérité de la mission colonisatrice française, l'hôpital est une des institutions majeures que possède l'Église au Québec. L'histoire des soins et de la formation infirmière s'inscrit d'emblée dans les rapports complexes entre l'État, l'Église et les institutions sanitaires. On cherchera à démontrer dans ce chapitre l'importance des réformes entreprises dans la formalisation des savoirs infirmiers et dans leur enseignement durant la première moitié du XXᵉ siècle. Elles donnent lieu à une transformation majeure des soins, qui se concentrent davantage dans le secteur hospitalier au moment même où les hôpitaux deviennent des lieux de formation du personnel hospitalier, établissant une rupture nette avec les modalités précédentes de soins privés prodigués au domicile des patients.

Les réformes dans les hôpitaux franco-catholiques (1880-1920)

Les communautés religieuses franco-catholiques sont les premières à mettre en place leur propre modèle de soins au Québec, entre charité et science. L'œuvre hospitalière de ces communautés a été déterminante dans la colonisation de la Nouvelle-France. L'arrivée des Augustines à Québec peu après Champlain marque la fondation du premier Hôtel-Dieu de la colonie. Après ces pionnières, de nombreuses autres communautés hospitalières s'installent au Québec et au Canada, comme les Sœurs de la Charité de Montréal, ou Sœurs Grises, les Sœurs de la Providence, etc. Une triple mission, colonisatrice, apostolique et féminine, caractérise les soins infirmiers en milieu franco-catholique[1]. Comparées aux *nurses* et sages-femmes des colonies anglo-protestantes voisines, ces communautés bénéficient d'une reconnaissance et d'une situation enviables, tant par les savoirs dispensés qu'elles détiennent en exclusivité que par le système de soins qu'elles réussissent à établir dans des institutions hospitalières dont elles sont souvent aussi les propriétaires ou les gestionnaires.

Fer de lance du mouvement de colonisation, les installations hospitalières érigées en Nouvelle-France sont aussi des entreprises téméraires, marquées par l'espoir de convertir les sauvages en les soignant... Préoccupées par la santé et la moralité des leurs, les infirmières qui proviennent surtout des hautes sphères de la société sont entourées d'une aura de prestige, contrairement à leurs consœurs canadiennes-anglaises dont le travail est assimilé à un statut subalterne. Même s'il est difficile de distinguer les pratiques autochtones des pratiques importées, et de mesurer les changements qui ont résulté des interventions des hospitalières (taux de guérison, par exemple), les soins aux malades connaissent en Nouvelle-France un essor et une reconnaissance remarquables. Qui ne connaît l'œuvre de Jeanne Mance

---

1. Yolande COHEN, *Profession infirmière. Une histoire des soins dans les hôpitaux du Québec*, Montréal, Les Presses de l'Université de Montréal, 2000, chapitre 1, p. 19-40.

qui établit l'Hôtel-Dieu de Ville-Marie en 1642, avec la congrégation des Religieuses Hospitalières de Saint-Joseph de La Flèche[2] ? Fondée en 1636, cette communauté se donne comme objectif « d'exercer auprès des malades toutes les œuvres de Miséricorde, tant spirituelles que temporelles, sans autre but que celui du pur amour de Dieu et de la parfaite charité du prochain[3] ». Les soins infirmiers sont alors marqués par un caractère de dévouement et de don de soi largement inspirés de la charité chrétienne et dont les femmes seraient désormais garantes, tandis que la moralisation du métier se réalise à partir de ses fonctions de missionnaire, laïque ou religieuse. Avec l'œuvre missionnaire, qui ne cesse de croître au Québec à partir du milieu du XIXe siècle, l'emprise grandissante des représentants du clergé, Mgr Jean-Jacques Lartigue et surtout Mgr Ignace Bourget, évêque de Montréal de 1840 à 1876, se déploie sur le réseau de la santé. Cette emprise concorde avec l'essor du catholicisme face aux volontés assimilatrices des Canadiens anglais[4] et coïncide avec le recul du modèle français de soins au Québec. L'écart se creuse davantage avec la France républicaine.

Le refus du système français de l'Assistance publique

À la fin du XIXe siècle, le soin est devenu en France un travail, et non plus une mission, qu'exercent indifféremment hommes ou femmes. Il a perdu ses lettres de noblesse et souffre d'un syndrome d'infériorité, car il est souvent confondu avec l'assistance domestique au malade à l'hôpital. Ainsi, les dictionnaires de médecine définissent les infirmiers comme un personnel hospitalier subalterne[5]. Il faut attendre les grands mouvements républicains en faveur de la laïcité et la réforme de

2. Voir Robert LAHAISE, « L'Hôtel-Dieu du Vieux-Montréal » dans *L'Hôtel-Dieu de Montréal 1642-1973* (en collaboration), Montréal, Hurtubise HMH, 1973 ; AHDM, S.A, *Hôtel-Dieu, le plus ancien hôpital de Montréal,* Montréal, 1973 ; sœur Jeanne BERNIER, *L'hôpital de Jeanne Mance à Ville-Marie,* thèse en administration hospitalière, Université de Montréal, 1957.
3. AHDM, S.A., *Notice historique : Hôtel-Dieu de Montréal,* 1929.
4. Huguette LAPOINTE-ROY, *Charité bien ordonnée. Le premier réseau de lutte contre la pauvreté à Montréal au xixe siècle.* Montréal, Boréal, 1987 ; Philippe SYLVAIN et Nive VOISINE, *Histoire du catholicisme québécois,* vol. 2, tome 2 : « Réveil et consolidation (1840-1898) », Montréal, Boréal, 1991.
5. Véronique Leroux-Hugon rapporte qu'en 1850, à l'Assistance publique, les infirmiers et infirmières sont considérés comme des sous-employés, des

l'anglo-protestante Anna Hamilton (1900) pour voir apparaître le terme de *nurse* qui caractérise la soignante et rappelle les soins donnés par la mère au petit enfant dans les hôpitaux. Cette nouvelle formation conduit au remplacement des religieuses, jusque-là chargées de l'encadrement et de la gestion plus que des soins, dans des hôpitaux qui dépendent désormais de l'Assistance publique. Avec la laïcité, l'air, la lumière, la propreté et la science moderne entrent à l'hôpital. Le discours médical confond alors infirmières avec femmes, et ce sont donc les présumées qualités féminines qui sont accolées à cette fonction: sensibilité, esprit domestique, propreté, douceur, générosité, bienfaisance. L'infirmière ne doit être ni trop savante ni trop indépendante et toujours vertueuse. Quelques années plus tard, la pionnière du nursing moderne en France, Léonie Chaptal, pense toujours que les qualités indispensables de l'infirmière sont la sincérité, la bonté, la patience, l'emprise sur soi, l'obéissance et le bon esprit; ses qualités professionnelles sont l'économie, le bon usage des choses et la bonne humeur[6].

La formation des infirmières suit donc en France aussi les stéréotypes sur l'éducation des filles, même si c'est par le biais d'un enseignement entièrement laïc et contrôlé par l'État républicain. À partir de 1907, avec l'ouverture des premières écoles d'infirmières, surtout au sein des hôpitaux, se pose la question du nombre de diplômées et de la qualité du recrutement. La sélection des candidates, leur instruction technique et professionnelle ne commencera qu'une fois séparées des tâches ménagères, désormais confiées au personnel domestique. L'infirmière est une technicienne qui doit veiller à l'hygiène, à la propreté, au bien-être physique et au confort moral des patients et de leur environnement. Elle prodigue des soins avec patience, précaution,

---

serviteurs et des servantes. En 1861, le personnel de service devient personnel secondaire et, en 1901, le personnel subalterne, personnel inférieur. Ce n'est qu'en 1904 que l'on commence à faire une distinction entre personnel soignant et personnel servant. Véronique LEROUX-HUGON, *Des saintes laïques: les infirmières à l'aube de la Troisième République*, Paris, Sciences en situation, 1992, p. 13-14.

6. Véronique LEROUX-HUGON, *op. cit.* Voir également Yvonne KNIEBILHER, *Cornettes et blouses blanches. Les infirmières dans la société française, 1880-1980*, Paris, Hachette, 1984 et René MAGNON, *Léonie Chaptal, 1873-1937: la cause des infirmières*, Paris, Lamarre, 1991.

délicatesse et doit avoir le double souci des intérêts du patient et de ceux de l'hôpital (en évitant par exemple les abus et le gaspillage). C'est le passage du geste domestique au geste technique qui marque, au debut du siècle dernier, la transformation majeure opérée dans la formation des infirmières au sein des écoles.

Ainsi, que ce soit en France ou en Grande-Bretagne, la réforme du nursing apparaît comme un changement nécessaire durant cette période. En se distançant des tâches ménagères et domestiques, le nursing moderne délègue cette partie de l'entretien ménager (ou de l'environnement du malade) à d'autres intervenants pour se réserver la partie noble du dévouement féminin, celle du soin proprement dit. Reste à savoir quel statut accorder aux soins aux patients. Il variera selon les secteurs où les soins sont dispensés et selon le degré de reconnaissance qu'ils ont atteint. En France, dans les hôpitaux de l'Assistance publique, les soins seront dispensés par des femmes laïques qui occupent un emploi subalterne ; on l'a vu plus haut, les réformatrices britanniques cherchaient en professionnalisant les soins à faire entrer les infirmières dans la dynamique complexe des rapports de pouvoir entre professions sanitaires. Ces deux modèles imprègnent les visions développées au Canada, même si, on le verra pour le Québec, ils se croisent pour donner naissance à un modèle propre.

Les premières écoles d'hôpitaux : une formation pour les religieuses

Au Québec, le mouvement de réforme va imposer une dynamique particulière, qui débordera les secteurs de l'hygiène et de la santé publique pour influencer également les pratiques hospitalières. L'émergence de villes industrielles, la prolifération de maladies dues à des épidémies dévastatrices, comme le choléra, la typhoïde et la variole, obligent à une révision des pratiques de soins au cours de la deuxième moitié du XIXᵉ siècle. Les pratiques charitables de soins se heurtent à l'introduction de la science académique dans l'univers hospitalier. Les découvertes des techniques antiseptiques liées à la théorie des bactéries entraînent une transformation majeure dans la conception des soins et de la médecine, dont les premiers bénéficiaires sont les médecins et les institutions hospitalières. La création d'écoles de haut savoir pour former les médecins a pour effet d'instituer une division entre les savoirs scientifiques (à la base de la formation en médecine) et le savoir-faire pratique d'entretien du corps et de l'environnement des malades (appris, pour les infirmières, dans des écoles d'hôpitaux) ; la distinction entre la nature de ces savoirs est renforcée par la structuration différente des modalités d'enseignement. Pour les infirmières, la formation s'acquiert sur le tas, par l'expérience, pour les médecins c'est dans le cadre universitaire que se déroule la formation.

À partir de 1870, la masculinisation du pouvoir médical naissant va de pair avec l'établissement de balises exclusives (interdiction d'accès à la profession médicale pour les femmes, par exemple) et d'une formation académique au sein d'un univers de soins que l'on veut désormais dominé par la science (masculine). Les hôpitaux, qui pour la plupart sont la propriété de communautés religieuses soignantes féminines, seront confrontés à l'extension de leur champ d'intervention en même temps qu'aux demandes contradictoires des médecins. Les communautés devront établir avec les médecins, premiers corps étrangers à la communauté, des relations formelles qui serviront de base à celles qu'elles auront avec les autres corps professionnels. Leur impératif charitable se heurte alors à la résistance de corps professionnels aux objectifs divergents. Encore là, on le sait, les médecins canadiens-français partagent largement à cette époque l'idéal apostolique des communautés et ne chercheront pas tout de suite à contrecarrer leurs directives. Les rapports des sœurs avec les infirmières seront également formalisés sur le modèle qui prévaut au sein de leurs communautés. Et de fait, la formation sera différente selon les communautés. Nous prendrons deux exemples pour illustrer ces différences, celui des Hospitalières de Saint-Joseph et celui des Sœurs Grises.

Une formation interne à l'Hôtel-Dieu

À l'Hôtel-Dieu de Montréal, le modèle hiérarchique est prédominant. La communauté des Religieuses Hospitalières de Saint-Joseph de l'Hôtel-Dieu s'est engagée à soigner « nos seigneurs les malades » dans un esprit de charité chrétienne et de dévouement maternel ; tout en apportant une considération supérieure aux soins spirituels, les hospitalières sont assistées dans leurs tâches par un personnel nombreux et aux tâches précises. Pour les soins infirmiers et les tâches ménagères, elles ont sous leurs ordres des compagnes plus jeunes et moins expérimentées qui veillent à dispenser les soins au chevet des malades (*bedside care*); ce sont les sœurs converses qui sont affectées aux travaux d'entretien des salles et du matériel utilisé, et les élèves de l'école qui leur serviront d'aides à tout faire dans l'hôpital[7]. La question même d'une école est discutée âprement, annonçant les conflits internes dès les débuts, à propos de la nature de la formation requise pour les infirmières. Johanne Daigle note le débat qui a lieu entre celles qui sont en faveur d'une école, représentées par sœur Désaulniers, qui veulent suivre le rythme de l'évolution scientifique et médicale, et celles qui résistent, préférant continuer dans la tradition établie de la formation sur le tas, au sein de la communauté.

La communauté dispose également d'une sœur pharmacienne, plus savante et expérimentée, qui connaît les multiples secrets des médications et les enseigne au besoin dans son officine, oralement. Enfin, toutes les tâches de gestion et de direction administrative de l'hôpital sont assumées par la direction de la communauté, qui s'en acquitte grâce à un système de délégation de pouvoir très hiérarchisé.

Cette organisation particulière de l'hôpital contraint les médecins à être étroitement dépendants, dans toutes leurs activités, des hospitalières. S'ils tentent à plusieurs reprises de s'en déprendre, ils le font au nom de la science et pour garantir une qualité de soins aux patients. Dans la rhétorique utilisée par les médecins, la tâche spécifique d'une infirmière est d'être dévouée au malade à son chevet, et non pas dans des laboratoires, en pharmacie, ou ailleurs. Pour eux, le travail de soins au chevet des patients est trop important pour être délégué à des subalternes, qui ne sont pas formés adéquatement. Ils sont donc en faveur d'une formation solide pour exercer ces fonctions et encouragent la mise sur pied d'écoles. C'est déjà une rupture avec le système traditionnel, qui favorisait les vocations au détriment de la formation (voir l'annexe 2 : Structures et programmes de formation infirmière). Les critères de sélection des candidates reflètent toutefois le compromis fait par les communautés entre la transmission d'une vocation, idéal proche de la mission qui les anime, et la formation de quelques infirmières laïques à partir des années 1920. Les candidates doivent avoir entre 21 et 30-35 ans, être en bonne santé, avoir une

---

7. Johanne DAIGLE, « Devenir infirmière : le système d'apprentissage et la formation professionnelle à l'Hôtel-Dieu de Montréal, 1920-1970 », thèse de doctorat (histoire), Université du Québec à Montréal, 1990, p. 137, et COHEN, *op. cit*, chapitre 1, p. 19-40.

conduite morale et religieuse exemplaire et une certaine instruction. L'impératif de moralité demeure longtemps; en 1945, on exigera des candidates une « bonne éducation, des manières distinguées, un extérieur agréable, un bon caractère et des mœurs irréprochables[8] ».

Avec l'ouverture de l'école de gardes-malades en 1901, l'hôpital et la communauté se dotent d'un bassin de recrutement plus large de jeunes filles laïques, qui feront leur apprentissage en même temps qu'elles travailleront dans les salles. Leur formation est assurée prin- cipalement par les hospitalières qui dirigent leur apprentissage, tandis que des médecins leur donnent quelques conférences, selon leur bon vouloir. Le cours, d'une durée de deux ans jusqu'en 1908 et de trois ans jusqu'à la fermeture de l'école, à l'aube des années 1970, se divise en deux sections: une partie théorique acquise par les conférences des médecins et des lectures obligatoires, une partie pratique acquise auprès des religieuses avec l'apprentissage des techniques de soins auprès des patients.

En comparaison, l'école d'infirmières de l'Hôtel-Dieu de Québec a des ambitions et des résultats plus modestes, puisqu'elle vise à former des membres de la communauté. De quatre à six étudiantes y sont inscrites chaque année avant 1909, elles suivent régulièrement les cours du seul conférencier attitré, le Dr Ahern (assurant leur forma- tion de 1904 à sa mort en 1914)[9]. Vingt et une sœurs augustines passeront en 1907 les premiers examens formels, tenus par les docteurs Michael Joseph Ahern, Laurent Catellier et Edwin Turcot. Entre 1907 et 1933, l'école désormais affiliée à l'Université Laval décernera 112 diplômes aux Augustines. L'essentiel du contenu des conférences annuelles s'inspire du *Manuel des hospitalières et des gardes-malades* du médecin français Charles Vincq dans lequel l'infir- mière est présentée comme l'assistante du médecin. « Les cours ont lieu au rythme d'une heure ou deux par semaine; ils sont complétés par des stages d'une durée de six mois dans les différents services de l'hôpital. »

À partir de 1912, l'école adopte une formation en trois ans, placée dès la seconde année sous la supervision d'une Sœur « sous-directrice

8. DAIGLE, *op. cit.*, p. 149.
9. Arthur Rousseau prend la place du Dr Ahern et est le seul professeur durant les quatorze années suivantes, trois autres collègues le soutenant dans l'enseigne- ment spécialisé.

des études », la mère supérieure ne déléguant son autorité à un directeur de l'école qu'en 1920. Ce format ne remplit pas les conditions contenues dans la loi de l'enregistrement passée la même année ni celles qui régissent l'adhésion à l'Association des gardes-malades enregistrées de la province de Québec (AGMEPQ), unanimement refusée par les Augustines. Il faut attendre les années 1930 pour que l'école d'infirmières de l'Hôtel-Dieu de Québec accepte de composer avec les autres institutions. L'affiliation à l'Université Laval, officiellement établie en 1933, permet une reconnaissance rétroactive des diplômes internes décernés antérieurement. En 1937, l'école est enfin reconnue par l'AGMEPQ et en 1941 elle commence à admettre comme étudiantes des sœurs d'autres congrégations religieuses. Dans les années 1950, dans la foulée de l'expansion hospitalière, l'école s'ouvre aux étudiantes laïques, deux ans après l'engagement de quelques infirmières laïques formées à l'extérieur. Fortes de leur expérience et de leur domination incontestée, les Augustines ouvrent d'autres écoles d'infirmières en région, notamment à Gaspé (1948), Saint-Georges de Beauce (1955) Alma (1956), et Chicoutimi (1938).

La pression en faveur de la laïcisation s'exerce plus tôt à l'Hôtel-Dieu de Montréal, engendrant toutes sortes de problèmes. L'école est ouverte aux laïques à partir de 1922, mais l'organisation interne fait en sorte que les religieuses sont séparées des autres infirmières. Ainsi, une formation distincte est donnée aux deux groupes : les laïques sont sous la tutelle de la directrice de l'école, et les religieuses sous l'autorité de l'hospitalière en chef. Concrètement, cela signifie pour les laïques l'assurance que le programme de stages sera suivi à la lettre, alors que les religieuses doivent en premier lieu répondre aux besoins de l'hôpital.

On le voit, l'introduction d'une formation destinée aux infirmières implique une transformation en profondeur des coutumes de l'hôpital. Les sœurs, qui sont les premières à dispenser les cours, acceptent facilement d'être relayées par les médecins. Contrairement aux hôpitaux anglophones à la même époque, elles hésitent longtemps avant de confier les cours à des instructrices ayant fait leur cours d'infirmières. Par ailleurs, une grande partie du travail hospitalier est fourni gratuitement par la communauté, qui en même temps gère, soigne les malades et dirige l'ensemble de l'hôpital.

L'efficacité de cette organisation découle de la toute-puissance d'une communauté de religieuses régnant sur le destin des malades et des soignants. Parce qu'homogène, ce modèle de l'infirmière catholique sera peu contesté : en dehors des inévitables aménagements d'horaires, de postes et de susceptibilités, aucune question n'est posée sur la validité du modèle apostolique de l'infirmière, et encore moins sur ses fondements. La triple identité des infirmières franco-catholiques — catholique, francophone et féminine —, qui prend sa source dans la triple mission qui leur est assignée, fonde la pratique des infirmières à l'Hôtel-Dieu. Toutefois, la nécessité de la formation des élèves infirmières et /ou le besoin de recruter du personnel, les soeurs ne suffisant pas, à elles seules, à la tâche, vient miner cet ensemble, en y introduisant une dimension séculière et marchande. Et bien que le contrôle exercé par la communauté sur l'ensemble des services et des soins dispensés à l'Hôtel-Dieu de Montréal empêche l'émergence d'une perspective professionnelle, confinant les soins infirmiers à l'application de règles décrétées par la supérieure, on peut voir un changement durant cette période. Car, en plus d'offrir une éducation spécialisée aux jeunes filles des campagnes et une carrière dans la congrégation, l'Hôtel-Dieu contribue à définir, *a contrario*, le modèle identitaire de soins infirmiers conceptualisé quelques années plus tard pour contrecarrer la stratégie professionnelle des anglo-protestantes. Ce modèle, essentiellement établi sur une conception apostolique des soins, fait appel à une formation solide et à un travail d'équipe autour du soin au patient.

Le modèle développé par les Soeurs Grises est différent et s'appuie de façon plus délibérée sur les avancées de la science pour leur permettre d'exercer efficacement leur ministère. Elles comprennent vite que seule une formation supérieure, en dehors des hôpitaux, leur permettra de résister à l'assaut des nouveaux professionnels laïques. Non seulement elles seront parmi les premières à se doter elles-mêmes d'une formation solide[10], mais elles s'engagent dès les années 1920 dans la formalisation des savoirs en publiant une revue, des manuels pour les infirmières et en établissant les premiers cours supérieurs en soins infirmiers. Les Soeurs Grises suivent alors de près les élites anglo-protestantes du Canada anglais dans la mise sur pied d'une formation universitaire pour les infirmières (Université de la Colombie-

10. Yolande COHEN, « La contribution des Soeurs de la Charité à la modernisation de l'Hôpital Notre-Dame, 1880-1940 », *The Canadian Historical Review*, vol. 77, n° 2, juin 1996, p. 185-220.

Britannique, Université de Toronto, Université McGill, etc.). Elles se distingueront toutefois de leurs consœurs canadiennes anglophones par les rapports différents qu'elles entretiennent avec les autorités médicales, rapports qui leur permettront d'avoir accès au système universitaire.

L'institut Marguerite d'Youville : première institution francophone d'enseignement supérieur

Largement au fait du développement hospitalier au Québec et au Canada, les Sœurs Grises assurent la direction des soins infirmiers dans un grand nombre d'hôpitaux canadiens au début du XXe siècle[11], de même qu'elles organisent les services de santé, depuis la colonisation de l'Ouest canadien, en Alberta, au Manitoba et en Saskatchewan[12]. Leur souci de modernisation en fait de précieuses alliées des médecins de l'Hôpital Notre-Dame à Montréal[13]. Conscientes des progrès de la science médicale et des besoins d'infirmières qualifiées pour assurer des soins de plus en plus complexes, au sein d'hôpitaux qui doivent répondre aux critères nord-américains, les Sœurs Grises envisagent de créer un enseignement supérieur pour les infirmières. Elles font part de leur projet aux autorités de l'Université de Montréal, en insistant sur le fait que tant leurs propres membres que les étudiantes franco-catholiques doivent pouvoir avoir accès à un tel enseignement, disponible en anglais seulement au début des années 1920[14]. De fait, s'inspirant directement du modèle américain[15], de tels cours existent au

11. Pauline PAUL, « A History of the Edmonton General Hospital : 1895-1970, "Be Faithful to the Duties of Your Calling" », thèse de doctorat, University of Alberta, 1994.

12. Janet ROSS KERR, *Prepared to Care. Nurses and Nursing in Alberta*, Edmonton, University of Alberta Press, 1998.

13. COHEN, *op. cit.*, 1996.

14. ASGM, IMY, Julienne MASSÉ, *Cadre spécifique de classement suivi d'un répertoire numérique détaillé*, historique, préliminaires à la fondation de l'Institut Marguerite d'Youville, 1986, p. 2-3.

15. Ces cours ne sont pas nécessairement intégrés au curriculum des écoles d'hôpitaux. Ils s'ajoutent à la fin ou au milieu du cours de nursing traditionnel. L'université n'assume aucune responsabilité quant au cours traditionnel qui sert de préalable au cours universitaire. Cf. Janet ROSS KERR et Jannetta MACPHAIL, *Canadian Nursing. Issues and Perspectives*, Saint Louis, Missouri, Mosby, 1996, p. 307.

département de nursing de l'Université de Colombie-Britannique depuis 1919, et à Montréal à l'Université McGill depuis 1920. Toutefois, les sœurs ne disent rien des réticences des autorités universitaires canadiennes quant à la nature des programmes pour infirmières[16]. Ces dernières sont loin de considérer ces cours comme légitimes dans un cursus académique. Les Sœurs Grises, fortes de leur position avantageuse dans le système de santé, tentent ainsi de faire la preuve de l'intérêt de ces cours, se chargeant par ailleurs de convaincre les médecins de l'Université de Montréal de les aider à surmonter les réticences institutionnelles potentielles. Leur projet, on va le voir, est fort ambitieux.

Le cours de perfectionnement pour gardes-malades: administration, éducation et diététique (1923-1925)

Les premiers cours de perfectionnement sont offerts aux gardes-malades en 1923[17]. Des médecins de la Faculté de médecine de l'Université de Montréal, acquis au projet, sont soucieux de faire reconnaître les institutions hospitalières franco-catholiques par les autorités médicales américaines «sur une base d'efficacité incontestable». Préoccupés par le processus nord-américain d'accréditation des hôpitaux, ils désirent se conformer aux nouvelles règles mises en place par leurs confrères américains. La réforme des soins hospitaliers au Canada conduit les médecins à en être partie prenante; les médecins franco-catholiques, ne voulant pas être en reste, y participent également de peur de voir leurs hôpitaux considérés comme inférieurs[18]. Les autorités américaines ayant déjà reconnu l'Hôtel-Dieu, l'Hôpital

16. Ross KERR et MACPHAIL, *op. cit.*, et Lynn KIRKWOOD, «Nursing's Intellectual Foundations: McGill University, 1920-1975», communication présentée dans le cadre du congrès de l'ACFAS, 16 mai 2000.

17. L'utilisation de ce terme est significatif de la distinction que l'on veut faire dans le monde franco-catholique où la terminologie de *garde* reste prédominante, tandis que la *nurse* et sa traduction française d'*infirmière* relève plutôt d'un emprunt. En reprenant le terme de *garde* pour les cours, on cherche ainsi à se distinguer et à affirmer son autonomie dans ce nouvel espace de l'enseignement supérieur, AUM, 1170/1 répertoire 35, dossiers 1142 à 1189, Faculté de médecine de l'Université de Montréal, *Mémoire sur l'enseignement postscolaire et la création d'un cours d'enseignement hospitalier*, mars 1923.

18. André PETITAT, *Les infirmières. De la vocation à la profession*, Boréal, Montréal, 1989, p. 208.

Notre-Dame et l'Hôpital Sainte-Justine comme « des institutions de première classe », les médecins de la FM poussent alors les religieuses, qui souvent dirigent ces établissements, à participer à leur modernisation en allant elles-mêmes se perfectionner. Au Canada anglais et aux États-Unis, les religieuses qui occupent des postes de direction dans des hôpitaux n'ont pas de difficulté à acquérir une formation supérieure et des diplômes à l'Université McGill, à l'Université de Toronto ou à l'Université de la Colombie-Britannique[19]. Les francocatholiques n'ont guère ce choix, situation que les Sœurs Grises veulent changer.

Sœur Fafard, alors directrice de l'École d'infirmières de l'Hôpital Notre-Dame et à l'origine de l'initiative, élabore avec sœur Duckett le programme du cours de perfectionnement pour gardes-malades en s'inspirant de l'expérience de mère Virginie Allaire dans l'Ouest canadien[20]. Supérieure de l'hôpital de Régina et vice-présidente de l'Association des infirmières enregistrées de la Saskatchewan, mère Allaire a obtenu dès 1921 que des cours d'été soient donnés aux directrices des écoles d'infirmières et aux administrateurs d'hôpitaux. Ethel Jones de l'Université de la Colombie-Britannique assure ces cours et l'expérience s'avère un succès.

Sœur Duckett, née Albertine Pépin (1874-1948)

 Albertine Pépin entre dans la communauté des Sœurs de la charité de Montréal et devient professe en 1898. Elle se rend alors à l'Hôpital Notre-Dame pour y faire son cours d'infirmière. Diplômée de la première promotion en 1901, elle assumera la direction de l'école d'infirmière de 1902 à 1909, remplaçant mère Mailloux qui est alors nommée assistante générale de sa communauté. Pendant la direction de l'école d'infirmière, en 1905, sœur Duckett rédige un manuel d'étude à l'usage des gardes-malades qui sera

---

19. ASGM, IMY, Julienne Massé, *op. cit.*
20. Édouard Desjardins *et al.*, *Histoire de la profession infirmière au Québec*, Montréal, Association des infirmières de la province de Québec, 1970, p. 127.

utilisé jusqu'en 1923. Elle se dirige ensuite vers l'Ouest canadien et devient supérieure de l'Hôpital Sainte-Croix à Calgary de 1916 à 1922. En 1922, elle agit à titre de directrice générale des hôpitaux des Sœurs Grises. C'est à ce moment qu'on la choisit pour collaborer avec sœur Fafard à l'organisation des cours supérieurs de l'Université de Montréal. Elle est celle qui convainc les supérieures générales des communautés hospitalières d'envoyer leurs religieuses suivre le cours, ce qui en assurera le succès. Elle est également à l'origine de la publication du bulletin *La Veilleuse* consacré aux nouvelles de la profession. Sœur Duckett occupe plusieurs fonctions dans sa communauté, mais son souci premier demeurera toujours le perfectionnement de sa vie religieuse.

Sœur Fafard, née Mathilde Toupin (1875-1925)

 Sœur Fafard fait ses études d'infirmière à l'Hôpital Notre-Dame et les termine en 1907 pour aller se perfectionner en pharmacie à l'Université de l'Ohio où elle obtient son diplôme. Elle acquiert ensuite son expérience dans les hôpitaux de Calgary et d'Edmonton de 1916 à 1921. En 1921, elle est nommée directrice de l'école d'infirmières de l'Hôpital Notre-Dame. En 1920, elle travaille activement à la préparation du premier programme d'études de concert avec l'AGMEPQ, dont elle est la seule Canadienne française membre du comité du programme. Institutrice de carrière, avant son entrée en religion, elle est l'instigatrice des cours supérieurs pour les infirmières de langue française. Vice-présidente de l'AGMEPQ, elle assiste Miss Shaw, la présidente, au congrès de l'Association des infirmières canadiennes tenu à Edmonton en 1922. Sœur Fafard est une infirmière à l'esprit ouvert, sa mort prématurée survient alors qu'elle est encore très active[21].

---

21. *Ibid.*, p. 231.

L'administration hospitalière, l'enseignement du nursing et la diététique sont les spécialités du premier programme de perfectionnement offert aux infirmières religieuses et laïques dans le secteur franco-catholique. L'hygiène sera désormais enseignée ailleurs et ne figure dans ce programme qu'à l'état de projet, tandis que la diététique y est incluse. En ce qui concerne l'hygiène, nous l'avons vu au chapitre 1, le caractère laïque et le développement rapide de la formation au sein de la Faculté de médecine constituent un frein à son inclusion dans le programme de nursing à l'Université de Montréal, alors même que l'hygiène constitue le fondement de la formation infirmière à McGill par exemple. Pour ce qui est de la diététique, elle est enseignée dans le secteur anglo-protestant montréalais au MacDonald College, qui offre en 1918 un baccalauréat en sciences ménagères d'une durée de 4 ans. Ce programme sera intégré à la faculté d'agriculture de McGill en 1935 et l'est encore aujourd'hui. Cette discipline se distancie largement du milieu de la santé et des médecins, ce qui n'est peut-être pas étranger à l'autonomie professionnelle qu'elle confère à ses diplômés. Ce ne sera pas le cas dans le secteur franco-catholique, où les cours universitaires en diététique se donnent dans le cadre de la Faculté de Médecine. L'Institut de diététique et de nutrition, créé à l'Université de Montréal en 1942, reprend certains cours universitaires de perfectionnement en diététique alors offerts aux infirmières par les Sœurs Grises[22]. Cette différence dans la formation des infirmières des secteurs franco-catholique et anglo-protestant témoigne de conceptions et de réalités propres à chaque milieu et démontre, s'il en était encore besoin, qu'il n'existe pas une seule façon d'agencer les disciplines.

Après deux années d'existence, de 1923 à 1925, le cours de perfectionnement comporte un enseignement de 192 heures réparties en 4 semaines, assuré par ses deux directrices, sœur Fafard et sœur Duckett (gratuitement), par les professeurs de la FM, par le recteur, le vice-recteur, le curé Gauthier, l'abbé Pinault et l'abbé Maurice. Le cours est divisé en quatre sections : administration hospitalière (60 heures), éducation hospitalière (20 heures), instruction hospitalière (100 heures) et organisation professionnelle (12 heures)[23]. Le

---

22. Nadia Fahmy Eid *et al.*, *Femmes, santé et professions : histoire des diététistes et des physiothérapeutes au Québec et en Ontario, 1930-1980*, Montréal, Fides, 1997.

23. ASGM, fonds L102 1C1, Université de Montréal, prospectus « Cours de perfectionnement pour les gardes-malades. Diplôme universitaire de garde-malade », Montréal, 1924.

cours de diététique, de 150 heures, comprend une série de leçons théoriques et pratiques étalées sur une période de 6 semaines[24]. La fréquentation des cours par des religieuses de plusieurs communautés — 28 religieuses et 9 laïques sont inscrites à l'été 1923[25] — et la publication par la Filiale des gardes-malades du cours supérieur[26] de la revue professionnelle *La Veilleuse* en 1924 ne tardent pas à en faire un lieu-phare de la formation infirmière. La mort subite de sœur Fafard, une de ses principales instigatrices, met un terme au programme sous cette forme en 1925. Les sœurs Grises font appel à une directrice expérimentée, mère Virginie Allaire, pour développer le cours postscolaire[27].

D'emblée, mère Allaire désire réaliser « l'indépendance administrative de l'École » supérieure pour infirmières. En 1928, l'Université de Montréal hésite à accéder à sa demande,et la mandate pour faire un voyage d'étude en France, en Allemagne, en Suisse, en Belgique et en Italie[28]. En 1931, mère Allaire réitère la nécessité d'une formation infirmière plus poussée au congrès des Sœurs Grises, qui a lieu sous la direction de mère Anna Piché[29]. En 1934, mère Allaire, au nom des Sœurs Grises, propose à l'Université de Montréal une formule d'annexion de l'école supérieure de gardes-malades auquel elle donnerait le nom de leur fondatrice, l'Institut Marguerite d'Youville.

24. Le Dr P. Del Vecchio, spécialiste en alimentation rationnelle, donne le matin, une heure de conférence, laquelle est suivie d'une demi-heure de discussion. Les directrices du cours conduisent les heures d'enseignement pratique dans les cuisines de l'HND. On donne aussi à l'élève des conférences sur l'organisation du service des diètes dans les hôpitaux. Voir ASGM, fonds L102 1C1, Université de Montréal, Prospectus « Cours de perfectionnement pour les gardes-malades. Diplôme universitaire de garde-malade », Montréal, 1924; AUM, fonds D35 1198, « Examen gardes-malades », 21 août 1923.
25. AUM, fonds D35 1198, « Examen gardes-malades », 21 août 1923.
26. Filiale universitaire des gardes-malades du cours supérieur, *La Veilleuse*, janvier, 1924, p. 12.
27. ASGM, IMY, Julienne Massé, *op. cit.*
28. Desjardins, *op. cit.*, p. 128.
29. ASGM, IMY, Julienne Massé, *op. cit.*

Mère Virginie Allaire (1883-1960)

 Elle fut la première religieuse canadienne à se voir octroyer le titre de *fellow* honoraire de l'Association américaine des administrateurs d'hôpitaux. D'origine franco-américaine, mère Allaire reçut son instruction chez les Sœurs de Sainte-Anne à Worchester, au Massachusetts, et dans la province de Québec chez les Sœurs de l'Assomption. Elle entra chez les Sœurs Grises en 1904. Comme professeure, elle étudia le nursing à l'Hôpital de Morristown. Supérieure de l'hôpital de Régina, elle constata la nécessité de donner aux infirmières une préparation supérieure. Vice-présidente de l'Association des infirmières enregistrées de la Saskatchewan, mère Allaire comprit que la profession devait compter, en premier lieu, sur l'organisation de ses membres, que c'était à elles d'établir leur rôle et de déterminer la préparation à donner aux maîtres chargés de l'éducation des infirmières. Sans bruit, elle poursuivit un objectif bien défini, celui de fonder un institut pour la formation du personnel cadre des hôpitaux et des écoles d'infirmières. En 1934, elle fonda l'institut Marguerite d'Youville, dont elle demeura la directrice jusqu'en 1947. En 1932, elle organisa la Conférence des hôpitaux catholiques de la province de Québec, dans le cadre de l'Association des hôpitaux catholiques des États-Unis et du Canada. En 1960, elle est nommée membre honoraire de l'Association des infirmières canadiennes au congrès d'Halifax et elle reçoit, en 1936, un doctorat honorifique de l'Université de Montréal. Elle a également été décorée de la médaille d'argent de l'Association des États-Unis et du Canada, de l'Ordre du Canada en 1967 et de la médaille du centenaire[30].

30. Desjardins, *op. cit.*, p. 228.

Formation générale et formation spécialisée en administration et enseignement (1934-1947)

Le projet de mère Allaire arrive à point nommé. La direction de l'Université de Montréal, alertée par les recommandations du rapport Weir[31], les requêtes des écoles affiliées à la Faculté de médecine et par le rapport favorable du Dr Emmanuel-Persillier Benoit, décide de créer une école supérieure de gardes-malades, sous la direction des Sœurs Grises[32]. La Commission des études de l'Université et la Faculté de médecine émettent deux conditions pour approuver l'affiliation de l'Institut Marguerite d'Youville[33] : le contrôle des examens revient à la Faculté de médecine et l'Institut doit renoncer à délivrer un baccalauréat en diététique[34]. Toutefois, lorsque le cours supérieur pour gardes-malades commence le 27 septembre 1934, sous la direction des Sœurs Grises de Montréal, le protocole d'entente entre l'Université de Montréal et l'Institut Marguerite d'Youville apparaît sous un jour un peu différent. La Faculté de médecine doit toujours approuver règlements et programmes, ainsi que les modifications qui pourront y être apportées ultérieurement[35], tandis que les Sœurs Grises semblent avoir conservé toute latitude pour organiser l'école.

31. « Aucune instructrice devrait être considérée comme qualifiée si elle n'a pas complété au moins une année académique (de 12 à 15 heures par semaine) d'un cours postscolaire dans une école pour infirmières diplômées. Une préférence devrait être accordée à celles qui ont acquis une formation dans une école normale et de l'expérience en enseignement », ASGM, rapport de l'enquête Weir, chap. XI, art. 3, 1932 ; nous traduisons.

32. ASGM, fonds L102 1C2, Emmanuel-Persillier Benoit (secrétaire de la Faculté de médecine), « Rapport sur le projet de fondation d'une École supérieure de gardes-malades », 4 septembre 1934.

33. AUM, fonds D35 1175/1, lettre de mère Virginie Allaire (assistante générale des Sœurs Grises) à Mgr J.A.V. Piette (recteur de l'Université de Montréal) « Requête », 31 mai 1934 ; 1175/1, a) ; lettre de mère Virginie Allaire à Mgr J.A.V. Piette et « Projet d'un cours de garde-malade conduisant à un baccalauréat en sciences hospitalières », 13 juin 1934.

34. ASGM, fonds L102 1C2, Emmanuel-Persillier Benoit (secrétaire de la Faculté de médecine), « Rapport sur le projet de fondation d'une École supérieure de gardes-malades », 4 septembre 1934.

35. AUM, fonds D35 1172, contrat d'annexion de l'Institut Marguerite d'Youville (École supérieure de gardes-malades) à l'Université de Montréal, 27 septembre 1934.

Elles développent un programme de deux ans menant au baccalauréat ès sciences hospitalières, ouvert aux étudiantes ayant effectué
trois années de formation infirmière dans une des écoles d'hôpitaux
reconnues par l'Université de Montréal, où prévaut l'enseignement
pratique en milieu hospitalier. Celles-ci peuvent alors s'inscrire à un
cours de deux ans : un an pour recevoir un enseignement général
universitaire, avec latin, rhétorique, géométrie, philosophie, diététique,
religion (qui représente la quatrième année du cours) et une autre
année pour un enseignement en éducation et en administration des
soins (diététique avancée, physique et chimie, élocution, organisation
hospitalière (hôpital), organisation hospitalière (école), sociologie,
pharmacologie, pédagogie générale, pédagogie spéciale, administration hospitalière, histoire professionnelle) qui représente la cinquième
année du programme. Si la candidate projette de faire une seule année
de formation supérieure, dans l'un ou l'autre des enseignements, elle
pourra obtenir un diplôme en sciences hospitalières. Les Sœurs Grises
ne renoncent pas non plus à la diététique, comme le laisse entrevoir
une entente avec l'Université de Montréal ; elles transfèrent cette
spécialité à une autre de leurs écoles et créent un certificat en diététique. Ce qui ne manquera pas de poser un certain nombre de
problèmes quant à la place que doit occuper la diététique dans la
formation en sciences infirmières et dans l'institution. Ainsi, la candidate acceptée au cours de diététique obtiendra le diplôme ès sciences
ménagères décerné par l'École ménagère régionale des Sœurs Grises
après 24 heures de cours théoriques sur l'alimentation rationnelle et la
thérapeutique alimentaire. La plus grande partie de ce cours se fera
dans les cuisines d'hôpitaux à pratiquer les notions étudiées en
théorie[36]. Sitôt le programme établi, neuf religieuses s'inscrivent en
1934 et douze religieuses en 1935[37]. Les spécialités peuvent donc être
suivies de façon autonome ou combinées avec une formation générale
supérieure au sein d'un programme de baccalauréat de perfectionnement. Ceci constitue un premier pas vers une formation théorique plus poussée des infirmières, d'abord comme gestionnaires ou

---

36. AUM, fonds D35 1175/1, lettre de mère Virginie Allaire à Mgr J.A.V. Piette et
« Projet d'un cours de garde-malade conduisant à un baccalauréat en sciences
hospitalières », 13 juin 1934.
37. ASGM, IMY, Julienne MASSÉ, *op. cit.*, p. 6.

enseignantes. Bien que l'école de McGill offre une formation universitaire menant au certificat ou au diplôme, elle n'offrira un baccalauréat du type de celui de l'IMY qu'à partir de 1944[38]. Ce qui témoigne de la difficulté de proposer un programme complet de baccalauréat en sciences infirmières jusqu'à cette date et confirme l'aspect avant-gardiste du programme de l'IMY. Ce programme apparaît d'autant plus novateur que très peu de femmes ont accès à l'université pour l'obtention d'un diplôme.

Sitôt le programme établi, mère Allaire exerce des pressions sur les autorités pour obtenir l'affiliation à l'Université de Montréal[39]. La crainte que les diplômes octroyés aux infirmières dans une école annexée ne soient pas reconnus par les associations professionnelles d'infirmières pousse les Sœurs Grises à vouloir obtenir le même statut que les écoles supérieures de l'Alberta, de Toronto, d'Ottawa et de McGill. Elles demandent une reconnaissance formelle de leur école et de la formation qu'elle délivre. Leur requête[40] revient sur plusieurs points litigieux de l'entente précédente ; elles veulent remplacer l'annexion par l'affiliation et obtenir la reconnaissance du cours offert par les écoles de l'Ouest[41] :

> Si nos écoles ne sont pas reconnues par une Université avant que les lois projetées soient approuvées par les gouvernements, il nous faudra probablement les fermer, étant donné qu'après la promulgation de ces lois, le

---

38. À l'Université McGill, on commence à préparer, en 1941, un programme de baccalauréat de perfectionnement (non intégré) qui sera instauré en 1944. Voir Janet Ross KERR et Jannetta MACPHAIL, *Canadian Nursing. Issues and Perspectives*, Saint Louis, Missouri, Mosby, 1996, p. 313.

39. ASGM, fonds L102 1C3, lettre de mère Virginie Allaire (directrice de l'Institut Marguerite d'Youville) à Mgr Olivier Maurault (p.s.s., recteur de l'Université de Montréal), 15 février 1935.

40. AUM, fonds D35 1175, mère Anna Piché (supérieure générale des Sœurs Grises) et mère Virginie Allaire (assistante générale des Sœurs Grises), « Requête de l'Institut Marguerite d'Youville à l'Université de Montréal », 4 juillet 1935.

41. ASGM, fonds L102 1C3, 47.2, lettre de sœur Saint-Aimé (supérieure générale des Sœurs de la Miséricorde) à Mgr Olivier Maurault (recteur de l'Université de Montréal), 7 janvier 1936 ; fonds L102 1C3, 48, lettre de sœur Praxède de la Providence (supérieure générale des Sœurs de la Providence) à Mgr Olivier Maurault (recteur de l'Université de Montréal), 10 janvier 1936.

nombre des écoles approuvées sera déterminé pour chaque province. C'est ce qui s'est fait en Angleterre d'où part le mouvement[42].

Elles veulent également avoir la possibilité de faire octroyer le baccalauréat en sciences ménagères par l'École ménagère régionale des Sœurs Grises, préalable pour la Canadian Dietetic Association qui exige le certificat en diététique[43]. Ces conditions, qui visent à octroyer plus d'autonomie à l'École et aux Sœurs Grises, seront accueillies froidement par la direction de l'université. Mère Allaire en est consciente et menace de s'affilier à une université locale «anglaise[44]». Les autorités de l'Université de Montréal céderont l'affiliation à l'IMY, mais refuseront d'y attacher la clause du baccalauréat en sciences ménagères[45].

De 1936 jusqu'en 1946, le conseil d'administration et les comités forment la structure administrative de l'IMY. Le premier CA rassemble un représentant de l'Université de Montréal, Amédée Allard (président), mère Allaire, sœur J. Gravel (secrétaire), sœur M.R. Lacroix, sœur S. Louis, sœur Barry et sœur Coderre; les comités des études comprennent le comité des sciences, le comité de sciences hospitalières, le comité de diététique et le comité des finances[46]. La composition du CA restera à peu près la même jusqu'en 1947, hormis l'arrivée de sœur Denise Lefebvre en 1939 et le remplacement d'Amédée Allard par Antonio Précourt en 1947, tandis que le comité des études disparaît de l'annuaire de l'IMY à partir de 1944. Le corps administratif est composé exclusivement de religieux: les présidents honoraires, à part le doyen de la Faculté de médecine, font tous partie de l'Église catholique,

---

42. ASGM, fonds L102 1C3 34, lettre de mère Virginie Allaire (directrice de l'Institut Marguerite d'Youville) à Mgr Georges Gauthier (archevêque coadjuteur de Montréal), 3 juin 1935.

43. AUM, fonds D35 1175/4, lettre de mère Virginie Allaire (directrice de l'Institut Marguerite d'Youville) à Mgr Olivier Maurault (p.s.s., recteur de l'Université de Montréal), 12 février 1936.

44. ASGM, fonds L102 1C3 34, lettre de mère Virginie Allaire (directrice de l'Institut Marguerite d'Youville) à Mgr Georges Gauthier (archevêque-coadjuteur de Montréal), 3 juin 1935.

45. AUM, fonds D35 1174/1, extraits des délibérations de la Commission des études concernant l'Institut Marguerite d'Youville, du 27 septembre 1934 au 2 avril 1936.

46. ASGM, fonds L102 1B1 - 1, procès-verbal du comité d'administration de l'Institut Marguerite d'Youville, 26 avril 1936.

de même que les membres du conseil d'administration. Durant le mandat de mère Allaire, soit durant les années 1930 et 1940, le corps enseignant est constitué en moyenne de 12 personnes, soit 6 religieuses et 6 hommes, parmi lesquels on trouve un médecin, les autres étant des religieux[47]. Mère Allaire pense alors à une formation de 2ᵉ cycle universitaire et en 1941 émet l'idée d'une école de nursing (ou d'une faculté) au sein de l'Université[48]. Préoccupée par la valeur des diplômes, elle veut pouvoir offrir des cours conduisant à la maîtrise sans que les élèves aient à se déplacer à l'étranger. Forte de ses réalisations, avec ses 2165 candidates, ses 68 baccalauréats et ses 23 certificats décernés[49], mère Allaire revendique la direction de cette école pour sa congrégation. Elle réitère la demande plusieurs fois, en 1944 et 1947 notamment, chaque fois sans suite[50].

Le programme d'études menant au baccalauréat en sciences hospitalières ne semble pas avoir beaucoup évolué dans les années 1940 : le corps enseignant n'a pas non plus changé jusqu'au début des années 1950[51] et aucun nouveau programme n'apparaît durant cette période. On se contente de formations ponctuelles de religieuses qui vont suivre des cours d'été pour l'amélioration de l'enseignement de la chimie et de la clinique[52].

Durant son mandat, mère Allaire a réussi à imposer à l'Université de Montréal ses vues sur l'organisation de la formation infirmière à l'université. Elle a réussi à convaincre l'université de l'intérêt de reprendre l'IMY, sans que les Sœurs Grises aient à transiger sur les critères qu'elles considéraient comme nécessaires à la formation. De fait, elles ont réussi à former la quasi-totalité de leurs membres à des

47. ASGM, fonds L102 2C1, 1, Université de Montréal, École Supérieure de Gardes-Malades, Annuaire de l'IMY, 1936-1937; 1939-1940; 1941-1942; 1944-1945; 1945-1946; 1946-1947.

48. ASGM, fonds L102 1C4, 62. lettre de mère Virginie Allaire à Mᵍʳ Olivier Maurault , 9 octobre 1941.

49. ASGM, fonds L102 E2, 1 IMY, rapport annuel de l'Institut Marguerite d'Youville 1947-1948.

50. ASGM, fonds L102 1B1, procès-verbal du comité d'administration de l'Institut Marguerite d'Youville, 3 avril 1944.

51. ASGM, fonds L102 2C1, 1, Université de Montréal, École Supérieure de Gardes-Malades, Annuaire de l'IMY, 1936 à 1947.

52. ASGM, fonds L102 1B1, procès-verbal du comité d'administration de l'Institut Marguerite d'Youville, 1ᵉʳ mars 1939.

tâches de direction et d'enseignement de soins infirmiers, et s'apprê-
taient à faire de même avec le reste des candidates, triées sur le volet.
Toutefois, tout le monde ne s'entend pas sur cette vision de la
formation supérieure. Un exemple de ce genre de désaccord est le litige
qui oppose les directrices des écoles affiliées à l'Université de Montréal. En 1941, la Commission des gardes-malades — qui a reçu une
demande des religieuses directrices d'écoles de gardes-malades —
suggère l'adoption d'un cours de sociologie et d'un cours de psychologie à l'Université de Montréal selon les recommandations de l'AIC
(Association des infirmières du Canada) pour les enseignantes des
écoles d'infirmières[53]. Les directrices des écoles affiliées (organisées en
Section française de l'AGMEPQ) refusent d'y donner suite à cause de
la pénurie d'infirmières dans les hôpitaux[54]. En fait, il semble bien que
mère Allaire s'oppose à ce que les enseignantes (qui sont des infirmières diplômées) acquièrent la même formation que les directrices
d'écoles (dotées d'une formation supérieure à l'IMY). Elle juge le
niveau intellectuel des élèves insuffisant pour assimiler ces connaissances[55]. Quelle que soit la raison du refus de collaboration, le président de la Commission considère comme dangereuse l'attitude des
directrices : « Nous voyons là un indice que les directrices de nos
écoles se rapprochent de l'association et s'éloignent de l'Université[56]. »
Étroitement associées aux intérêts de l'Université, qui de son côté a
fait sienne leur vision, les Sœurs Grises y seront libres de diriger la
formation supérieure en sciences infirmières comme elles l'entendent,
du moins jusqu'à la fin des années 1940.

53. AUM, fonds D35 1142 à 1189, Emmanuel-Persillier Benoit (président de la
    Commission des gardes-malades), « Projet de cours post-secondaire pour les
    gardes-malades », 11 février 1941.
54. AUM, fonds D35 1142 à 1189, lettre d'Emmanuel-Persillier Benoit (président
    de la Commission des gardes-malades) à Mgr Olivier Maurault, 20 janvier
    1942.
55. ASGM, fonds L102 1C4, 56. lettre de mère Virginie Allaire à Mgr Olivier
    Maurault, 9 octobre 1941.
56. AUM, fonds D35 1142 à 1189, lettre d'Emmanuel-Persillier Benoit (président
    de la Commission des gardes-malades) à Édouard Montpetit (secrétaire
    général de l'Université de Montréal), 26 janvier 1942.

De l'Institut Marguerite d'Youville à la Faculté de nursing : une formation spécialisée (1947-1962)

Au moment où sœur Denise Lefebvre prend la direction de l'IMY en 1947, les enjeux professionnels deviennent pressants : les professions paramédicales se multiplient, les systèmes d'éducation et de santé sont en voie de laïcisation, et les infirmières ont obtenu leur reconnaissance professionnelle. Dans la société d'après-guerre, la croissance de la demande de soins et la nécessité pour les hôpitaux de disposer d'une main-d'œuvre qualifiée dans les hôpitaux exerce une pression considérable sur l'orientation de la formation, autant au Québec qu'au Canada et aux États-Unis[57]. Jusqu'ici réservée à une petite élite d'infirmières, essentiellement recrutée dans les rangs de quelques congrégations religieuses, la formation supérieure dans le secteur franco-catholique servait essentiellement les besoins d'encadrement des écoles. Avec la reconnaissance professionnelle obtenue en 1946, le besoin d'infirmières dûment formées se pose de façon accrue. La question qui se pose alors est de savoir où cette formation devrait être dispensée et qui en serait responsable. Les Sœurs Grises tenteront de convaincre leurs partenaires qu'elles sont les seules à pouvoir le faire, au prix de quelques changements qu'elles effectueraient volontiers dans leurs programmes pour les rendre conformes aux critères scientifiques des autorités médicales et universitaires. Ainsi modifieront-elles leur programme de baccalauréat en sciences hospitalières dès 1952[58]. D'abord, le nombre de crédits passe de 58 à 94[59]. Elles suppriment également, dans le programme de 1952,

---

57. Aux États-Unis, après la Deuxième Guerre mondiale, les critères de formation doivent être adaptés à la situation contemporaine. Plus d'accent doit être mis sur les sciences sociales et les notions de prévention et d'aspects sociaux sont intégrées dans le programme d'études, tout comme l'hygiène mentale et l'éducation sanitaire. De façon générale, durant cette période, le nursing américain s'est développé dans les secteurs suivants : le service privé, les services de visite, le *settlement nursing*, les écoles de nursing, le travail en clinique, l'anesthésie, le nursing industriel, la sage-femmerie, le nursing militaire et le nursing en santé publique. Voir Grace L. DELOUGHERY, *Issues and Trends in Nursing*, Saint Louis, Mosby, 1991, p. 20.
58. AUM, fonds D35 C6, 17/8, programmes 1952.
59. En 1934, il faut 123 crédits (65 crédits pour le cours de base en hôpitaux et 58 crédits pour les deux années à l'IMY) pour l'obtention du diplôme de bachelière.

plusieurs cours offerts en 1934: latin (20 cr.), rhétorique (2 cr.), géométrie (4 cr.), diététique (3 cr.) et diététique avancée (9 cr.), élocution (1 cr.), pharmacologie (2 cr.). Enfin, elles procèdent à l'ajout de crédits avec notamment 13 crédits de chimie/physique, un cours d'anglais et plusieurs cours liés à la gestion hospitalière. Ces changements traduisent leur volonté d'augmenter la part des sciences exactes et la nécessité dans laquelle elles se trouvent d'intégrer les sciences humaines pour donner une vision plus large de la mission de l'infirmière. L'idée que l'infirmière doit connaître le contexte social du malade et de la maladie, posséder certaines connaissances juridiques et historiques, et avoir des notions de comptabilité et d'anglais, correspond à cette volonté de former des infirmières compétentes dans tous les domaines qu'elles côtoient. Ce programme peut ainsi contribuer à former tout autant de nouvelles gestionnaires d'hôpitaux que des infirmières spécialisées, puisque les cours traitant de la gestion de l'école et de l'hôpital sont en nette augmentation.

Sœur Denise Lefebvre (1907-1993)

Elle fut la première infirmière canadienne à poursuivre des études au doctorat en pédagogie. Elle soutient une thèse à l'Université de Montréal sur les « Techniques d'évaluation des écoles d'infirmières » en 1955. Diplômée de l'école d'infirmière de l'Hôpital de Saint-Boniface, au Manitoba, bachelière ès arts de l'Université de Montréal, sœur Lefebvre poursuit ses études à l'Université de Saint Louis où elle obtient un baccalauréat en nursing en 1935; elle obtient une licence en nursing de l'Université catholique de Washington. Elle succède à mère Allaire comme directrice de l'Institut Marguerite d'Youville. Les succès que connaît cette école depuis sa fondation montrent bien à quels besoins professionnels elle répond et obligent les Sœurs Grises à installer l'Institut, jusqu'alors rue Saint-Mathieu, dans les locaux modernes du 2375, chemin de la Côte-Sainte-Catherine. Sœur Lefebvre, dans la force de l'âge, se fait architecte, élabore des plans dans le but de réorganiser la nouvelle école. Elle met ses connaissances au profit de l'Association des infirmières de la province de Québec comme coconvocatrice du comité de l'éducation, puis du comité des écoles. À la même association, elle est présidente d'un comité spécial chargé d'établir les plans d'un projet devant servir de guide pour l'évaluation des écoles d'infirmières canadiennes. Un projet semblable a été mis en branle par la conférence canadienne des écoles d'infirmières catholiques aux États-Unis. Sœur Lefebvre approfondit ce sujet dans sa thèse de doctorat. Elle est nommée en 1968 assistante générale[60] et devient en 1973 la vingt-cinquième Supérieure générale de la Congrégation des Sœurs de la Charité de Montréal.

De 1947 à 1967, la structure administrative de l'IMY connaît maints changements, tout aussi importants que ceux qui touchent la formation[61]. En 1958, les présidents honoraires de l'IMY font désormais partie de la direction générale et un poste de secrétaire registraire est créé. Trois ans plus tard, le CA devient le comité de régie auquel on adjoint deux conseillers, puis, en 1962, un comité du programme, lequel se transforme, en 1963, en conseil pédagogique, pour reprendre le titre de CA en 1966. La direction générale se rebaptise direction locale, avec des conseillers académiques. En fait, ces mouvements au sein de la direction, principalement celle des Sœurs Grises, témoignent de la nécessité de donner une plus grande place aux fonctions académiques. Ces dernières s'effacent progressivement de la direction de l'Institut au début des années 1960, avec l'arrivée du nouveau vice-recteur Lucien Piché à la direction générale. Les infirmières laïques Jeannine Pelland-Baudry, Jeanne Reynolds et Jacqueline Laurin prennent leur place au comité du programme, témoignage de la présence de laïques dans le corps professoral depuis 1951. Des changements sont perceptibles également au niveau des programmes. La direction de l'IMY vise à occuper une nouvelle place dans l'Université : imprégnée de la culture des Sœurs Grises, elle devra encore

60. DESJARDINS, *op. cit.*, p. 229.
61. ASGM, fonds L102 2C1, 1, Université de Montréal, École supérieure de Gardes-Malades, annuaires de l'IMY, 1951 à 1967.

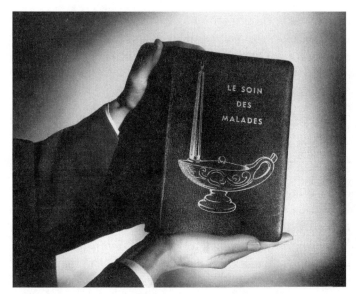

Le soin des malades, *manuel général de nursing publié par l'IMY sous la direction de sœur Denise Lefebvre en 1944, puis réédité en 1947, 1955, 1968.*

procéder à des réajustements. Sa stratégie est simple : revendiquer un seul lieu pour enseigner les nouvelles sciences infirmières.

Une seule école pour les sciences infirmières

Aussitôt arrivée à la direction de l'IMY, sœur Denise Lefebvre s'appuie sur les nombreuses représentations de mère Allaire durant les années 1940 pour demander à l'Université de reconnaître l'IMY comme « l'école unique où l'on puisse prétendre au Baccalauréat ès sciences infirmières[62] ». La Commission des études de l'Université ignore

62. ASGM, fonds L102 1B1, procès-verbal du Comité d'administration de l'Institut Marguerite d'Youville, 23 mars 1947 ; AUM, fonds D35 1142 à 1189, lettre de Denise Lefebvre (directrice de l'Institut Marguerite d'Youville) à Mgr Olivier Maurault, 15 avril 1947 ; fonds D35 1234/1, lettre de sœur Denise Lefebvre au chanoine Georges Deniger (vice-recteur de l'Université de Montréal) et « Projet d'élaboration de cours menant à la Licence ou à la Maîtrise », 26 septembre 1948.

encore sa requête[63], mais cette fois le CA appuie sa démarche et veut « déterminer les mesures à prendre et à poursuivre afin que l'IMY soit l'école unique[64] ». Outre cette volonté de s'assurer un monopole dans l'enseignement des sciences infirmières, l'IMY veut également se redéployer et aller chercher d'autres cours et spécialités à offrir à ses étudiantes. En fait, il s'agit ni plus ni moins que de rapatrier les cours offerts ailleurs aux infirmières dans l'Université, pour les intégrer à un cursus unique.

À cette même réunion du CA le 7 janvier 1948, « Sœur Lefebvre signale que la Conférence des hôpitaux de Montréal veut patronner un cours d'organisation hospitalière avec octroi d'un baccalauréat sanctionné par l'Université de Montréal[65] ». Comme elle l'énonce dans un mémoire sur l'organisation d'un cours d'administration hospitalière, l'École d'hygiène de l'Université de Montréal a grand intérêt à offrir ce cours parce que : a) l'idée d'un tel cours est née au sein de l'EH ; b) plusieurs universités américaines et canadiennes ont confié ce cours à leur école d'hygiène ; c) l'hôpital ne peut rester indifférent au développement de la médecine préventive. De son côté l'École d'hygiène, qui veut bien avoir l'assistance de l'IMY dans ce projet (elle donne déjà certains cours en administration des hôpitaux), ne montre pas un enthousiasme démesuré. Elle considère que de nouveaux développements s'imposent pour répondre aux besoins des hôpitaux actuels[66], ce qui ne tardera pas à se produire, grâce à la persistance de l'IMY et de sa directrice.

L'année suivante[67], la communauté des Sœurs Grises accepte que l'IMY collabore avec l'EH pour organiser des cours d'administration

63. ASGM, fonds L102 1B1, procès-verbal du Comité d'administration de l'Institut Marguerite d'Youville, 16 décembre 1947 ; AUM, fonds D35 1234/2, lettre de Léon Lortie (président du sous-comité des grades universitaires) au chanoine Georges Deniger, 2 mai 1949.

64. ASGM, fonds L102 1B1, procès-verbal du comité d'administration de l'Institut Marguerite d'Youville, 7 janvier 1948.

65. ASGM, fonds L102 1B1, procès-verbal du comité d'administration de l'Institut Marguerite d'Youville, 7 janvier 1948.

66. ASGM, fonds L102 1C4 83, sœur Denise Lefebvre, École d'hygiène de l'Université de Montréal, *Mémoire sur l'organisation d'un cours d'administration hospitalière*, 1er avril 1949.

67. ASGM, fonds L102 1C4 74, programme « administration des hôpitaux » préparé par sœur Denise Lefebvre et présenté aux mères des Sœurs Grises, 18 janvier 1948.

hospitalière parce que : « a) l'IMY donne le baccalauréat ès sciences infirmières et les cours de l'IMY s'imposeraient pour l'obtention du parchemin en Administration Hospitalière ; b) déjà, dans les autres universités ces cours sont organisés et dans un avenir rapproché peut-être, on nous exigera ces connaissances, pour la bonne marche de nos hôpitaux[68] ». Il est certes important pour elles d'obtenir la collaboration des deux institutions, ce qui les habiliterait à gérer des services ou des hôpitaux, mais l'enjeu est plus large que la défense de leurs propres intérêts. Il s'agit de partager certains programmes avec l'École, afin de faire reconnaître l'Institut comme lieu unique de formation des infirmières.

Ainsi, l'IMY multiplie les démarches. L'Institut prépare un projet de maîtrise pour se doter d'un programme d'études supérieures. Il met sur pied un comité d'étude[69] pour faire connaître ses programmes à l'Université de Montréal et faire la recherche pour le projet d'école[70]. Les rencontres entre sœur Lefebvre et Marcel Faribault, secrétaire général de l'Université en 1951[71], aboutissent à la production d'un document expliquant les activités et les projets de l'IMY remis au secrétaire général de l'Université de Montréal[72]. En 1952, les projets de faculté et de maîtrise semblent près d'aboutir :

> Un événement assez important s'est passé au cours de l'automne alors que son Éminence, avant son départ pour Rome, est venue demander à nos Mères que l'Institut Marguerite d'Youville prête son concours pour l'organisation à l'Université d'une faculté ou école de nursing qui serait comme la continuation de ce que nous faisons présentement[73].

68. ASGM, fonds L102 1B1, procès-verbal du comité d'administration de l'Institut Marguerite d'Youville, 19 mars 1949.
69. À la suggestion de sœur Denise Lefebvre, le comité l'abbé Gustave Gauthier, Dr Georges Baril, Mlle Gabrielle Charbonneau de l'École des infirmières hygiénistes et de Dr Sanche de la commission des gardes-malades.
70. ASGM, fonds L102 1B1, procès-verbal du comité d'administration de l'Institut Marguerite d'Youville, 19 septembre 1949.
71. ASGM, fonds L102 1B1, procès-verbal du comité d'administration de l'Institut Marguerite d'Youville, 5 avril 1951.
72. AUM, fonds D35 C6 17/9, lettre de sœur Denise Lefebvre à Marcel Faribault (secrétaire général de l'Université de Montréal) et IMY, « Programme de maîtrise en nursing et en éducation des infirmières », 9 mai 1952.
73. ASGM, fonds L102 1C5, lettre de sœur Denise Lefebvre à M. J.-P. Laurence (p.s.s., supérieur du Collège Grasset), 30 décembre 1952.

Mais, curieusement, son avenir va être lié à un autre projet, plus complexe, qui est celui de la formation des infirmières dans le cadre de la construction d'un nouvel hôpital universitaire. Va-t-on reprendre le projet de création d'un hôpital universitaire, qui date de 1933, voulu par la Faculté de médecine pour y adjoindre les sciences infirmières ? La nomination d'Alice Girard aux côtés du Dr Gérald Lasalle permet de le penser, ainsi que les plans de construction d'un immeuble sur la montagne. Mais divers problèmes bloquent sa réalisation. Son financement en est un : les autorités de l'Université de Montréal ne considèrent plus le projet comme une priorité au début des années 1940 et la Fondation Kellogg, qui en était le partenaire, exigeait des changements à la structure et à l'enseignement de la Faculté de médecine avant de le subventionner. La conjoncture a également changé : avec la Deuxième Guerre mondiale, les besoins en santé ne sont plus du même ordre et nécessitent un nouvel investissement de l'État. Bref, ce n'est qu'en 1952, sous le gouvernement Duplessis, que le projet réapparaît sous la forme d'un « centre médical » où serait assurée la formation de plusieurs professionnels de la santé[74]. Le responsable du projet, le Dr Gérald Lasalle, mandaté par le recteur, demande à l'IMY[75] et aux Sœurs Grises de participer à la mise en place d'une faculté de nursing au sein de ce centre médical, plus précisément pour assurer la formation infirmière. Le Dr Lasalle tient pour acquis que c'est l'Institut qui prendra en charge tout l'enseignement aux infirmières à l'Université et conforte ainsi les Sœurs Grises dans leur conviction qu'elles ont un droit acquis dans le domaine de l'éducation des infirmières. Lasalle veut cependant octroyer aux Hospitalières de Saint-Joseph la direction du service des soins infirmiers. L'Université de Montréal, par la voix de son recteur et de M. Faribault, semble favorable au projet. L'archevêque de Montréal se prononce également en faveur de cette nouvelle école et de son contrôle par l'Institut[76]. Prudentes, les Sœurs Grises acquiescent à la

74. Denis GOULET, *Histoire de la Faculté de médecine de l'Université de Montréal*, Montréal, VLB éditeur, 1993, p. 274.

75. ASGM, fonds L102 1C5, 94, sœur Denise Lefebvre, « Synthèse des points discutés avec le Dr Lasalle au sujet de l'IMY et l'hôpital universitaire », 27 octobre 1952.

76. ASGM, fonds L102 1C5, 106, lettre de sœur Denise Lefebvre au cardinal Paul-Émile Léger (archevêque de Montréal), 22 juin 1953.

demande en élaborant un projet détaillé[77] où l'on perçoit leur réticence : a) l'École est sous la juridiction de l'hôpital universitaire, donc placée sous l'autorité directe de la directrice du nursing (Mlle Girard) ; b) lorsque les étudiantes seront en stage à l'hôpital, il y aura des relations avec les religieuses de l'Hôtel-Dieu. Il faut donc prévoir une adaptation ; c) si notre acceptation de l'école de base est une condition *sine qua non* de la continuation de l'IMY et par conséquent de l'enseignement universitaire aux infirmières, n'est-il pas préférable d'accepter, malgré les quelques difficultés à prévoir[78] ?

Lors de la réunion entre le Dr Lasalle et les Sœurs Grises, les interlocuteurs se mettent d'accord sur des programmes de formation menant à l'octroi de certificats — en enseignement, en surveillance, en direction des écoles et des services de nursing — de cours postscolaires dans les diverses spécialités du nursing, de baccalauréat et de maîtrise. À ce moment, ces programmes, à part celui de la maîtrise, sont déjà offerts à l'IMY. C'est dans ce contexte que les Sœurs Grises envisagent de créer un nouveau baccalauréat, qui sera un cours de base en soins infirmiers de niveau universitaire. Avec ce projet, elles entendent être présentes durant toutes les étapes de la formation des infirmières, et pas seulement dans les spécialités. Ce programme de baccalauréat de base constituerait la grande nouveauté de la section infirmière de l'hôpital universitaire. Ce projet n'est toutefois pas exempt de complexité et sera générateur de conflits.

Le projet de baccalauréat de base

Les Sœurs Grises voulaient former un groupe d'élite ayant une bonne formation générale qui favoriserait des savoirs théoriques généraux en début de formation, à l'instar des pratiques courantes qui existaient alors dans le milieu anglo-protestant américain et canadien[79]. Cette façon de faire avait l'avantage d'intégrer, dans un système indépendant des administrations hospitalières, les « arts libéraux » à la pratique du

---

77. ASGM, fonds L102 1C5, 89, IMY, *Mémoire concernant le cours de 4 ans présenté au Dr Lasalle*, début décembre 1952.

78. ASGM L102 1C5, 96, lettre de sœur Denise Lefebvre à M. J.-P. Laurence, 30 décembre 1952.

79. Des Canadiennes anglaises ont mis sur pied ce type de programme à Toronto en 1942 et à McMaster en 1946. Voir Ross Kerr et MacPhail, *op. cit*, p. 313.

nursing pour des candidates ayant une « 11ᵉ ou 12ᵉ scientifique ». Par ailleurs, le programme s'adressant aux infirmières diplômées devait être maintenu pour répondre à la demande de formation plus spécialisée. Cette perspective, initialement envisagée pour recycler les religieuses sans diplômes qui se trouvent à la tête de la plupart des écoles d'infirmières dans les hôpitaux, anime leur vision du développement de la profession dans les années 1950. Le projet implique néanmoins une forme de contrôle de toute la formation infirmière en la déplaçant des écoles d'infirmières à l'université, ce qui, on s'en doute, n'obtient pas l'aval de tous. Les Sœurs Grises se défendent d'avoir voulu déplacer la formation générale des écoles d'infirmières vers les universités. Sœur Marie Bonin explique ainsi leur idée :

> On savait bien que les écoles [d'hôpitaux] cesseraient ; mais ce n'était pas tant ça. C'était vraiment pour former une catégorie spéciale d'infirmières : plus académiques, bien formées, la tête mieux formée… [On voulait] plus une personne avec beaucoup d'éducation, de la pratique ; mais pas comme les élèves d'hôpitaux, qui avaient été utilisées pour le service. Elles payaient pour leur cours. Elles avaient une bonne formation intégrale.

Pour sœur Bonin, cette idée émane des États-Unis :

> Premièrement, les Sœurs Grises, on avait des hôpitaux, mais depuis 1934 on était déjà dans la formation infirmière et sœur Denise Lefebvre était la première infirmière qui avait un doctorat au Canada. Elle était bien préparée. On connaissait les tendances aux États-Unis. Ça existait déjà cette sorte de programme-là. Il n'y en avait pas beaucoup au Canada. On savait que ça serait la tendance[80]…

Se plaçant en amont des changements, les Sœurs Grises tentent de les amorcer sans en être, elles-mêmes, les victimes. En optant pour une formation universitaire spécialisée en nursing, elles pensent pallier les lacunes soulignées par les rapports de la Commission Rockefeller, de l'enquête Weir[81] et des autres études qui ont suivi, portant sur l'inadéquation d'une formation infirmière en hôpital, où le travail fourni par les étudiantes leur sert aussi de formation.

---

80. Entrevue avec sœur Marie Bonin, 2 décembre 1998.
81. Georges WEIR, *Survey of Nursing Education in Canada*, Toronto, University of Toronto Press, 1932.

La question du statut de l'école de nursing rattachée à l'hôpital universitaire comme faculté autonome ou école affiliée fait l'objet à son tour d'une consultation. Hormis la question du baccalauréat de base dans le projet d'hôpital universitaire et d'école de nursing, sœur Denise Lefebvre s'interroge sur le statut que devrait avoir cette école. Elle requiert l'avis de plusieurs directrices de cours universitaires de la communauté anglo-protestante : Edith J. Green (acting director, McGill University School of Graduate Nurses), ND Folder (doyen, University of Toronto School of Nursing), Evelyn Mallory (prof. et directrice, School of Nursing, University of British Columbia), Edith McDowell (doyenne, School of Nursing, University of Western Ontario), Jenny M. Weir (doyenne, School of Nursing, Queen's University, Electa MacLennan (directrice, School of Nursing, Dalhousie University).Toutes les directrices se prononcent en faveur d'une faculté indépendante ; s'il doit y avoir une affiliation, la faculté devrait le faire auprès de la Faculté des arts et sciences[82]. Sœur Lefebvre adoptera donc la position des directrices des écoles canadiennes et américaines, et fait part au cardinal Léger de la volonté des Sœurs Grises d'obtenir un statut autonome pour la future faculté[83].

La fin du projet de l'hôpital universitaire pour les Sœurs Grises

En 1955, les Sœurs Grises adressent une requête officielle à l'Université de Montréal pour que l'IMY devienne l'école supérieure d'infirmières de l'Université de Montréal, sous leur direction[84] ; elles ne pressentent pas de développement rapide :

> Depuis notre dernière réunion, nous avons obtenu quelques contacts discrets avec des membres du Comité spécial et avec d'autres personnes

---

82. AUM, fonds D35 C6, 1, retour de l'envoi de sœur Denise Lefebvre (directrice de l'Institut Marguerite d'Youville), daté du 25 février 1953 : E. Green de McGill, 4 mars 1953 ; N. D. Folder de Toronto, 5 mars 1953 ; E. Mallory de la Colombie-Britannique, 10 mars 1953 ; E. McDowell de Western Ontario, 16 mars 1953 ; J. Weir de Kingston, 16 mars 1953.

83. ASGM, fonds L102 1C5, 106, lettre de sœur Denise Lefebvre (directrice de l'Institut Marguerite d'Youville) au cardinal Paul-Émile Léger, 22 juin 1953.

84. ASGM, fonds L102/1B1, comité d'administration de l'Institut Marguerite d'Youville, « Requête de l'Institut Marguerite d'Youville à l'Université de Montréal », 15 novembre 1955.

au courant des rouages universitaires, qui préfèrent garder l'anonymat, au moins pour le moment. Le Dr Lasalle nous a assuré que le comité ne se réunirait pas avant la nouvelle année à cause des retards occasionnés par certaines décisions concernant l'hôpital universitaire. Nous avons l'impression que les choses resteront dans le statut quo pour quelque temps encore, peut-être pour quelques années[85]!

Le projet d'hôpital universitaire est mis en veilleuse à la suite d'une décision du premier ministre Duplessis qui met fin à son financement à l'automne 1957[86]. Deux ans plus tard, après le décès de Duplessis, le projet refait surface sous Sauvé[87]. Il est placé entre les mains du Dr Camille Laurin et s'intitule projet de «centre médical». La direction de la Faculté de nursing n'y est plus attribuée à l'IMY, même si on y retrouve l'essentiel du programme d'enseignement.

La force des Sœurs Grises réside dans le développement des programmes en nursing. Sensibles aux évolutions des spécialités cliniques dans le système de santé occidental[88], les Sœurs Grises constituent un solide noyau de formation supérieure. Depuis 1958, un programme de nursing spécialisé en pédiatrie et en obstétrique (avec l'aide de la division de l'hygiène maternelle et infantile du ministère de la Santé) mène les étudiantes au certificat. Très rapidement, ce programme s'élargit pour aboutir en 1961 au certificat en nursing, comprenant les spécialités suivantes: soins à la mère et l'enfant, nursing psychiatrique, nursing avancé (médical et chirurgical). De plus, les études d'un an en administration et en enseignement du nursing, qui menaient auparavant au diplôme en sciences hospitalières sont intégrées au programme de certificat. L'institut décerne désormais trois certificats: «Enseignement aux infirmières», «Administration du nursing» et «Nursing spécialisé». La différence majeure entre les programmes misant sur l'enseignement et l'administration, par rapport à ceux qui donnent la priorité aux spécialités cliniques, réside dans la répartition des crédits concernant les sciences humaines, le nursing et la pratique

85. ASGM, fonds L102 1C6, lettre de sœur Denise Lefebvre à M. J.-P. Laurence, 8 décembre 1955.

86. Denis GOULET, *op. cit.*, 1993, p. 273.

87. *Ibid.*, p. 274.

88. Grace L. DELOUGHERY. *Issues and Trends in Nursing*, Saint Louis, Mosby, 1991, p. 20.

Le bâtiment de la rue Saint-Mathieu, 1934-1963.

dirigée. De fait, le programme de certificat en nursing spécialisé accorde 10 crédits sur 35 à la pratique dirigée dans la spécialité choisie, absente dans les deux autres concentrations. Les Sœurs Grises comprennent aussi la nécessité d'offrir aux professeurs et aux étudiantes de l'IMY un espace plus vaste et plus intégré au milieu universitaire. Elles s'installent dans de nouveaux locaux, construits tout près de l'Université de Montréal, au 2375, chemin de la Côte-Sainte-Catherine, en 1963[89].

Elles offrent, à partir de 1962, une formation universitaire en nursing qui conduit au baccalauréat de base, passant outre à l'opposition du Dr Camille Laurin et de Gabrielle Charbonneau[90]. L'idée du programme de baccalauréat de base, émise en 1952 par sœur Denise Lefebvre, était d'offrir une formation générale forte aux étudiantes, pour qu'elles puissent répondre à toute demande en nursing[91]. La

89. ASGM, IMY, Julienne MASSÉ, *Cadre spécifique de classement suivi d'un répertoire numérique détaillé*, historique, développement de l'IMY, 1986, p. 9.
90. AUM, fonds D35 C6, 16, 13, lettre du Dr Camille Laurin à Mgr Irénée Lussier (recteur de l'Université de Montréal), 28 mars 1961.
91. ASGM, fonds L102 1C5, 89, IMY, *Mémoire concernant le cours de 4 ans présenté au Dr Lasalle*, début décembre 1952.

L'équipe de l'Institut Marguerite d'Youville en 1963, peu avant que l'Institut aille s'établir chemin de la Côte-Sainte-Catherine (sœurs Keegan, Lacroix, Forest, Lefebvre, Rheault et Breux), devant la maquette du bâtiment (ASGM).

structure du cours est novatrice. Au contraire des étudiantes du cours traditionnel qui sont immergées dès la première année dans les départements de l'hôpital (elles ne sont que quatre mois dans les salles de classe), les étudiantes du nouveau programme universitaire devront passer la première et la deuxième année dans les salles de cours, et non dans les hôpitaux. La répartition des crédits théorie/pratique représente une nouveauté, avec une formation théorique plus poussée par rapport au traditionnel cours de base de trois ans dans les écoles d'infirmières[92]. Les étudiantes de troisième année alterneront entre la salle de classe et le milieu clinique, et enfin celles de quatrième année passeront la totalité du temps en stage en milieu pratique.

92. *Ibid.*

Elles obtiennent l'appui de l'AIPQ à leur nouveau programme de base, comme en témoignent les propos de la secrétaire-registraire de l'AIPQ adressés à sœur Denise Lefebvre :

> Les membres du comité des Écoles d'Infirmières ont apprécié l'exposé du programme d'études du cours de base de 4 ans conduisant au baccalauréat en sciences infirmières que vous leur avez présenté et que vous inaugurerez en septembre 1962. Comme vous le savez, les membres espèrent beaucoup de la mise à exécution de ce nouveau programme dont témoigne d'ailleurs l'approbation unanime de votre projet[93].

Avec ce programme de base, l'intérêt de l'association professionnelle le confirme, les Sœurs Grises veulent se mettre au diapason du mouvement pancanadien en faveur d'une qualification supérieure des infirmières. On verra que les savoirs qui y sont enseignés traduisent également leur volonté d'être à la fine pointe des courants de pensée en nursing et des besoins du système de santé.

Un curriculum diversifié reposant sur des savoirs propres

Le cours de base menant au baccalauréat, d'une durée de quatre ans, est divisé en deux blocs de matières, des « cours académiques » et des « cours professionnels » en nursing[94]. Ce dernier bloc, qui représente près de 60 % de l'enseignement, comprend des cours théoriques et des cours pratiques nommés « enseignements cliniques et expériences surveillées[95] ». Les cours académiques regroupent des enseignements en sciences (44 crédits répartis également entre sciences humaines et sociales et sciences physiques et biologiques) et en culture générale (26 crédits en français, philosophie et sciences religieuses). Les matières regroupées sous les thèmes « sciences » et « culture générale » sont souvent inscrites aux deux premières années du programme, tandis que les matières professionnelles (« nursing », « éducation » et « admi-

93. ASGM, fonds L102 1C10, 69, lettre de Helena F. Reimer (secrétaire registraire de l'Association des infirmières de la province de Québec) à sœur Denise Lefebvre, 5 mars 1962.

94. AUM, D35/c6, 16/3, règlements pédagogiques et disciplinaires, programme de baccalauréat ès sciences infirmières décerné par l'IMY, 5 octobre 1961.

95. En 1962, le programme comprend 160 crédits, 70 sont destinés à la matière dite académique et 90 à la matière dite professionnelle.

nistration ») sont enseignées le plus souvent en fin de parcours[96]. Ces matières professionnelles, étant selon leurs conceptrices des savoirs propres au nursing, nous ont semblé intéressantes à étudier précisément.

Les titres et descriptifs des cours enseignés durant les années 1960 traduisent une vision humaniste des malades. Le cours d'introduction permet d'effectuer les distinctions entre les différents concepts de soins et de comprendre dans une perspective historique les notions de santé et maladie des individus[97]. Le concept de santé, opposé à la notion de maladie, suppose le recours à la prévention de la maladie, la conservation de la santé et la réhabilitation du malade vers la santé. Pour faciliter la compréhension de ces notions par les étudiantes, on les invite à des visites d'observation dans les milieux cliniques. Dans les autres cours généraux de nursing[98], qui réitèrent l'importance du concept de santé comme fondement des soins infirmiers, on développe les notions du contact humain infirmière/malade. Les principes de communication humaine sont abordés, basés sur l'identification des besoins individuels de chacun des malades.

Les spécialités occupent une place importante au sein du programme de baccalauréat et reflètent les spécialités médicales ainsi que l'organisation des unités de soins en milieu hospitalier. Ainsi, dans chacun des domaines de spécialisation[99], des notions d'anatomie, de physiologie et de pathologie sont enseignées, avec les principes généraux de la pratique du nursing, principalement l'observation des réactions du malade quant à la thérapeutique employée, les soins de base et les procédures et techniques spécifiques[100]. Ainsi, en nursing

---

96. ASGM, fonds L102 1C12,16, IMY, sœur Marie Bonin, Nouveaux programmes, nouveaux besoins, 1966.

97. La description du cours d'orientation au nursing de 6 crédits présente les principaux concepts à la base du programme. Il est question de l'évolution historique et du concept moderne du nursing de même que des concepts de santé (signification), de prévention, de soins et de réhabilitation. Des travaux personnels sont intégrés à ce cours.

98. Il faut y ajouter les principes de communication humaine, l'identification des besoins individuels des malades, la planification, la modification et l'évaluation des plans de soins ; on insiste aussi sur le concept de santé.

99. Médico-chirurgical (16 cr.), obstétrical (7 cr.), pédiatrique (8 cr.), psychiatrique (10 cr.) et hygiène publique (10 cr.).

100. Chacun des cours comporte une intégration des connaissances théoriques par l'observation et la pratique des soins auprès de clientèles appartiennent à

médico-chirurgical, l'accent est mis sur l'évolution de la maladie et sur son traitement (incluant médicaments et diètes). En nursing obstétrique, pédiatrique et psychiatrique, la croissance et le développement de la personne sont examinés avant les pathologies.

L'effort de systématisation de la pratique infirmière se poursuit : en plus d'une pensée clinique articulée autour de l'identification des besoins individuels des malades, la planification des interventions consignées dans un plan de soins, l'évaluation des interventions et la modification conséquente du plan de soins deviennent des notions importantes dans l'enseignement du nursing. Reprenant à leur compte les concepts centraux de santé, de prévention de la maladie, de soins réfléchis et justifiés, de réadaptation et de communication, les Sœurs Grises inscrivent leur enseignement dans les principaux courants nord-américains en nursing.

De 1952 à 1962, elles déploient un programme d'enseignement de base complet, dont le concept de santé est le fondement, et qui vise à doter le nursing d'un ensemble de savoirs propres. Cette tendance est, à la même période, visible également à l'Université McGill, où sous la direction de Rae Chittick le programme de baccalauréat de base créé en 1957 offre l'enseignement d'un savoir propre autour de la notion de « santé » laissant de côté celui de maladie qui guidait auparavant la conception médicale et infirmière[101].

Tant du côté des savoirs enseignés que de celui de l'autonomie à accorder à une école de nursing, les Sœurs Grises montrent comment elles intègrent les changements. L'Institut est en pleine croissance. Depuis 1947, les inscriptions aux programmes de l'IMY ont doublé, et puis triplé. Depuis la fondation de l'IMY en 1934, 220 baccalauréats ont été décernés à 157 religieuses et à 63 laïques, et 255 certificats à 118 religieuses et à 137 laïques. Trente-neuf étudiants étrangers, venus suivre un cours à l'IMY dans le cadre d'une collaboration avec les pays du tiers monde (notamment avec le Viêt-nam, le Cambodge, le Laos), ont reçu une attestation d'étude. Si on soustrait les 68 baccalauréats et les 23 certificats octroyés avant 1947 des chiffres de 1960, le résultat est de 152 baccalauréats octroyés de 1947 à 1960 et 232 certificats. Les religieuses ont les premières bénéficié de ces

divers champs cliniques. La famille, les mesures d'hygiène préventive et la collaboration interdisciplinaire sont intégrés à certains descriptifs.

101. KIRKWOOD, *op. cit.*

diplômes. Ce sont elles qui constituent le plus gros contingent d'élèves au baccalauréat de deux ans jusqu'aux années 1959 à 1961[102]. Les infirmières laïques s'inscrivent plutôt au certificat. Le cadre de la vie religieuse en communauté favorise-t-il la poursuite du programme plus long de baccalauréat ? Il apparaît en tout cas que ce sont les religieuses qui briguent les postes de direction au niveau de la gestion et de l'enseignement. De fait, sur les 238 diplômées de l'IMY, 95 auront des postes d'hospitalières, 38 d'institutrices, 31 de directrices d'école et 17 de directrices et de directrices adjointes du nursing. Les 57 autres opteront pour le soin direct au malade, la continuation des études, un poste en communauté ou le mariage[103]. L'institut a donc d'abord servi de lieu de formation des religieuses qui œuvraient déjà dans le système de santé et de tremplin pour une nouvelle génération d'entre elles qui désiraient y entrer. Il a permis également d'être le lieu central, sinon unique, d'une formation universitaire pour les infirmières. De ce fait, l'IMY s'est trouvé au centre des débats sur la nature de la formation à donner à cette clientèle, ce dont témoigne l'avènement d'un baccalauréat de base. Les innovations des concepts, des savoirs et des spécialités sur le nursing ont été le fait des Sœurs Grises à l'IMY. Elles n'ont pas hésité à ouvrir les programmes en administration et en enseignement aux praticiennes afin de mieux les former. Avec l'IMY, les infirmières ont désormais accès à une formation universitaire. Cette formation survivra-t-elle aux transformations majeures du système d'éducation des années 1970 ? Nous verrons au chapitre suivant, comment le nursing en tant que discipline universitaire restera marqué par leur influence, malgré leur retrait de la direction de la nouvelle faculté.

102. ASGM, fonds L102/E2, 14, IMY, rapports annuels, statistiques, 1959 à 1961.
103. ASGM, fonds L102/1B1, comité d'administration de l'Institut Marguerite d'Youville, « Requête de l'Institut Marguerite d'Youville à l'Université de Montréal », 15 novembre 1955.

*Infirmières hygiénistes de l'Université de Montréal invitées
à une tombola à l'IMY, rue Saint-Mathieu (ASGM).*

3 La Faculté de nursing : une formation universitaire pour les infirmières francophones du Québec (1962-1967)

Durant les années 1960, la formation supérieure devient un enjeu considérable de l'affirmation nationale du Québec. La révolution tranquille met à l'ordre du jour la transformation radicale des systèmes d'éducation et de santé. De nombreux rapports critiquent ouvertement l'ensemble du système scolaire et sanitaire. Ainsi la Commission royale d'enquête sur la culture en 1953 et la Commission royale d'enquête sur les problèmes constitutionnels (Commission Tremblay) s'interrogent sur l'équité sociale des principales institutions scolaires[1] et soulignent la nécessité d'une transformation de la structure scolaire au Québec afin notamment de combler

---

1. Andrée DUFOUR, *Histoire de l'éducation au Québec*, Montréal, Boréal Express, 1997, p. 85-103.

les besoins de la société québécoise en formation professionnelle et technique[2]. Avec la Commission Royale d'enquête sur l'enseignement (Commission Parent), le mouvement de laïcisation des institutions d'enseignement prend de l'ampleur. L'Association des professeurs de l'Université de Montréal propose un système d'enseignement unifié, cohérent et laïque[3]. Plusieurs d'entre eux, dont Camille Laurin, Maurice Panisset, Armand Frappier, Gabrielle Charbonneau et Gérald Lasalle[4] vont jusqu'à signer un manifeste en opposition au projet de création d'une université jésuite à Montréal[5]. Les autorités religieuses qui administrent les institutions scolaires en sortent complètement discréditées. Les écoles d'hôpitaux, déjà abondamment critiquées dans le rapport Weir en 1932, qui recommandait alors un enseignement universitaire pour les infirmières, sont désormais jugées complètement anachroniques :

> Il est probable que la solution la plus satisfaisante aux problèmes de formation en nursing, comme pour la formation légale, médicale ou autre, ne puisse être offerte que par l'université, laquelle possède les meilleures conditions au plan financement, personnel, équipement, pour exercer un sain leadership et servir de réservoir d'idées en matière d'éducation. Le milieu universitaire et le statut qui y est rattaché, en plus de disposer de facilités pour la recherche et l'investigation, donneront probablement à l'étude des problèmes de nursing une vraie dignité et attireront un meilleur type de clientèle étudiante [...]. La formation en nursing [...] ne peut demeurer de façon permanente en dehors du courant vivifiant et inspirant que l'université est le plus en mesure de produire[6].

2. Arthur TREMBLAY, *Le ministère de l'Éducation et le Conseil supérieur. Antécédents et création 1867-1964*, Québec, Presses de l'Université Laval, 1989, p. 53.
3. Association des professeurs de l'Université de Montréal avec le concours des professeurs Michel Brunet, Pierre Dansereau, Abel Gauthier, Jacques Henripin, Maurice Labbé, André Morel et André Raynauld, *L'Université dit non aux jésuites*, Montréal, Éditions de l'Homme, 1961.
4. *Ibid.*, p. 114-115.
5. Claude CORBO, *Repenser l'école. Une anthologie des débats sur l'éducation au Québec de 1945 au rapport Parent*, Montréal, Presses de l'Université de Montréal, 2000, p. 555.
6. Georges M. WEIR (1932), *Survey of Education in Canada*, Toronto, University of Toronto Press, p. 393, cité dans OIIQ (1989), *Projet 2000*, Montréal, OIIQ p. 19.

On retiendra une solution mitoyenne en divisant la formation en deux niveaux, collégial et universitaire. Le Rapport Parent propose, avec l'assentiment des principaux intervenants en éducation et en nursing, notamment celui de l'Association des infirmières de la province de Québec (AIPQ) chargée par la loi de délivrer les permis de pratique, de déplacer le programme de premier niveau de la formation infirmière des hôpitaux aux cégeps (système d'éducation public et création particulière au Québec) (de 1967 à 1972). L'admission au programme de cégep se fait après une 11ᵉ année sans chimie et sans mathématiques, pour un cours technique de 3 ans. Le programme universitaire est offert aux étudiantes ayant terminé 2 ans de cégep en sciences de la santé, pour un programme de baccalauréat de 3 ans, comme dans les autres disciplines de la santé. Ni le ministère de l'Éducation ni les universités n'avaient considéré un arrimage possible entre ces deux formations, qui débouchaient sur des diplômes différents, de techniciennes dans un cas, de professionnelles dans l'autre. En fait, il s'agissait alors de rectifier ce qui était considéré comme une anomalie et de remplacer les écoles d'hôpitaux par une formation courte au cégep, l'université étant réservée à une formation supérieure spécialisée.

L'impact de cette réforme est considérable, en ce qu'elle transforme l'ensemble de la formation des infirmières. Outre que les religieuses n'ont plus qualité pour diriger les écoles d'hôpitaux et exercer dans les autres secteurs d'enseignement, la question de la refonte des programmes reste entière. C'est désormais le ministère de l'Éducation et les différents paliers académiques qui devront statuer sur leur contenu[7]. Ce qui est particulier ici, c'est que ce fort mouvement de déconfessionnalisation accélère, par rapport aux autres provinces canadiennes, le processus qui conduit la formation infirmière du secteur privé hospitalier au secteur public. Les écoles d'hôpitaux, bien qu'elles ne soient pas propriétés de congrégations religieuses, sont décriées partout au Canada pour leurs méthodes d'apprentissage anti-pédagogiques et pour l'utilisation des étudiantes infirmières comme main-d'œuvre. Le Québec sera la première province à sortir massivement et à un rythme rapide toutes ces écoles des hôpitaux[8].

---

7. Mathurin Creutzer, « Les conditions socio-historiques de la création des facultés de sciences de l'éducation au Québec », thèse de doctorat (sociologie), Université de Montréal, 1992, p. 350.
8. L'Association des infirmières du Canada vérifie la qualité de l'instruction des infirmières dans les écoles de nursing en 1960 dans une enquête effectuée par

La formation des infirmières devient alors l'objet d'intenses conflits entre les autorités collégiales (car les professeurs qui proviennent des anciennes écoles d'hôpitaux attirent le plus grand nombre d'étudiantes) et les instances universitaires (où s'affirme un nouveau groupe d'infirmières, formées elles-mêmes à l'université, souvent aux États-Unis, et qui revendiquent une formation universitaire et un statut équivalents à ceux des autres professionnels). L'enjeu pour l'université sera d'offrir une formation de base susceptible d'attirer des étudiantes. Rompant avec la pratique des trente dernières années (de 1930 à 1960) durant lesquelles les programmes universitaires offerts par les Sœurs Grises, l'École d'hygiène et la McGill School for Graduate Nurses étaient considérés comme des spécialisations pour le perfectionnement des infirmières voulant obtenir des diplômes de gestionnaires, d'enseignantes ou d'hygiénistes, les universités s'engagent dans une formation générale dite de base pour une catégorie de praticiennes de niveau universitaire. Ce sera l'objet du baccalauréat de base offert à l'Université McGill à partir de 1957 et à l'Institut Marguerite d'Youville en 1962, tandis que l'on développe des programmes de deuxième cycle pour l'administration, l'enseignement et la recherche. L'École des sciences infirmières à l'Université Laval n'est créée qu'en 1967 et ne délivre pas encore de baccalauréat de base. C'est dire si, dans le milieu francophone, la bataille qui s'engage autour de la nouvelle Faculté de nursing sera déterminante pour l'avenir de la formation infirmière dans son ensemble. On verra dans ce chapitre les différents moments de la création de la Faculté de nursing à l'Université de Montréal dans un

Helen K. Mussalem. Résultats : 16 % des écoles satisfont aux critères de qualité. On ne conclut pas à la nécessité d'implanter un système d'accréditation, mais on propose d'établir un programme amélioré. En 1966, la Commission Hall recommande de mettre sur pied un cours de 2 ans menant au diplôme d'infirmière dans le réseau général d'éducation *post high school*. La formation en nursing doit être indépendante du système hospitalier. Le mouvement en faveur de l'implantation du cours de 2 ans diffère selon les provinces. La scolarité s'étend sur 13 ans en Ontario (1960-1973), sur 8 ans en Saskatchewan (1967-1975), sur 7 ans en Colombie-Britannique (1967 à 1974 — en 1974, 4 cours en écoles d'hôpitaux sont encore en fonction), sur 7 ans également en Alberta (1967-1974 — en 1974, 6 cours en écoles d'hôpitaux sont encore en fonction), sur 6 ans au Manitoba (1968-1974 — encore en 1974, le transfert n'a pas encore été complété) et sur 5 ans au Québec (1967-1972). Janet Ross KERR et Jannetta MACPHAIL, *Canadian Nursing. Issues and Perspectives*, Saint Louis, Missouri, Mosby, 1996, p. 299.

contexte où l'on peut accéder à une formation universitaire en nursing en sortant d'une formation générale au cégep (ou en sciences de la santé, mais pas nécessairement en nursing).

La création de la Faculté de nursing (1962-1967)

Bien amorcé par les Sœurs Grises, le processus de fondation d'une Faculté de nursing est enclenché en 1962. Il s'inscrit dans la réorganisation institutionnelle de l'Université de Montréal[9], qui voit naître plusieurs nouvelles facultés, dont quelques-unes, comme celle en sciences de l'éducation, visent la formation professionnelle. Elle fait face à de nouvelles exigences, tant au plan de l'organisation de ses programmes, de ses axes de recherche, de sa direction académique etc., qu'au plan de ses orientations, dont plusieurs sont contenues dans les nombreux rapports sur l'éducation.

Un rapport du Dr Camille Laurin et de Gabrielle Charbonneau critique ouvertement la qualité de l'enseignement des Sœurs Grises, qui comprend selon eux trop de cours de religion[10]. Certes, ces critiques (redondance des programmes, peu d'analyse scientifique, pédagogie assommante)[11] apparaissent dans les années 1960 comme autant de manières de procéder à la laïcisation de l'enseignement infirmier. La présence des Sœurs Grises à la tête de l'Institut apparaît désormais anachronique. Dans un tel contexte, les difficultés éprouvées par l'Institut à se tailler une place autonome au sein de l'université ne font que commencer. Pourtant, l'avis en faveur d'un institut autonome de la part des directrices des écoles canadiennes et américaines transmis à sœur Lefebvre lors de ses démarches au cours des années 1950, a créé un précédent qui force les autorités de l'Université de Montréal à revoir l'ensemble de leur stratégie dans le contexte d'anticléricalisme qui balaye alors le Québec. Comment créer une

9. Il « résulte [...] d'une restructuration institutionnelle en réponse aux transformations socioculturelles qui ont amené de nouveaux modes de socialisation », Mathurin CREUTZER, « Les conditions socio-historiques de la création des facultés de sciences de l'éducation au Québec », thèse de doctorat (sociologie), Université de Montréal, 1992, p. 5.

10. AUM D35 C616/5, rapport du comité pour l'étude du projet d'affiliation de l'IMY, 13 octobre 1961.

11. ASGM, Madeleine BOHEMIE, « Document sur l'enseignement à Marguerite d'Youville », présenté par Louis FOURNIER dans *Le Quartier Latin*, 15 février 1966.

faculté autonome, alors que l'IMY et les Sœurs Grises occupent une place prépondérante dans le domaine des soins infirmiers et de la formation supérieure en soins infirmiers? Comment régler la question du baccalauréat de base dispensé par l'IMY? Que faire de la formation des infirmières dispensée ailleurs dans l'université (à l'École d'hygiène et dans le tout nouveau Service de l'éducation permanente), alors qu'elle ne donne pas accès à ce diplôme? Les réponses apportées à ces questions seront déterminantes: elles vont structurer les cadres dans lesquels les savoirs seront dispensés, et définir les types de formation.

La question d'une faculté de nursing resurgit en 1960 avec l'idée d'un centre médical comme lieu de formation des médecins et des infirmières. L'épisode de la création d'un centre universitaire, dont nous avons vu au chapitre précédent les prémices, réapparaît quelques années plus tard sous la forme d'un projet de centre médical dont le Dr Camille Laurin prendrait la direction. Il siège à ce titre au comité d'étude du projet d'affiliation de l'IMY, avec Gabrielle Charbonneau. Ce comité suggère la fondation immédiate d'une faculté de nursing autonome, en vue du futur centre médical[12], ignorant le rôle de la Faculté de médecine dans ce processus, ainsi que celui de l'IMY et des Sœurs Grises. Selon le comité, la participation de ces dernières au centre médical se limiterait à l'enseignement qu'elles offrent déjà aux infirmières diplômées et à l'utilisation du personnel de l'IMY. Pour lui, l'enseignement à l'IMY devrait être contrôlé et coordonné par la nouvelle Faculté de nursing[13]. Cette proposition qui vise à terme au démantèlement de l'IMY sème la consternation en son sein, mais obtient l'appui de la Faculté de médecine.

Vivement souhaitée par le conseil de la Faculté de médecine, qui en approuve à l'unanimité le projet, la création d'une faculté de nursing est entérinée par la Commission des études et le Conseil des gouver-

12. ASGM, fonds L102 1C7, 12. Voir le résumé de la première réunion d'un sous-comité spécial de nursing sous la présidence du Dr Camille Laurin, de même que les suggestions du Dr Laurin après la réunion dans une entrevue avec sœur Denise Lefebvre, 4 janvier 1961.
13. *Ibid.*
14. AUM, fonds D35 C6, 1, lettre de Joseph-Luc Riopelle (secrétaire de la Faculté de médecine) à Mgr Irénée Lussier (recteur de l'Université de Montréal), 10 novembre 1961; lettre de Mgr Irénée Lussier au Dr Wilbrod Bonin (doyen de la Faculté de médecine), 21 décembre 1961.

neurs[14]. Le doyen de la Faculté de médecine, le Dr Wilbrod Bonin, recommande aussitôt Alice Girard comme candidate au poste de doyenne. Celle-ci sera également nommée membre du comité de construction du centre médical[15]. En 1962, la Faculté de nursing est donc formellement créée et la délégation de pouvoirs effectuée. Il revient à la Faculté de nursing d'approuver les programmes des écoles d'infirmières et d'accepter les candidates qui satisfont aux exigences académiques, de délivrer les diplômes ; aux conseils des facultés de médecine et de nursing, le soin de nommer des représentants au bureau conjoint ; et à l'immatriculation, toute question qui implique un jugement d'équivalence[16].

À cette étape, tout porte à croire que dans ce projet de centre médical, l'autonomie attribuée à la Faculté de nursing est la même que celle donnée à la Faculté de médecine, même si son pouvoir au sein de l'Université ne ressemble en rien à celui de la Faculté de médecine. Quelques mois après sa création, la légitimité de la Faculté de nursing est mise en doute. Des professeurs signataires d'une déclaration de protestation considèrent qu'il est « contraire aux objectifs mêmes de l'enseignement supérieur d'élever à la dignité de faculté des écoles qui, s'il est parfois nécessaire de les établir sur un campus universitaire, doivent demeurer sous la dépendance des Facultés directement intéressées à leur maintien[17] ». Le mot *faculté* suppose une autonomie que certains professeurs ne considèrent pas souhaitable dans ce cas et un savoir digne, ce à quoi le nursing ne répond pas. L'enseignement du nursing devrait, selon eux, se trouver sous la dépendance de la Faculté

15. AUM, fonds D35 C6, 1, lettre de Wilbrod Bonin à Mgr Irénée Lussier, 15 janvier 1962.
16. AUM, fonds D35 C6, 1, lettre d'Alice Girard (doyenne de la Faculté de nursing de l'Université de Montréal) à de Montigny Marchand (adjoint au secrétaire général de l'Université de Montréal), 4 décembre 1964.
17. Marcel Rinfret (secrétaire de la Faculté des sciences), Édouard Pagé (président de l'Association des professeurs).
18. AUM, fonds D35 C6, 1, lettre de Jean Beetz, Maurice Bouchard, Michel Brunet, Pierre Couillard (professeurs) à M. Étienne Crevier (gouverneur), 22 mars 1962 ; délibération n° 1658 à la Commission des études concernant la Faculté de nursing, 5 avril 1962 ; lettre de Marcel Rinfret à Mgr Irénée Lussier, 2 avril 1962.

de médecine[18]. Mais les dés sont jetés; le rectorat ne cédera pas aux objections et conservera le terme faculté et l'autonomie qui lui est rattachée, suivant la proposition du mémoire mentionné plus tôt[19].

Forts de leur volonté de modernisation, les membres du Conseil considèrent la création d'une Faculté de nursing comme devant se faire de concert avec les médecins dans l'optique de la création d'un nouveau centre hospitalier. Selon Alice Girard, première doyenne de la Faculté de nursing, le facteur important a été l'autorité du doyen de la Faculté de médecine à l'époque, le Dr Wilbrod Bonin, partisan du projet:

> L'impulsion vient du Dr Bonin. Il était doyen de la Faculté de médecine. Je n'étais pas encore à l'Université. Je n'avais rien à faire avec tout ça. J'étais à Saint-Luc. Le Dr Bonin a fait passer l'idée au Conseil de l'Université. Il a envoyé des lettres à plusieurs directrices (à Montréal du moins). J'étais à Saint-Luc... Et il m'a approchée... Je l'ai vu deux fois, parce qu'il est décédé durant l'été suivant. C'est lui qui avait décidé qu'il y aurait une Faculté des sciences infirmières... [Le projet de faculté] a passé pendant que le Dr Bonin vivait, à une assemblée du Conseil. [...] Dr Bonin l'avait fait accepter. (Peut-être n'ont-ils pas entendu le mot faculté?) [...] C'est après que là, ils [les doyens et les médecins] se sont ouvert les yeux. Ils avaient tous voté pour ça, mais ils n'en avaient pas pris conscience. Le Dr Bonin était mort, fallait que là, je leur fasse prendre conscience. Ils votaient des choses sans trop aller au fond. Si le Dr Bonin avait vécu, il aurait été là. À la première assemblée des doyens, je n'avais personne pour m'appuyer. [...] J'ai été nommée au printemps et il est mort pendant l'été. Je n'ai pas eu la chance qu'il m'aide, pas du tout[20]! »

Mais le projet de centre médical est remis en question. Le gouvernement Lesage, qui doit financer le projet, exige l'augmentation des effectifs étudiants, car le système de santé a besoin de plus de médecins. Les membres de la Faculté de médecine, malgré la crainte de leur doyen, s'y montrent défavorables et perdent l'appui du gouvernement. Ce dernier suggère une solution moins coûteuse en reconnais-

19. AUM, fonds D35 C6, 1, lettre de Mgr Irénée Lussier à Édouard Pagé, 18 mai 1962.
20. Entrevue de Julienne Provost avec Alice Girard, septembre 1991.
21. Denis GOULET, *op.cit.*, 1993, p. 276-277.

sant l'Hôpital Sainte-Justine comme hôpital universitaire[21], solution que les autorités universitaires adopteront unilatéralement. L'échec du projet de centre médical en 1965 ne peut toutefois pas empêcher la création de la Faculté de nursing.

Alice Girard, doyenne de 1962 à 1973

Dans les annales de la profession infirmière du Québec, la carrière d'Alice Girard se distingue à plusieurs égards. Célibataire, elle a consacré sa vie aux études et à sa carrière. Son cheminement professionnel n'a pas été laissé au hasard. Des diplômes d'institutions reconnues, attestant d'une polyvalence incontestable, la maîtrise parfaite des deux langues officielles, l'aisance à frayer dans les lieux de pouvoir ainsi que du flair pour saisir les occasions furent des atouts indispensables à son ascension.

Née en 1907, Alice Girard est la septième et dernière enfant d'une famille canadienne-française installée à Waterbury, au Connecticut. La famille est modeste, le père vend de la machinerie aratoire. En tant que « petite dernière », Alice a une vie quelque peu différente de ses frères et sœurs aînés qui, tous, se marièrent aux États-Unis. Elle est la seule à suivre ses parents lorsque ceux-ci reviennent au Québec.

Dès l'âge de onze ans, Alice prend la ferme résolution de ne jamais se marier. Son choix est clair : le travail de ménagère ne l'intéresse pas ! En 1925, à l'âge de dix-huit ans, elle obtient un diplôme de l'École normale. Elle songe à entrer chez les sœurs cloîtrées, renonce à cette idée et entreprend une carrière d'institutrice. Elle choisit d'abord d'enseigner dans un couvent de Dominicaines situé dans l'État du Maine (États-Unis) parce qu'elle désire s'éloigner de la maison familiale.

À la même époque, une de ses bonnes amies entreprend des études d'infirmière. Elle en parle avec Alice et son récit l'impressionne fortement. Les « grands mots », les « connaissances », la liberté associée à ce métier l'intéressent vivement. La voilà décidée à suivre un cours d'infirmière, mais uniquement pour le « savoir ». Elle n'a pas l'intention de pratiquer : « Je voulais faire mon cours d'infirmière pour voir ce qu'il y avait dans tout ça. Tout ce qu'elle [son amie] racontait, ça avait l'air tellement osé… » Fondamentalement, Alice ne souhaite pas véritablement quitter l'enseignement qu'elle aime beaucoup. Un inspecteur scolaire lui a d'ailleurs dit de ne jamais quitter l'enseignement, que c'était « son fort ».

À la fin de sa deuxième année de contrat avec les Dominicaines, elle commence son cours : « On pouvait être institutrice et être infirmière. Évidemment infirmière, on vivait comme des religieuses dans le temps, alors nos parents n'avaient pas besoin de s'inquiéter. » Elle suit son cours d'infirmière à Sherbrooke. L'école d'infirmières de l'Hôpital Saint-Vincent-de-Paul avait été choisie dans le but de rassurer ses parents. En raison de l'état de santé fragile de leur fille, les parents d'Alice sont en effet apaisés de la savoir en lieu sûr, dans l'hôpital où pratique leur très bon ami, le Dr Ledoux. Ironie du sort, celui-ci meurt trois mois après l'arrivée d'Alice.

À sa dernière année de formation et parce qu'elle est une des meilleures élèves, Alice Girard assure l'intérim de la directrice de l'école de l'Hôpital Saint-Vincent-de-Paul, qui est malade. Ainsi, durant les six derniers mois de sa formation, elle tâche de concilier ses études d'infirmière avec sa grande passion, l'enseignement.

Une fois diplômée en 1931, Alice Girard trouve son premier emploi en service privé, même si elle s'était pourtant juré de ne jamais en faire. Elle passe environ six semaines dans une famille de sa connaissance, à Coaticook, jusqu'à ce que la patiente, cancéreuse, décède. Le médecin dont elle a fait la connaissance au cours de ces semaines lui offre du travail. La directrice qu'elle remplaçait étant de retour, elle doit, à son grand regret, quitter son poste d'enseignante. « Il n'y avait pas de postes pour laïques dans l'enseignement. C'était des religieuses et des médecins qui faisaient l'enseignement. »

Elle accepte l'offre du médecin et sera la seule infirmière d'un bureau qui comprend un laboratoire et un département de rayons X. Elle y demeurera sept ans.

Elle se rend par la suite à Montréal avec l'intention de voir ce qu'il y a de disponible du côté de l'enseignement. En attendant, elle obtient un stage d'un an auprès du service de santé de la Compagnie d'assurance-vie La Métropolitaine. Elle est convaincue qu'une expérience dans ce domaine enrichira grandement son enseignement en le rendant plus complet. De fait, en pleine crise économique, Alice Girard découvre l'hygiène publique en faisant des visites à domicile dans les quartiers pauvres.

Elle décide alors de suivre un cours d'hygiéniste à l'Université de Toronto. Elle aurait pu le faire à Montréal, puisque le cours se donnait déjà à McGill, mais Toronto était reconnue comme la meilleure université dans ce domaine, selon la Fondation Rockefeller. Ses parents assument les frais de scolarité et, après un an à Toronto, elle obtient son certificat en *Public Health Nursing* en 1939. Elle entreprend peu après un baccalauréat en sciences infirmières à la Catholic Univerity of America de Washington, dans le domaine de la « supervision ». Elle développe une véritable passion pour l'administration et semble très consciente des nombreux avantages qu'elle peut tirer de ses diplômes.

Lorsqu'elle revient à Montréal en 1942, le Dr Joseph A. Baudoin lui propose de le remplacer au poste de directeur de l'École d'infirmières hygiénistes de l'Université de Montréal. Elle débute alors une carrière d'administratrice qu'elle mènera avec panache.

> J'ai été mise très jeune dans des postes de commande. Je me suis aperçue que j'aimais l'administration, que j'aimais la supervision, et tout ça, j'avais trouvé autre chose qui m'allait beaucoup [...] pour laquelle j'étais aussi douée que pour l'enseignement.

À son arrivée à l'École d'infirmières hygiénistes, où elle demeurera sept ans, Alice Girard s'emploie à réviser tout le programme scolaire, sur la base de son expérience à Toronto et à Washington. « J'avais vu les grands maîtres en *Public Health Nursing*. » Pendant ce temps, elle complète une maîtrise à la Columbia University (NY).

En 1948, la Compagnie d'assurance-vie La Métropolitaine lui offre alors le prestigieux poste de surintendante générale des services infirmiers. Poste stimulant qui lui permet de voyager à travers le Canada, de l'Atlantique au Pacifique. Ses fonctions l'amènent également à se rendre une fois par mois au siège social de la compagnie à New York, où elle goûte davantage au pouvoir. Basée à Ottawa, dans un bureau qui fait face au Parlement, Alice Girard a désormais 15 secrétaires à sa disposition. Elle supervise une flotte de 50 à 60 automobiles, destinée aux territoires éloignés. Elle est chargée également de l'infrastructure immobilière du service de santé et s'occupe de la location de bureaux à travers le Canada. En ce qui concerne le personnel infirmier, elle doit coordonner le travail d'environ 500 à 600 infirmières. Pour la seule province de Québec, cela représente environ 200 infirmières directement sous ses ordres. À Montréal seulement, la Métropolitaine compte six ou sept bureaux destinés au personnel du service de santé. Dans les autres provinces, la compagnie fonctionne par contrats de service avec des services infirmiers déjà existants, principalement avec le Victorian Order of Nurses. Alice Girard ne regrette plus l'enseignement. Elle a trouvé un poste qui lui convient parfaitement... Elle demeure en poste jusqu'en 1952. Considérant que les unités sanitaires au Québec ainsi que les *nursing health units* dans les autres provinces desservent de manière suffisante la population canadienne, la Compagnie d'assurance-vie La Métropolitaine décide d'interrompre le service de nursing.

Alice Girard revient donc à Montréal au moment où l'on discute du projet d'hôpital universitaire à l'Université de Montréal, sous la supervision du docteur Lassalle. Ce dernier propose à Alice Girard le poste de directrice du nursing du futur hôpital. Elle participe activement à l'élaboration du projet, travaillant de concert avec les architectes, mais le projet stagne, le gouvernement de Duplessis hésitant à investir plus d'argent.

Elle devient alors directrice du nursing à l'Hôpital Saint-Luc ainsi qu'dministratrice adjointe de l'hôpital, durant dix ans, de 1952 à 1962. Elle supervise de près les élèves pour garder intacte la réputation de cette école qui est laïque. On dit d'elle qu'elle est plus sévère que les sœurs! Alice Girard veut compléter encore sa formation et profite d'une bourse de la Fondation Kellogg pour suivre un cours d'administration hospitalière à l'Université Johns Hopkins pendant un an. Elle obtient son diplôme en 1954.

C'est en 1962 qu'Alice Girard devient fondatrice et doyenne de la Faculté de nursing de l'Université de Montréal. Sitôt arrivée, elle doit veiller à la mise en place des programmes de deuxième cycle en nursing et à l'intégration de l'Institut Marguerite d'Youville, fondé par les Sœurs Grises. Elle quitte son poste de doyenne de la Faculté de nursing en 1973.

Parallèlement à cette carrière singulière et très active, Alice Girard fut aussi très présente dans les activités de l'Association des infirmières de la province de Québec. À l'exception de ses années de service auprès de la Métropolitaine, alors qu'elle est retenue à

Ottawa par une charge de travail très lourde, elle suit généralement de très près l'AGMEPQ et participe à ses nombreux comités. Il semble qu'elle ait même refusé plusieurs fois le poste de dirigeante générale. Elle a été « sage » ou « conseillère » auprès de l'Ordre des infirmières et infirmiers du Québec et a toujours exercé un rôle critique, ce qui n'a pas toujours plu.

Selon son analyse personnelle, les relations entre infirmières canadiennes-françaises et canadiennes-anglaises étaient très bonnes à l'Ordre et un véritable esprit de collaboration y régnait. « Même avec les religieuses, souligne-t-elle. Tout le monde mettait la main à la pâte, le principe d'alternance fonctionnait. » Cette situation, toutefois, se détériora dans les années 1970, lorsque le mouvement autonomiste se dessinait chez certaines infirmières canadiennes-françaises en même temps que ce qu'elle qualifiait de « laïcisation poussée ». Ce mouvement conduisait même les membres plus radicales à refuser d'admettre les religieuses aux postes de direction de l'association.

Considérant ses positions politiques, son engagement au sein de l'Association nationale lui semble plus naturel. Elle fut la première présidente canadienne-française de l'Association des infirmières canadiennes entre 1958 et 1960. De 1961 à 1964, elle fut également membre de la Commission royale sur les services de santé au Canada (Commission Hall). De 1965 à 1969, elle fut la première canadienne à présider le Conseil international des infirmières dont le siège est à Genève. Ses activités nationales et internationales ont ainsi contribué au rayonnement de la Faculté de nursing de l'Université de Montréal.

En 1968, Alice Girard est décorée de l'Ordre du Canada et reçoit un doctorat *honoris causa* de l'Université de Toronto. En 1975, elle reçoit un autre doctorat *honoris causa* de l'Université de Montréal. Alice Girard a su se hisser aux sommets de la profession infirmière en se dotant d'une formation supérieure dans les trois spécialités reconnues. Elle a dû construire son itinéraire professionnel en cumulant diplômes et formation. « Faire avancer notre profession d'une façon professionnelle » était son leitmotiv, qui laissait peu de place aux revendications salariales des infirmières plus jeunes. Elle décède en 1999.

Sources : entrevues de Julienne Provost (1991) et de Yolande Cohen (1987) avec Alice Girard ; notice biographique rédigée par Yolande Cohen *Profession infirmière*, p. 272-276.

L'enseignement de deuxième cycle (1962-1964)

À sa création, la Faculté, se référant au mouvement nord-américain, a pour objectif de « donner un cours conduisant au baccalauréat ès sciences en nursing comme première étape d'un programme en vue de la maîtrise, à très brève échéance[22] ». Ce programme vise à combler les lacunes observées dans la formation supérieure des infirmières au Québec et au Canada, dont l'enquête de Mussalem, menée en 1960, fait largement état. Selon les résultats de cette enquête, seulement 16 % des écoles d'infirmières seraient accréditées au Canada et 24 % des 491 institutrices des 35 écoles de langue française sont détentrices d'un baccalauréat. Il y aurait moins de 10 infirmières laïques canadiennes-françaises de niveau maîtrise pour occuper convenablement des postes de direction[23]. La Faculté de nursing projette donc d'offrir un cours menant au baccalauréat ès sciences en nursing[24].

Mais les Sœurs Grises en fonction à l'IMY le font déjà. Elles avaient dans les années 1950 préparé un programme de formation de base qui, nous l'avons vu, a suscité intérêt et enthousiasme et qui sera offert en 1962[25]. Face à la proposition de baccalauréat de la nouvelle Faculté de nursing, la Commission des études de l'Université de Montréal favorise le programme de l'IMY et en fait un préalable à l'admission aux études supérieures (maîtrise) pour les candidates francophones. À la Faculté de nursing échoit la préparation exclusive du programme de deuxième cycle. Mais la Faculté n'accepte pas de limiter son champ au second cycle et demande l'approbation du comité *ad hoc* pour le baccalauréat, ce qui ne manque pas de provoquer l'ire de ce dernier. Il recommande dans son rapport « de ne pas accepter le programme tel que soumis par la Faculté de nursing » parce qu'il faisait double emploi avec celui de l'IMY, déjà accepté par la Commission des études. Il souligne qu'il n'est pas justifié d'offrir un programme spécial pour les bachelières ès arts et recommande finalement à la Com-

22. AUM, D35/C6, 9/1, Faculté de nursing, Considérations sur les objectifs de la Faculté de nursing, 1961.

23. Helen K. MUSSALEM, *Spotlight on Nursing Education, The Report of the Pilot Project for Evaluation of Schools of Nursing in Canada*, Ottawa, AIC, 1960.

24. AUM, D35/C6, 9, programme de baccalauréat de base proposé par la Faculté de nursing en 1964 et programme de baccalauréat de base offert à l'Institut Marguerite d'Youville depuis 1962.

25. Rappelons que l'Institut Marguerite d'Youville offre également, depuis 1934, un programme de baccalauréat en nursing pour les infirmières diplômées.

mission des études de prendre les mesures nécessaires pour épuiser toutes les possibilités pour faciliter l'entrée à l'IMY des bachelières ès arts et de voir à ce que la Faculté de nursing et l'IMY travaillent en étroite collaboration dans la perspective d'une intégration ultérieure dans le secteur D (de la santé)[26].

La doyenne résiste et souligne la difficulté qu'il y a à préparer un programme de deuxième cycle dans ces conditions:

> Ce cours [de maîtrise] est destiné à recevoir des graduées des deux programmes de baccalauréat sur lesquels nous n'avons aucun contrôle et cependant notre programme de maîtrise sera nécessairement astreint aux exigences des diverses Facultés dans lesquelles nos étudiantes recevront une partie de leurs cours[27].

Le programme de baccalauréat proposé par la Faculté de nursing est donc refusé, et cette dernière doit se concentrer sur la préparation d'un programme de maîtrise. L'objectif de complémentarité des deux programmes, souhaitable, correspond en outre aux deux recommandations de la Commission royale d'enquête sur les services de santé[28]. On vise tout d'abord l'augmentation du taux d'infirmières diplômées aux 1er et 2e cycles. L'Association des infirmières de la province de Québec dénonçait déjà le taux insuffisant d'infirmières possédant un diplôme universitaire de 1er cycle (2 %) et de 2e cycle (0,2 %) et proposait une augmentation qui irait jusqu'à 25 ou 35 % (les deux cycles confondus). L'autre recommandation fait état de la nécessité de disposer d'une école universitaire de langue française qui offre un cours à la maîtrise pour remédier aux « fuites » des francophones vers les universités de langue anglaise du Canada ou des États-Unis, qui seules décernaient ces diplômes.

De 1962 à 1964, Alice Girard et les professeurs de la Faculté préparent le programme de deuxième cycle, qui verra le jour en 1965. Mais la bataille pour rassembler des cours et des programmes à la Faculté se poursuit, du côté de l'École d'hygiène cette fois.

---

26. AUM, D35/C6, 9/2, sous-commission du secteur paramédical, rapport du comité ad hoc (15 avril 1964) à la Commission des études sur le programme proposé par la Faculté de nursing, (commission entendue le 30 avril 1964).

27. AUM, D35/C6, 9/3, lettre d'Alice Girard (doyenne de la Faculté de nursing) à Mgr Irénée Lussier (recteur de l'Université de Montréal), 10 juin 1964.

28. AUM D35/C6,9, 1, Faculté de nursing, projet de programme des cours pour la maîtrise en nursing présenté à la Commission des études, 18 mars 1965, p. 1.

La formation en hygiène: un bassin d'étudiants et de professeurs laïques (1964-1966)

La formation des infirmières hygiénistes francophones, après avoir été assurée par la Faculté de médecine, est dispensée dans le cadre de l'École d'hygiène depuis 1949, comme nous l'avons vu au premier chapitre. Un grand nombre d'infirmières y ont obtenu leurs diplômes: de 1946 à 1970, sur 1926 diplômes décernés par l'École d'hygiène, 559 sont ceux d'infirmières hygiénistes[29] résidant au Québec (95,5 %)[30]. Des professeurs spécialisés, comme Mlles Deland et Martineau, qui ont enseigné à l'École d'infirmières hygiénistes de la Faculté de médecine, côtoient les nouvelles recrues, Mlles Charbonneau, Girard et Côté. Ce sont ces dernières qui, en 1963, un an après la création de la Faculté de nursing, remettent en cause leur affiliation à l'EH, au moment où celle-ci est démantelée. À l'occasion du déménagement de l'Institut de microbiologie (IM) et d'hygiène de l'Université de Montréal dans de nouveaux locaux, l'EH, dirigée par un doyen qui était aussi directeur de l'IM et directeur de bactériologie de la Faculté de médecine, éclate en plusieurs sous-groupes rattachés aux disciplines plus fortes. Les infirmières hygiénistes choisissent de transférer leur département à la Faculté de nursing (FN)[31]. Elles considèrent qu'il est plus intéressant de rallier la toute nouvelle Faculté, dans laquelle elles peuvent définir, de concert avec les autres secteurs de soins infirmiers, un enseignement destiné aux infirmières qui soit plus cohérent.

Le transfert de la formation des infirmières hygiénistes de l'EH à la FN a lieu en 1964[32]. On procède au transfert des enseignements à des professeurs de la Faculté de nursing, qui recrute ainsi ses premières étudiantes. Pour la seule année scolaire 1964-1965, 450 demandes

---

29. Georges Desrosiers, Benoît Gaumer et Othmar Keel, *op. cit.*, 1994, p. 337.
30. *Ibid.*, p. 344.
31. AUM, fonds D35/C6, 26, lettre du Dr Maurice Panisset (vice-doyen de l'École d'hygiène de l'Université de Montréal et directeur des études) à Léon Lortie (secrétaire général de l'Université de Montréal), 17 juin 1964; lettre de Paul Claveau (directeur général du Service des unités sanitaires) à Léon Lortie (secrétaire général de l'Université de Montréal), 27 août 1964; lettre d'Alice Girard (doyenne de la Faculté de nursing de l'Université de Montréal) à Léon Lortie (secrétaire général de l'Université de Montréal), 8 septembre 1964.
32. Georges Desrosiers, Benoît Gaumer et Othmar Keel, *op. cit.*, 1987, p. 7.

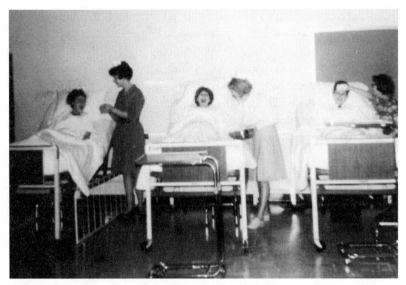

Laboratoire de pratique entre 1964 et 1967 (ASGM).

d'information ont été reçues, 75 dossiers étudiés, 49 candidates acceptées et 38 diplômes décernés. La Faculté recrute aussi Gabrielle Charbonneau comme première professeure titulaire, en provenance de l'ÉH.

Le programme et le contenu du cours d'infirmière hygiéniste des années 1964-1965 et 1965-1966 ne diffèrent pas beaucoup de ceux offerts auparavant par l'ÉH : seuls les sigles des cours changent (HYGN est devenu NURS) et le cours « Conférences et séminaires de nursing en hygiène publique » a été ajouté. Le rôle social de l'infirmière en hygiène publique est réitéré : les infirmières hygiénistes du Québec répondent à des besoins d'éducation sanitaire à domicile et en milieux dits naturels, par opposition au milieu hospitalier (hygiène prénatale, des nourrissons, scolaire et autres). Le triple objet du nursing social est ainsi décrit dans l'annuaire général de l'Université de Montréal, 1964-1965 : « [...] maintenir la santé par l'éducation individuelle, familiale et collective ; prévenir les maladies par l'enseignement des principes d'hygiène ; appliquer les techniques adéquates pour les soins à domicile[33]. »

33. AUM, Annuaire général de l'Université de Montréal, Faculté de nursing, 1964-1965, p. 80.

En 1966-1967, deux nouveaux cours sont offerts (un cours d'épidémiologie et un cours de méthodologie de l'enseignement), et les cours d'hygiène scolaire sont séparés des cours d'hygiène infantile et maternelle. Quatre professeures, Alice Girard, Gabrielle Charbonneau, Pierrette Baribeau et Évelyne Boulanger auparavant à l'ÉH, constituent le corps enseignant et donnent les cours de nursing[34]. La Faculté recrute deux nouvelles professeures, Rita Dusseault et Julienne Provost, qui sont chargées du nouveau programme de maîtrise.

Des spécialités en administration et en éducation (1965-1966)

La Faculté de nursing s'appuie sur les recommandations de la *National League for Nursing* américaine [35] plutôt que sur les critères de l'Association canadienne des écoles universitaires de nursing (ACEUN)[36] et se base sur une étude de 11 programmes déjà en dispensés, dont 2 canadiens et 9 américains, pour préparer son programme de maîtrise[37]. Le premier programme de deuxième cycle voit le jour avec deux spécialités, en administration du nursing à l'hôpital en 1965 et en éducation en nursing en 1966. La Faculté prévoit l'augmentation des spécialités au fur et à mesure du recrutement de personnel qualifié: nursing psychiatrique, nursing en hygiène maternelle et infantile, nursing en hygiène publique et nursing médical et chirurgical[38] pour former des cliniciennes spécialistes. Des cours communs (nursing et autres disciplines), des cours de spécialité (nursing et cours complémentaires), des cours à options et la rédaction d'un

34. AUM, Annuaire général de l'Université de Montréal, Faculté de nursing, 1965-1966; 1966-1967; 1967-1968.
35. National League of Nursing, *Criteria for the Evaluation of Educational Programs in Nursing that Lead to Baccalaureat or Masters Degrees*, New York, NLN, 1960.
36. Association canadienne des écoles universitaires de nursing (ACEUN)), document guide pour l'élaboration des programmes universitaires pour infirmières. Voir Sharon L. RICHARDSON, «The Historical Relationship of Nursing Program Accreditation and Public Policy in Canada», *Nursing History Review*, 4, 1996, p. 28.
37. AUM D35/C6,9, 1, Faculté de nursing, projet de programme des cours pour la maîtrise en nursing présenté à la Commission des études, 18 mars 1965, p. 2.
38. AUM D35/C6,9, 1, Faculté de nursing, projet de programme des cours pour la maîtrise en nursing présenté à la Commission des études, 18 mars 1965, p. 4.

mémoire constituent les éléments du premier programme de maîtrise en administration du nursing, comportant 48 crédits. Sur un total de 15 crédits pour les cours communs, 6 crédits sont alloués aux cours généraux en nursing (aspects actuels de la pratique[39] et aspects actuels de l'éducation[40]) qui servent de base à la spécialisation. Il y est question du contexte santé-maladie, du soin intégral, de la multidisciplinarité et de l'élargissement des responsabilités de l'infirmière. Neuf crédits sont accordés aux cours généraux dans les autres disciplines (nursing psychosomatique[41], théories de l'administration et de l'organisation des entreprises, méthodes statistiques et méthodologie de la recherche). Sur 21 crédits attribués à la spécialité, 14 crédits sont octroyés aux séminaires sur l'administration du nursing à l'hôpital et sa pratique et 7 crédits sont accordés à des cours d'autres disciplines. Enfin, les cours à options et le mémoire sont chacun de 6 crédits. La recherche représente 18 % des crédits du programme de maîtrise. Il est évident qu'à cette étape l'objectif de la Faculté n'est pas de former des chercheurs, mais des gestionnaires.

39. Étude du contexte santé-maladie. Notion de soin intégral et ses applications. Aspects multidisciplinaires de l'organisation et de l'administration des soins. Élargissement des responsabilités de l'infirmière dans l'équipe de santé et conséquences sur l'évolution de la profession. Voir AUM, D35/C6,9, 1, Faculté de nursing, Projet de programme des cours pour la maîtrise en nursing présenté à la Commission des études, 18 mars 1965, p. 9.

40. Systèmes d'éducation au Canada : structures administratives et pédagogique. Problèmes de l'enseignement au Québec et orientations nouvelles. Éducation en nursing : tradition et changements. Formation en nursing : types de programmes d'études en nursing en regard des besoins actuels et futurs de la société. Influence de la législation et des associations professionnelles sur l'éducation en nursing. Voir AUM, D35/C6,9, 1, Faculté de nursing, projet de programme des cours pour la maîtrise en nursing présenté à la Commission des études, 18 mars 1965, p. 9.

41. Description du cours : Dynamique de la personnalité. Personnalité « Self actualized » selon Maslow. Conflits de la personnalité. Hospitalisation : danger de réactivation des conflits. L'infirmière et la psychologie de l'enfant, de l'homme et de la femme. L'infirmière et la personnalité individuelle du malade. Interaction infirmière-malade : facteur d'épanouissement. Voir AUM, D35/C6,9, 1, Faculté de nursing, projet de programme des cours pour la maîtrise en nursing présenté à la Commission des études, 18 mars 1965, p. 11.

Les savoirs théoriques en administration du nursing portent sur la planification des activités du service du nursing à l'hôpital : philosophie, but, programmes de soins, plans de soins, détermination des effectifs, préparation des budgets, normes et développement. Ils forment les étudiantes à comprendre l'organisation et la répartition des tâches, à la direction du service et à la gestion du personnel : formation, surveillance et évaluation. Enfin, l'évaluation des soins est également abordée. Les séminaires traitent de problèmes spécifiques à l'administration du nursing à l'hôpital, à l'aide d'études de cas et par des exposés que font les étudiantes sur le développement du nursing à l'hôpital. Un cours constitué d'expériences pratiques en administration du nursing à l'hôpital complète cet enseignement par un stage de 4 semaines durant lequel l'étudiante doit faire une observation méthodique d'un service de nursing hospitalier (application des principes administratifs, règlements, procédures, problèmes). La candidate à la maîtrise doit aussi présenter le rapport d'une étude en administration du nursing. Ce mémoire de 6 crédits démontre les aptitudes de la candidate à la recherche et est évalué par un jury de 3 membres. Enfin, chaque étudiante passe un examen général portant sur la spécialisation en administration du nursing durant la deuxième année du programme[42].

En 1966, une nouvelle spécialité « éducation en nursing », envisagée lors du premier projet de maîtrise, est soumise à la Commission des études[43]. On propose la même structure de programme et les mêmes conditions d'admission que pour la spécialité « administration ». Les cours communs, les cours à options et le mémoire comportent les mêmes éléments que la maîtrise spécialisée en administration, avec des séminaires sur l'éducation en nursing et sa pratique (spécialité), et des cours complémentaires sur les théories de l'éducation, comme la philosophie de l'éducation et la psychologie de l'apprentissage. Au

42. Au cours de cette période qui s'étend de 1965 à 1972, les enseignements en administration du nursing ont été principalement dispensés par les professeures Rita Dussault et Mariette Desjardins. La doyenne Alice Girard participe également aux séminaires sur l'administration du nursing à l'hôpital.
43. AUM, D35 C6,9, 2, Faculté de nursing, projet d'addition au programme de maîtrise en nursing présenté à la Commission des études, 17 février 1966, p. 1-2.

cours des années, quelques ajouts de cours modifient quelque peu le programme[44].

Après son retour d'un congé d'étude à l'Université McGill (où elle obtient une maîtrise en sciences appliquées), Julienne Provost assure les principaux enseignements de la spécialisation en éducation en nursing. Les cours théoriques portent sur la place de l'éducation en nursing dans la société et sur les forces sociales et politiques qui influencent les niveaux de formation en nursing[45]. Ils concernent également la philosophie, les objectifs, les méthodes d'enseignement et les conditions propices au processus d'apprentissage dans les situations cliniques. Des séminaires visent l'élaboration d'un curriculum en nursing et portent sur la recherche liée à l'éducation en nursing[46]. Des expériences pratiques en éducation en nursing complètent les cours ; il s'agit d'observations d'étudiantes dans des situations d'apprentissage du nursing, d'animation d'activités éducatives et d'un travail sur l'élaboration d'un curriculum de nursing.

La fréquentation du programme de deuxième cycle est en croissance : en 1965, les 3 premières candidates sont acceptées[47], en 1966, 4 nouvelles étudiantes débutent en éducation en nursing tandis que

44. À partir de 1966, un cours de recherche de 2 crédits apparaît parmi les cours communs en nursing. Ce cours traite du raisonnement scientifique et des méthodes de recherche. À compter de l'année universitaire 1967-1968, un cours de 2 crédits portant sur les relations interpersonnelles en nursing est dispensé en cours commun dans la spécialité en administration, et en cours à option dans la spécialité en éducation. Le cours englobe les notions de communication et de processus d'interaction malade-infirmière. En 1969, ce cours s'intitule « Concepts fondamentaux du nursing » et propose, en plus des notions théoriques, l'analyse d'un problème de communication. Les savoirs théoriques passent donc surtout par les spécialités.

45. La place de l'éducation en nursing dans la société. Situation relativement aux modifications du système général d'éducation. Réflexion sur les principales forces qui influencent les niveaux de formation en nursing : besoins du milieu, législation, accréditation, etc. Panorama : de l'école traditionnelle de nursing jusqu'à l'université. Considérations de divers programmes. Perspectives d'avenir.

46. Élaboration d'un curriculum en nursing tenant compte des théories modernes de l'éducation. Pratiques éducatives favorisant l'élaboration de ce curriculum, sa révision ainsi que la recherche dans ce domaine.

47. AUM, fonds E62, le secrétariat général, Rapport annuel de l'Université de Montréal, 1964-1965.

20 candidates sont inscrites en 1967-1968. Ce type de formation semble exercer beaucoup d'attrait. Il demeure que la question des conditions d'intégration d'un plus grand nombre d'étudiantes, incontournable pour dispenser le baccalauréat de l'Institut Marguerite d'Youville à la Faculté, doit être résolue.

L'intégration de l'Institut Marguerite d'Youville à la Faculté (1967)

L'autonomie dont jouit l'IMY et le fait qu'il soit dirigé par des religieuses poussent les autorités de l'Université de Montréal à vouloir son intégration au sein de la Faculté de nursing. De 1964 à 1967[48], l'Université entreprend des négociations avec les Sœurs Grises, qui viennent d'emménager dans de nouveaux locaux et à qui la direction de l'Université avait promis le maintien de leur programme de baccalauréat. L'Université vise à transférer les programmes et l'organisation des études de l'IMY à la nouvelle Faculté.

Le 25 mars 1966, le président du comité d'administration de l'IMY, Gérard Gingras, la supérieure générale des Sœurs Grises et vice-présidente du CA de l'IMY, mère Georgette Leduc, sgm, l'économe générale de la communauté des Sœur Grises et trésorière du CA de l'MY, mère Berthe Dorais, et la directrice de l'IMY et secrétaire du CA de l'IMY, sœur Denise Lefebvre, rencontrent le recteur de l'Université, Roger Gaudry, accompagné pour la circonstance du vice-recteur Lucien Piché[49]. L'intégration académique de l'IMY est renvoyée à l'étude auprès d'un comité de représentants des deux institutions (Paul Lacoste, vice-recteur associé et Alice Girard, doyenne de la Faculté de nursing pour l'Université; sœur Florence Keegan et sœur Denise Lefebvre, pour l'Institut). Aux deux réunions du comité, le 3 mai (les quatre membres sont présents) et le 24 mai (Alice Girard est absente), les questions de l'intégration académique et de l'annulation du contrat d'affiliation de l'IMY avec l'Université de Montréal sont discutées. Le comité propose un calendrier de procédure qui détaille les relations avec l'Université, le niveau d'enseignement, les relations avec la Faculté de nursing, le conseil de faculté, le personnel enseignant, la

48. Entrevue de Julienne Provost avec Alice Girard, septembre 1991.
49. ASGM, procès-verbal de la 8ᵉ réunion des administrateurs de l'IMY, 30 juin 1966.

Signature du contrat d'annexion. De gauche à droite : Lucien Piché, vice-recteur, mère Berthe Dorais, sœur Denise Lefebvre, directrice de l'IMY, et Alice Girard, doyenne de la Faculté de nursing de l'Université de Montréal (AUM).

bibliothèque, le secrétariat. Mises devant le fait accompli, les Sœurs Grises n'ont plus beaucoup de choix[50] : l'économe générale de l'ordre, mère Dorais, n'a plus qu'à négocier la vente de leur tout nouveau bâtiment. Selon la quittance finale, les Sœurs Grises auraient vendu le bâtiment et le terrain au prix de 3 000 000 $ à l'Université de Montréal[51]. L'intégration officielle de l'IMY à la Faculté de nursing de l'Université de Montréal est alors chose faite :

> La Commission des études ayant approuvé à l'unanimité le principe d'intégration de l'Institut Marguerite d'Youville [CE-2540 - 26 avril 1967], le Conseil des Gouverneurs ratifie cette intégration et autorise le vice-recteur, M. Lucien Piché, à signer, en l'absence du recteur, le contrat

50. Il semble. selon certains témoignages, que pour forcer la transaction et la cession du bâtiment des Sœurs Grises à l'Université on les ait menacé de leur retirer l'affiliation à l'Université.

51. ASGM, fonds L102/1A4 IMY – Historique. Procès-verbal (n° 25 565) du Conseil des Sœurs Grises de Montréal, 17 juillet 1969. Quittance finale par les Sœurs Grises de Montréal à l'Université de Montréal, Mᶜ Lionel Leroux, Notaire, Vente terrain et bâtisse : 3 000 000 $.

à intervenir à cette fin entre l'Université de Montréal et l'Institut Marguerite d'Youville[52].

Les programmes de baccalauréat en nursing, dispensés par les Sœurs Grises à l'IMY, seront désormais gérés par la Faculté de nursing[53]. Le personnel de l'IMY sera intégré à la Faculté de nursing et les locaux de l'IMY, dans le nouveau bâtiment du chemin de la Côte-Sainte-Catherine, abriteront désormais la Faculté de nursing. Les Sœurs Grises cèdent leur Institut à l'Université avec l'espoir de voir perpétuer l'esprit qui l'anime. La formation universitaire des infirmières se donnera au sein d'une Faculté et non pas dans une école affiliée ou un département de la Faculté de médecine.

En 1967, l'Université a réalisé son projet initial d'intégrer les programmes de premier cycle que les Sœurs Grises avaient créés. La Faculté de nursing peut désormais offrir une formation complète de premier cycle — baccalauréat de perfectionnement et baccalauréat de base — et de deuxième cycle. On peut penser que la Faculté dispose de tous les éléments pour gérer la formation universitaire en nursing. Mais la question de la formation des infirmières hygiénistes ressurgit, faisant apparaître les divergences de vue entre la Faculté, l'Université et le ministère de la Santé, tandis que certains programmes de l'éducation permanente provoquent une concurrence inattendue.

La formation des adultes et des hygiénistes

Forte de l'intégration de l'Institut Marguerite d'Youville, la Faculté propose alors de modifier le programme de baccalauréat général en nursing hérité des Sœurs Grises, qui comprend des spécialités en hygiène. Elle invoque le besoin d'infirmières généralistes, formées au baccalauréat, et considère l'hygiène comme devant en faire partie. Toutefois, la suppression des cours spécialisés en hygiène en 1967 suscite immédiatement la réaction courroucée des secteurs de santé publique concernés.

52. AUM, extrait du procès-verbal de la 217e réunion (extraordinaire) du Conseil des gouverneurs, 30 mai 1967.
53. AUM, fonds D35 C6,14, 1, contrat entre l'Université de Montréal et l'Institut Marguerite d'Youville, 8 juin 1967.

Le ministère de la Santé[54] et l'Association des infirmières hygiénistes diplômées de l'Université de Montréal (AIHDUM) font part de leur désaccord et tentent de contrecarrer cette démarche. Le comité exécutif de l'AIHDUM[55], réuni en assemblée spéciale réclame le maintien des cours d'hygiène ; ses membres considèrent que les besoins de la population en santé publique demeurent impératifs et que les organismes de santé publique réclament des infirmières spécialisées en hygiène publique en grand nombre. De son côté, le ministère de la Santé regrette de voir la faible part accordée à l'enseignement de l'hygiène dans le nouveau programme (moins de crédits dans le bloc nursing, soit 50 % de l'enseignement). Il rappelle également les statistiques de l'embauche des infirmières dans le réseau public et souligne que la majorité des infirmières diplômées des écoles d'hôpitaux candidates au cours ne possèdent pas la 11e année scientifique requise pour l'entrée au baccalauréat, où la formation hygiéniste sera donnée.

La doyenne Alice Girard ne démord pas de son projet, car, pour elle, la suppression du cours d'infirmières hygiénistes est largement compensée par les nouvelles mesures : a) un programme de rechange est prévu, avec l'inscription au baccalauréat qui comprend tous les éléments nécessaires aux exigences du travail en santé publique ; b) l'exemple de McGill mérite d'être imité ; et c) les organismes de santé publique, le Victorian Order of Nurses entre autres, sont satisfaits du nouveau type de formation hygiéniste. Alice Girard s'objecte également aux propositions du vice-recteur Paul Lacoste de dispenser ces cours ailleurs, à l'Extension de l'enseignement ou à l'Université Laval. Elle ne pense pas que ce cours puisse être donné à Laval parce que l'École n'offre pas le cours, que le baccalauréat ne comprend pas les matières de remplacement, et enfin que l'organisation du cours d'infirmières hygiénistes à l'Extension nécessiterait la même

54. AUM, fonds D35/C6, 9, lettre de Paul Lacoste (vice-recteur de l'Université de Montréal) à Alice Girard (doyenne de la Faculté de nursing de l'Université de Montréal), 25 avril 1967 ; lettre du Dr Jacques Gélinas (sous-ministre de la santé au gouvernement du Québec) à Roger Gaudry (recteur de l'Université de Montréal), 5 septembre 1967.

55. AUM, fonds D35/C6, 9, lettre de Louise Dionne (présidente de l'Association des infirmières hygiénistes diplômées de l'Université de Montréal) à Alice Girard (doyenne de la Faculté de nursing de l'Université de Montréal), 4 avril 1967.

organisation pour le cours postscolaire en psychiatrie, chirurgie, obstétrique et pédiatrie.

Mais elle n'arrive pas à convaincre ses opposants et doit se rallier au compromis trouvé, qui exclut partiellement la Faculté. Un programme d'un an destiné à former des infirmières hygiénistes et couronné par un certificat sera offert par l'École d'hygiène, avec la collaboration du Service de l'éducation permanente. En 1967, le Service de l'éducation permanente (SEP), qui vise la formation en cours d'emploi dans diverses disciplines, conclut une entente avec l'École d'hygiène[56]. Selon cette entente, le programme et le choix des professeurs sont sous la responsabilité de l'École d'hygiène, l'Éducation permanente ne désirant qu'un droit de regard sur les méthodes d'enseignement aux adultes. Cependant, l'administration financière et l'administration académique (inscription, application des normes d'admission définies par l'École d'hygiène, constitution et mise à jour des dossiers des étudiantes) sont assurés par le Service d'éducation permanente. Le cours menant au certificat en santé publique est alors ouvert aux infirmières diplômées qui exercent dans le secteur de la santé publique.

L'abandon par la Faculté de ce secteur clé de la formation spécialisée des infirmières à d'autres unités de l'Université signifie la fin d'une conception jusque-là prédominante du nursing, où l'hygiène formait la clé de voûte de cette formation. En effet, les dirigeantes de la Faculté font le pari d'une formation au baccalauréat général pour toutes les infirmières et abandonnent un secteur où la demande est forte, où leur expertise est déjà établie et reconnue, même si la Faculté suit le mouvement en faveur d'un baccalauréat général. L'histoire particulière du secteur de l'hygiène qui fut celui des pionnières du nursing confirme sa forte autonomie. Le choix en faveur de l'École d'hygiène de l'Association des infirmières hygiénistes diplômées de l'Université de Montréal montre leur attachement à leur spécialité, plutôt qu'à la Faculté de nursing. Pour la Faculté, la perspective d'intégrer l'hygiène publique dans le baccalauréat général avait pour but de consolider le projet de baccalauréat. On reviendra à l'organisation précédente, où les infirmières hygiénistes seront formées

---

56. AUM, D35/C6, 9/14, lettre de Léo Dorais (directeur du Service de l'éducation permanente) au Dr Maurice Panisset (doyen de l'École d'hygiène), 10 novembre 1967.

Bâtiment de l'IMY, propriété de l'Université de Montréal (AUM).

ailleurs au sein des programmes de l'Éducation permanente. La Faculté ne détiendra pas le monopole de la formation universitaire des infirmières et perd une clientèle non négligeable d'étudiantes.

Au début des années 1960, quatre entités offrent une formation universitaire en nursing au sein de l'Université de Montréal : l'IMY, bien établie au premier cycle ; la Faculté de nursing, qui offre en partie le programme de premier cycle en hygiène et doit faire ses preuves au deuxième cycle ; l'École d'hygiène et le Service d'éducation permanente qui délivrent avec, puis sans, la Faculté de nursing, diplômes et certificats aux infirmières. Cependant, toutes ne s'équivalent pas, et la Faculté de nursing saura intégrer dans un même lieu l'essentiel de la formation universitaire des infirmières francophones du Québec en offrant en 1967 un programme de baccalauréat pour infirmières, un baccalauréat de formation initiale et un programme de maîtrise en nursing spécialisé en administration ou en éducation. En fait, elle fera de l'intégration de l'IMY son principal succès, puisque les programmes offerts à l'IMY représentent la porte d'entrée des candidates

Infirmière dans les années 1960 (AUM).

infirmières dans le milieu universitaire; en outre, la fréquentation des programmes y est très importante et le corps professoral y est plus qualifié et plus nombreux. En même temps, face à l'adversité, les Sœurs Grises auront agi avec habileté en léguant un héritage précieux à la Faculté de nursing. C'est au cours des années 1970 que la Faculté de nursing devra s'émanciper de ses héritages et tenter de créer son identité autour de la formation de base et la mise en place de la recherche.

4 Les enjeux professionnels et la formalisation des savoirs infirmiers (1967-1980)

Au Québec, la laïcisation engagée durant les années 1960 se traduit par l'intervention effective de l'État au cours des années 1970. Prenant partout la place de l'Église, l'État québécois se dote d'un dispositif universel d'éducation et de couverture sociale dans la santé. La mise en place de ce système étendu de protection sociale force les institutions existantes à se redéfinir ; elle entraîne le développement d'une bureaucratie chargée d'assurer l'organisation de ces services et leur uniformisation. Dorénavant, il ne sera plus question de prodiguer des soins à des malades, mais de fournir des services à des bénéficiaires qui payent des impôts et ont des droits.

L'adoption de la Loi sur les services de santé et les services sociaux (1971) et de celle sur le Code des professions (1973) confirme la refonte du système de santé québécois, dans laquelle le nursing occupe une place comme profession à part entière. Le document « Nouvelle perspective de la santé des Canadiens » atteste des changements dans la conception de la santé qui s'élargit pour inclure des déterminants individuels et environnementaux[1]. Quatre éléments définissent la vision globale de la santé: la biologie humaine, l'environnement, les habitudes de vie et l'organisation des soins de santé. Dorénavant les infirmières, auparavant regroupées dans l'AIPQ puis l'AIIPQ, seront représentées par une corporation professionnelle, l'Ordre des infirmières et infirmiers du Québec (OIIQ), les hommes ayant finalement été inclus dans la profession en 1969. Un titre réservé aux infirmières et infirmiers et une pratique autonome et exclusive sont inscrits pour la première fois dans un texte de loi[2]. La loi leur reconnaît une compétence dans l'identification des besoins de santé et dans le fait de prodiguer des soins infirmiers pour la promotion de la santé et la prévention de la maladie, et dans le traitement et la réadaptation. Un article de la loi confirme également la compétence de l'infirmière pour renseigner la population sur des questions d'ordre sanitaire.

Si ces réformes sont souhaitées par les milieux concernés, il s'agira de voir dans ce chapitre comment elles seront réalisées dans le champ du nursing, la question cruciale du lieu et de la nature de leur formation se posant de façon encore plus aiguë que durant la période précédente. Comment remplacer le travail fourni par les infirmières pendant leur formation dans les écoles d'hôpitaux si ces dernières disparaissent? Prévoyant qu'ils seront privés d'une main-d'œuvre nombreuse et gratuite, les hôpitaux comme le ministère de la Santé (qui rémunère les professionnels de la santé) font vite connaître leur préférence en faveur d'une formation collégiale, plus courte, pour les infirmières. On verra comment ces positions changent selon les périodes et les besoins. Quelle sera la position de l'OIIQ concernant la formation des infirmières? Quels seront les savoirs désormais requis et à quel niveau de formation? Les directions de la toute nouvelle faculté

1. Marc LALONDE, *Nouvelle perspective de la santé des Canadiens. Un document de travail*, Ottawa, 1974.
2. La Loi des infirmières et infirmiers (1973) énonce la définition de l'exercice infirmier aux articles 36 et 37. Article 36 : Constitue l'exercice de la profession d'infirmière ou d'infirmier tout acte qui a pour objet d'identifier les besoins de la santé des personnes, de contribuer aux méthodes de diagnostic, de prodiguer et contrôler les soins infirmiers que requièrent la promotion de la santé, la prévention de la maladie, le traitement et la réadaptation, ainsi que le fait de prodiguer des soins selon une ordonnance médicale. Article 37 : L'infirmière et l'infirmier peuvent, dans l'exercice de leur profession, renseigner la population sur les problèmes d'ordre sanitaire.

et de l'université devront se repositionner face aux demandes de qualification accrue. Comment alors recruter le corps enseignant ? Quels types de diplômes la Faculté devra-t-elle délivrer et pour quel type d'emploi ? On cherchera ainsi à comprendre comment la discipline et les savoirs propres qui y sont rattachés se sont transformés au sein de la Faculté, à partir de l'analyse des programmes d'étude et des recherches du corps enseignant. Mais voyons d'abord la situation créée par la concurrence entre les programmes du collégial (DEC en techniques infirmières) et de l'université (baccalauréat en nursing).

Une formation collégiale ou universitaire ?

La question du niveau requis pour former des infirmières est cruciale. Au contraire des autres disciplines universitaires, professionnelles ou non, pour lesquelles le DEC général est un préalable à l'entrée à l'université, pour le nursing il s'agit de savoir comment concevoir les deux ordres de formation dans un contexte où la formation professionnelle collégiale suffit à obtenir le titre d'infirmière. En outre se pose le problème de légitimer un niveau de formation infirmière de base plutôt qu'un autre, le niveau collégial ou le niveau universitaire ; ce qui soulève la question du type de savoir requis pour la pratique infirmière. S'agit-il d'un savoir technique ou scientifique, général ou spécialisé ? Quel est le type d'institution le plus adéquat pour l'enseignement des soins infirmiers de premier niveau ? Aux besoins de santé de la population québécoise qui servent de trame de fond pour guider le débat se sont greffés les intérêts de différents groupes œuvrant dans la santé et l'éducation (qui n'ont pas toujours les mêmes idées ni les mêmes intérêts à défendre). De fait, les enjeux économiques, professionnels et académiques détermineront les solutions envisagées.

De nombreuses voix se sont élevées en faveur de cours universitaires pour former les infirmières, principalement de la part de dirigeantes dans les secteurs de l'éducation, du nursing ou de la santé, au cours des années 1960 et 1970. Depuis les revendications d'autonomie de l'Institut Marguerite d'Youville en 1934 jusqu'à la création d'une faculté de nursing en 1962, en passant par la reconnaissance d'une discipline en hygiène dès 1949, leur volonté de constituer une discipline infirmière portant sur des savoirs infirmiers autonomes dans le milieu universitaire est évidente. À l'instar de la diététique, de la physiothérapie et de la réhabilitation, qui acquièrent elles aussi leur autonomie universitaire dans les années 1940 et 1950, même si ces deux dernières empruntent davantage aux savoirs médicaux, le nursing apparaît comme devant établir ses propres paramètres académiques[3]. Le rapport d'enquête sur les services de santé en 1964 (rapport Hall, qui compte la doyenne de la Faculté, Alice Girard, parmi ses membres), qui relevait encore de sérieuses lacunes dans l'enseignement infirmier, en fait encore la recommandation:

> À l'heure actuelle, 75% des professeurs qui enseignent dans des hôpitaux-écoles sont insuffisamment préparés à leur tâche et un fort pourcentage des professeurs d'écoles universitaires auraient besoin d'une préparation plus poussée pour bien remplir leur fonction. Un plan immédiat devrait être établi pour intégrer les écoles d'infirmières dans le système d'enseignement universitaire du pays. Jusqu'à ce qu'un système d'enseignement approprié soit établi partout au Canada (écoles secondaires régionales), il est recommandé que ces écoles soient placées sous l'égide d'une université[4].

Des facteurs objectifs sont présentés par les tenants de la formation supérieure pour les infirmières. La morbidité de la population québécoise, la meilleure accessibilité aux soins rendue possible dans les années 1960 grâce aux législations fédérales et provinciales sur l'assurance-maladie, le développement des technologies et spécialités médicales rendent nécessaire une formation générale scientifique plus poussée pour les infirmières. Toutefois, rapports et commissions se heurtent à la difficulté de répondre d'une seule façon à des demandes contradictoires, de la part d'étudiantes confrontées à deux niveaux de formation de base, à des systèmes d'éducation et de santé en pleine transformation[5], à des professionnelles aux prises avec d'intenses

---

3. Nadia FAHMY-EID *et al.*, *Femmes, santé et professions. Histoire des diététistes et des physiothérapeutes au Québec et en Ontario 1930-1980*, Montréal, Fides, 1997.
4. Commission Royale d'enquête sur les services de santé, *La formation infirmière au Canada*, Ottawa, 1966, p. 141.
5. Plusieurs mesures vont permettre à l'État de prendre graduellement en charge les services de santé: le programme de l'assurance-hospitalisation (1960), la Loi des hôpitaux (1962), la Loi d'assistance médicale et chirurgicale (1966), la

conflits internes (entre techniciennes et professionnelles[6])... Les programmes universitaires se développent partout au Canada et aux États-Unis tandis que ceux du collégial sont pris d'assaut par une foule d'étudiantes pressées d'entrer sur le marché du travail. De part et d'autre, on veut démontrer qu'on offre la voie d'accès pertinente à la profession d'infirmière.

La concurrence est intense entre les différentes institutions pour acquérir l'exclusivité de la formation infirmière. Si l'octroi du titre est depuis 1973 entre les mains d'une seule instance, l'OIIQ, la formation reste divisée entre deux grands secteurs, le collégial et l'universitaire, les hôpitaux dépendant désormais étroitement des institutions universitaires. Tous deux doivent démontrer leur légitimité et se retrouvent en compétition pour assurer la formation des infirmières. De fait, durant les années 1970, les programmes universitaires sont variés tandis que les programmes collégiaux se mettent en place sur les décombres des écoles d'hôpitaux qui ferment tour à tour.

L'Ordre tranche en faveur de la formation collégiale

Pressé de prendre enfin position, l'Ordre se prononce en 1977 en faveur d'une formation initiale au cégep. Jeannine Tellier-Cormier, présidente de l'OIIQ de 1974 à 1980 et enseignante en techniques infirmières au cégep de Trois-Rivières, tranche après les années de tergiversation de ses prédécesseurs. Si cette orientation reprend la proposition de la Direction générale de l'enseignement collégial (DGEC), elle met la Faculté en porte-à-faux pour son programme de formation initiale à l'université, sans toutefois discréditer le baccalauréat de perfectionnement qu'elle délivre à la fin du premier cycle universitaire. Le projet de révision du programme d'étude des techniques infirmières, réparti en 5 étapes (1976-1988[7]), est repris dans le plan

création du ministère des Affaires sociales (1970), la mise sur pied de l'assurance-maladie (1971) et enfin la Loi sur les services de santé et les services sociaux (1972). Voir François GUÉRARD, *Histoire de la santé au Québec*, Montréal, Boréal Express, 1996, p. 79-84.

6. Pour un exposé sur le développement des professions paramédicales au Québec, voir Nadia FAHMY-EID, *Femmes, santé et professions, op. cit.*

7. Cécile LAMBERT, « L'enseignement infirmier dans les cégeps. Plan d'action du ministère de l'Éducation du Québec », *L'infirmière canadienne*, avril 1980, p. 33-36.

de développement de l'OIIQ pour le secteur de l'éducation en nursing:

> Le collège et l'université travaillent à coordonner les objectifs spécifiques d'un programme, de sorte que l'étudiant n'ait pas deux programmes successifs à poursuivre, mais qu'il se sente engagé, dès son entrée au collège, dans un programme continu. Le Bureau de l'OIIQ adhère à cette position sans équivoque, c'est-à-dire qu'il reconnaît une voie unique d'accès à la profession: le programme collégial repensé en fonction de la philosophie de l'éducation en nursing, d'une conception nursing et des objectifs qui y sont liés [...][8].

Cette proposition vise à réconcilier ces deux niveaux pour le meilleur intérêt des membres de l'Ordre, dont beaucoup ne tiennent pas à une formation universitaire comme formation de base. Elle semble avoir obtenu l'accord de toutes les parties, l'OIIQ ayant au préalable présenté au ministère de l'Éducation du Québec (MEQ) des documents de travail qui furent bien accueillis dans le milieu collégial: «[...] et il s'en trouve peu qui contestent les buts visés par l'OIIQ[9].» Il faut dire que la plupart des professeurs de collège en techniques infirmières viennent des écoles d'hôpitaux fermées durant les années 1970 et ont le sentiment de ne pas avoir toute la formation nécessaire pour enseigner: «[...] 75 % des professeurs étaient insuffisamment préparés à leur tâche[10].» Du côté de la Faculté, cette décision, on s'en doute, est fort mal accueillie. Celles qui contestent le font avec vigueur et conviction. Cécile Lambert rappelle les prérogatives de chaque instance et celle de la Faculté dans la formation des infirmières:

> Les modalités d'application se font plus difficiles. Car, si le Code des professions autorise l'OIIQ à veiller sur la formation de ses membres, il n'en reste pas moins que les collèges et les universités, également corporations autonomes, ont des priorités qui diffèrent de celles d'une corporation professionnelle[11].

---

8. Michel CHEVRIER, *Nouveaux programmes de nursing au niveau du baccalauréat*, DGEC, 1977, p. 1.
9. LAMBERT, *op. cit.,* 1980.
10. Commission Royale d'enquête sur les services de santé, *La formation infirmière au Canada*, Ottawa, 1966, p. 141.
11. LAMBERT, *op. cit.,* 1980, p. 33.

En termes de nombre, le rapport des forces est inégal, puisqu'il n'existe que trois programmes universitaires au Québec (Montréal, Laval et McGill), tandis que 40 cégeps offrent des techniques en soins infirmiers. Aucune entente ne semble possible entre les parties, ce qui conduit à une situation où les deux types de programme semblent incomplets. Un rapport de recherche effectué par Cécile Lambert de la Direction générale de l'enseignement collégial (DGEC) juge insatisfaisant l'enseignement infirmier dans les cégeps[12]. De leur côté, les universités, conscientes du fait qu'elles doivent conjuguer leur programme avec ceux des institutions collégiales, veulent l'améliorer et le développer. Ainsi, en 1976, le Conseil des universités fait au ministère de l'Éducation du Québec une demande d'approbation de quatre nouveaux programmes de baccalauréat en sciences infirmières (qui s'adressent aux infirmières diplômées des écoles d'hôpitaux, puis du programme collégial de techniques infirmières), et recommande d'en approuver trois, ceux de l'Université du Québec à Chicoutimi, de l'Université du Québec à Rimouski et de l'Université de Sherbrooke. Le Conseil des universités (CU) émet cependant des doutes sur l'efficacité de ces programmes et recommande d'étudier leurs objectifs en rapport avec le milieu du travail. Ce qu'il réitère encore en 1978, concernant la demande d'approbation d'un programme de baccalauréat en sciences de la santé, nursing, au Centre d'études universitaires de l'Ouest québécois[13].

Les lacunes constatées dans le programme collégial et les résistances à le modifier dans le sens voulu opposées par la DGEC et l'OIIQ, ainsi que les doutes soulevés par le CU sur la pertinence de nouveaux programmes universitaires, conduisent le ministère de l'Éducation à commander en 1979 une enquête sur l'ensemble des programmes de formation infirmière. Il donne ce mandat à un comité présidé par une infirmière Ginette Rodger, qui orientera la formation des infirmières pour au moins deux décennies, sans nécessairement apaiser la compétition entre les deux niveaux d'éducation.

12. Cécile LAMBERT, *Historique du programme des techniques infirmières 1962-1978*, Québec, Éditeur officiel du Québec, 1979, p. 1.
13. CHEVRIER, *op. cit.*, 1977.

La Faculté de nursing défend la formation initiale à l'université

Dans ce contexte, la Faculté de nursing de l'Université de Montréal devient le bateau amiral du projet d'une formation initiale à l'université. L'établissement du programme de maîtrise à la Faculté consacrait l'orientation professionnelle qu'avaient amorcée les Sœurs Grises pour les infirmières. Toutefois, une question se pose à leurs successeurs: comment concilier l'existence de deux parcours distincts de formation, collégial et universitaire, pour obtenir un droit de pratique avec un titre unique? Une autre question est soulevée durant ces années charnières de la Faculté, celle de l'orientation que peut prendre une faculté professionnelle dans une université de haut savoir. Les exigences de qualification des enseignants changent dans les universités, ainsi que leur mission. Tiraillée entre ces différents besoins, la Faculté procède à d'importants réajustements au cours des années 1970. Elle recrute de nouveaux professeurs détenant une maîtrise et augmente à quatre le nombre de ses professeurs possédant un doctorat[14]. Dans le programme de baccalauréat, elle inclut les conceptions de santé et de formation clinique pour des généralistes. Dans le programme de maîtrise, elle diversifie ses programmes et y inclut des spécialités cliniques et la formation à la recherche. Elle ajoute des programmes spécialisés à la maîtrise, en santé communautaire par exemple, qui seront l'objet de refontes successives, selon les besoins du système de santé, des groupes professionnels et des autorités académiques.

Parallèlement, on s'oriente vers un nouveau système de connaissances. Ainsi, les savoirs infirmiers enseignés à la Faculté au cours des années 1970 sont basés sur la formation à un exercice infirmier

14. Au tournant des années 1970, le corps professoral est en pleine expansion. À partir de 1971, le nombre de professeurs adjoints formés à la maîtrise s'accroît: 16 sur 28, dont 10 chargés d'enseignement. Il double par rapport à l'année précédente. Sur les 16 professeurs adjoints, 14 sont formés à la maîtrise en nursing dont 7 aux États-Unis. Les 2 autres sont formés en éducation à Ottawa. Cinq ans plus tard, en 1976, il y a 32 professeurs adjoints sur 45 dont 11 chargés d'enseignement formés à la maîtrise en nursing, pour la plupart. Dix enseignants sont formés dans des universités américaines. La Faculté a maintenant 4 professeurs qui détiennent un doctorat, tous en éducation; le nombre de doctorats apparaît tout de même insuffisant pour une institution universitaire dont la mission est de développer de nouveaux savoirs en nursing, mais c'est un début.

professionnel et autonome, centrés sur les besoins de santé des personnes, quel que soit le milieu de soin. Les termes « nursing », « malade » et « patient » utilisés dans les années 1960 sont remplacés par les termes « profession », « client », « bénéficiaire de soins et services de santé ». Certains voient dans ce nouveau vocabulaire l'emprise de la bureaucratisation des services et le recul de la perspective du soin à prodiguer aux personnes malades. Toutefois, ces changements donnent lieu à une orientation « santé » de la pratique infirmière, qui semble l'emporter à la Faculté. On va jusqu'à dire que les infirmières devront s'occuper de santé, alors que les médecins s'occuperont de maladie...

Légitimée par l'acquisition de connaissances scientifiques, même si peu de ces connaissances ont été jusque-là développées par des infirmières (et sont plutôt le fait de chercheurs en éducation ou en sciences), la pratique infirmière est présentée par les professeurs de la Faculté comme une « démarche scientifique », une démarche clinique — qu'on appelle également « processus clinique délibéré » ou « *nursing process*[15] » — qui permet à l'infirmière d'adapter ses soins aux changements constants de l'état de santé du client. Ce processus dynamique comprend l'analyse (recueillir des indices, cerner les besoins et formuler des objectifs face à ces besoins), l'intervention (mesures de confort, soins personnels, enseignement, création d'un milieu favorable à la poursuite des objectifs formulés, actes médicaux délégués) et l'évaluation constante des résultats par rapport aux objectifs fixés. Le plan de soins est l'instrument de continuité des soins pour les infirmières soignantes ; il résume le processus clinique en consignant objectifs et moyens d'atteindre les objectifs.

Ainsi, on le voit, les contenus de la formation, comme leur cadre institutionnel, sont en pleine transformation.

15. M. Claire RHEAULT, s.g.m, *Le nursing, aspects fondamentaux des soins*, Montréal, Éditions du renouveau pédagogique, 1973. Elle se réfère à l'ouvrage de Moyra ALLEN et Mary REIDY, *Learning to Nurse: The First Five Years of the Ryerson Nursing*, Toronto, Registered Nurses Association of Ontario, 1971. Evelyn Adam précise que la méthode du « processus nursing » (traduction utilisée en 1968 de *nursing process* et plus tard traduite par « démarche scientifique » ou « démarche systématique ») sera enseignée à la Faculté sans base conceptuelle, les besoins du client étant établis sans schème de référence préalable.

Les révisions du programme de baccalauréat

Le transfert aux collèges des écoles d'hôpitaux, au tournant des années 1970, a des conséquences sur la formation universitaire, notamment sur les conditions d'admission. Initialement prévu pour des candidates ayant obtenu le certificat du ministère de l'Éducation et passé avec succès les examens de la 11e année scientifique (sciences-mathématiques ou sciences-lettres), ce programme est également ouvert aux bachelières ès arts et aux infirmières ayant la licence d'exercice de l'AIPQ et qui répondent aux exigences académiques requises pour les autres candidates (11e scientifique)[16]. En 1968-1969, 132 nouvelles candidates remplissent les critères d'admission et s'inscrivent au programme de baccalauréat, autant à la section de base (4 ans) qu'à la section infirmière d'une durée de 2 ans[17]. Ce nombre représente environ 2 % de la cohorte totale issue des écoles d'hôpitaux (6 520 élèves en 1966-1967) qui se retrouve entièrement au collégial (7 185 étudiantes en 1971-1972)[18]. À cette date, la formation universitaire apparaît donc comme un perfectionnement dans les domaines connexes au nursing, en gestion ou éducation. C'est dire combien la formation de base en nursing à l'université reste une voie destinée à un très petit nombre d'infirmières[19]. Certes, l'ambition des Sœurs Grises de doter les infirmières d'une formation supérieure à l'IMY n'était-elle pas dénuée de vision. Envisageant la formation universitaire comme la voie d'accès aux postes de gestionnaires ou d'éducatrices (qu'elles occupaient), elles considèrent que seules les infirmières bachelières peuvent occuper ces postes. Selon elles, les écoles d'hôpitaux devaient former la majorité des infirmières, tandis

16. AFSI, lettre d'Alice Girard (doyenne de la Faculté de nursing de l'Université de Montréal) à J.M. Gauthier (Commission scolaire de Montréal), 7 février 1967, et AUM, Annuaire général de l'Université de Montréal 1967-1968, p. 13.

17. AUM, Bureau de la recherche institutionnelle, statistiques des inscriptions et de l'admission, Faculté de nursing, 1967-1999.

18. AIIPQ, « La formation infirmière dans les cégeps après cinq ans d'existence », octobre 1972, tableaux 4 et 5.

19. L'enseignement des savoirs infirmiers spécifiques à l'administration occupe une place marginale dans les premiers programmes du premier cycle. Le programme de baccalauréat, section de base, n'offre aucun cours d'enseignement infirmier lié à l'administration. Il y a cependant un cours de 3 crédits sur les éléments fondamentaux de l'administration et de l'organisation offert hors faculté ; ce cours est obligatoire.

que l'université formerait les cadres, directrices et enseignantes en soins infirmiers. La refonte radicale du système éducatif, avec ses ambitions de démocratisation et la laïcisation rapide de ses institutions, rend cette conception obsolète tant pour celles qui en sont les instigatrices que pour le contenu des programmes. Pourtant, la Faculté persistera longtemps dans cette voie.

Les difficultés du baccalauréat de base

Dès 1970, l'Université de Montréal demande à toutes ses facultés d'exiger le DEC général comme préalable à l'admission aux programmes universitaires[20]. À la Faculté de nursing, en 1970-1971, les étudiantes doivent avoir un DEC ou un B.A. pour être admises, ce qui semble impossible à réaliser pour un très grand nombre d'entre elles. À la suggestion d'Alice Girard, doyenne de la Faculté « qui veut procéder graduellement dans l'augmentation des exigences d'admission[21] », on adopte des mesures de transition pour une période d'un an, jusqu'en 1972. Les anciennes conditions d'admission, soit la 11e sciences-mathématiques seront appliquées[22], et l'Université autorise la Faculté à admettre des infirmiers/ères formées dans les écoles d'hôpitaux[23]. Un comité spécial se penche sur ces conditions transitoires d'admission, ainsi que sur la nécessité d'intégrer des cours de sciences humaines de premier niveau au programme de baccalauréat[24].

En fait, il s'agit véritablement d'arrimer les deux programmes, le baccalauréat de perfectionnement pour infirmières et le baccalauréat de base. Comme le mentionne Rita Dussault, vice-doyenne et présidente du comité chargé de planifier l'unification des deux sections du baccalauréat en 1969[25] : « [...] à compter de 1972, l'Université de

20. AUM, informations, recrutement cégep et autres, 1969.
21. AUM, lettre d'Alice Girard à Maurice Labbé (vice-recteur de l'Université de Montréal), 20 novembre 1968) ; lettre de présentation et nouveau préalable des cours de sciences humaines au cégep et annexe FN, considérations sur l'avenir de la section infirmière du baccalauréat en sciences infirmières de la FN.
22. AUM, procès-verbal du conseil de la Faculté de nursing, 10 décembre 1969.
23. AUM, informations, recrutement cégep et autres, 1969.
24. AUM, Université de Montréal, considérations sur l'avenir de la section infirmière du baccalauréat ès sciences (nursing) de la Faculté de nursing, 19 novembre 1968 ; conditions d'admission au baccalauréat, 1971-1976.
25. AUM, procès-verbal du conseil de la Faculté de nursing, 16 octobre 1969.

Montréal n'offrira qu'un seul programme de baccalauréat ès sciences (nursing). C'était une mesure transitoire[26].» Le comité Dussault recommande donc, pour l'entrée des étudiantes au baccalauréat ès sciences (nursing) unique, des mesures d'intégration souples et adaptées: «a) Que la Faculté de nursing continue de favoriser autant que faire se peut, l'accès des infirmières à l'Université; b) À cet effet, qu'elle considère désirable l'admission d'infirmières au programme du baccalauréat en vigueur à la Faculté à compter de 1972 et qu'elle adopte à l'endroit des infirmières admissibles à ce programme des modalités d'intégration souples et adaptées à la préparation antérieure et au statut d'adulte de ces candidates; c) Par ailleurs, conjointement avec le Service de l'éducation permanente (SEP) de l'Université, la Faculté envisage la possibilité d'offrir aux infirmières désireuses de se recycler ou de poursuivre leur formation professionnelle tout en restant engagées dans le milieu, un ou des programmes de certificats conduisant éventuellement à un baccalauréat[27].»

C'est cette dernière recommandation qui soulèvera les passions. Comment peut-on imaginer que des certificats obtenus dans une autre Faculté débouchent sur le baccalauréat? Le comité reconnaît la difficulté d'un recrutement direct des étudiantes du collégial et doit compter avec le Service de l'éducation permanente (SEP) pour établir ses programmes. Il propose également des mesures pour éviter des chevauchements dans la formation des infirmières et des étudiantes qui n'ont aucune formation infirmière préalable. Le baccalauréat ès sciences (nursing) unique est instauré comme prévu en 1972. Les cours généraux de français et de philosophie, dispensés au cours de la formation collégiale en sciences de la santé, en ont été retirés[28].

26. AUM, rapport du comité chargé d'étudier les modalités d'intégration des infirmières au programme du baccalauréat ès sciences (nursing) offert à la Faculté à compter de 1972 (rapport Dussault), octobre 1970. Ce comité comprend : Rita Dussault, responsable du Comité, sœur Marie Bonin, sgm, responsable du programme du baccalauréat (section de base); sœur Jeanne Forest, sgm, responsable du programme du baccalauréat (section infirmière).

27. *Ibid.*

28. AUM, Annuaire général de l'Université de Montréal, Faculté de nursing, 1972-1973.

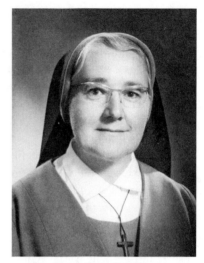

Sœur Marie Bonin (AUM).   Sœur Jeanne Forest (ASGM).

**Baccalauréat ès sciences (nursing), 1972-1973
(programme détaillé en annexe)**

- durée : 3 ans
- note de passage : 60 %
conditions d'admission :
   D.E.C. en sciences de la santé
   D.E.C. en techniques infirmières

112 crédits
   nursing : 63 crédits
   sciences biomédicales et appliquées : 26 crédits
   sociologie et psychologie : 10 crédits.
   autres (législation, éducation, recherche, administration, morale) :
   10 crédits.
   cours au choix (anthropologie, éducation, travail social,
   sociologie, pharmacie) : 3 crédits.

Si ces changements visent un meilleur arrimage de l'Université aux cégeps, et des différents programmes de l'Université entre eux, ils n'aboutissent pas pour autant à augmenter le bassin d'étudiantes de la Faculté. Au contraire, au cours des années qui suivent, on observe une importante baisse des admissions. La fréquentation du programme, depuis 1973, est réduite par rapport aux années où la Faculté offrait les deux sections du baccalauréat et la pertinence du baccalauréat de base est remise en question. De fait, jusqu'à la fin des années 1970, le nombre d'inscriptions oscille autour de 250, tandis que, en 1967, les inscriptions étaient au nombre de 409[29]. L'urgence d'une réorganisation se fait sentir au sein de la Faculté, qui est déjà en train de perdre une grande partie de ses clientèles au profit d'autres instances universitaires, comme l'Éducation permanente, l'École d'hygiène, la Faculté d'éducation etc. Elle coïncide avec le départ de sa doyenne.

Alice Girard quitte la Faculté pour se consacrer à ses projets de coopération internationale. La nomination de Jeanne Reynolds, infirmière-administratrice, à la direction de la Faculté permet d'espérer un changement d'orientation et une meilleure coordination de l'équipe enseignante. Proche d'Alice Girard, qu'elle a connue à l'Hôpital Saint-Luc, et ancienne élève des Sœurs Grises, Jeanne Reynolds est détentrice d'un doctorat en éducation, option « administration » de l'Université d'Ottawa. Pourra-t-elle s'engager dans la vague de changements ? À un moment où l'Université de Montréal prend de nouvelles orientations et favorise le développement de l'éducation permanente, des études supérieures, du décloisonnement des programmes et des facultés, elle doit trancher sur la question du baccalauréat. Initialement en faveur du baccalauréat de base, elle constate qu'elle n'a pas les appuis requis pour maintenir cette position. L'Université favorise le décloisonnement, la nouvelle Faculté de l'éducation permanente qui remplace le SEP en 1974 offre des programmes de certificats très populaires dirigés par Diane Goyette, et le baccalauréat unique offert à la Faculté de nursing paraît trop complexe et n'attire pas les infirmières. De plus, le vice-recteur Archambeault appuie la position de l'OIIQ en faveur de la formation collégiale. Devant de telles positions, Jeanne Reynolds ne peut se permettre de maintenir son choix en faveur d'un seul baccalauréat, celui de la formation initiale à l'université, et doit procéder à des réformes[30].

---

29. BRI, Université de Montréal, Bureau du registraire, statistiques.
30. Entretien avec Jeannine Pelland, juin 1999.

Jeanne Reynolds, doyenne de 1973 à 1977

 Jeanne Reynolds est née en 1915 dans le quartier Hochelaga à Montréal. Son père est ingénieur et sa mère s'occupe du foyer. Elle fait des études secondaires dans un cours commercial, ce qui lui permet de travailler à l'aqueduc de Montréal. Elle sent pourtant le besoin d'aider les autres (plus jeune elle voulait être missionnaire) et décide à l'âge de 20 ans de rester célibataire pour servir. Elle commence son cours d'infirmière à vingt-six ans, à l'Hôpital du Sacré-Cœur à Cartierville, avec les Sœurs de la Providence; elle y passera 3 ans.

Diplômée en 1944, elle travaille d'abord à Sacré-Cœur pendant deux ans, comme une des premières infirmières laïques. On la sollicite pour la formation des nouvelles arrivantes. Elle travaille ensuite 4 ans à Hull en médecine-chirurgie, puis fait de la pratique privée, par son affiliation au Registre Ville-Marie. Désireuse d'approfondir ses connaissances, elle se spécialise durant des périodes de 6 mois dans différents départements, en psychiatrie à Albert-Prévost, et en neuro-chirurgie à Notre-Dame.

Elle entre à l'Hôpital Saint-Luc comme éducatrice du personnel. Elle comprend alors la nécessité d'une bonne direction de soins et décide de faire son baccalauréat à l'Institut Marguerite d'Youville. Elle l'obtient en 1960 et enseigne à l'IMY par la suite, mais doit obtenir sa maîtrise pour continuer d'y enseigner. C'est à Ottawa qu'elle entame une formation en éducation, option « administration », et y obtient sa maîtrise. Elle revient à l'Hôpital Saint-Luc pour occuper le poste de directrice de l'école d'infirmières et des services infirmiers à la fin des années 1960. Elle poursuit ses études et obtient un doctorat en éducation, option « administration », en 1972 à l'Université d'Ottawa. Son but est encore de « mieux servir, mieux donner ».

L'une des rares infirmières laïques détentrices d'un doctorat au Québec, Jeanne Reynolds remplace Alice Girard au poste de doyenne de la Faculté de nursing en 1973. Elle poursuivra les projets entrepris en coopération internationale, avec le projet conjoint Université de Montréal - ACDI en Algérie (1974-1979). Sa philosophie des soins est basée sur le respect de l'être humain. En tant qu'administratrice, elle met de l'ordre dans les dossiers et les rapports hiérarchiques. En tant qu'infirmière soucieuse du malade, c'est sous sa direction qu'un groupe de professeurs travaille à enrichir le programme d'enseignement de la conception des besoins fondamentaux de Virginia Henderson. Elle termine son mandat à la Faculté en 1977, à soixante-deux ans, et retourne au professorat à Ottawa pour y terminer sa carrière. Elle meurt en 1994.

Jeanne Reynolds commande une refonte des programmes dans la perspective d'une plus grande ouverture et dans l'espoir d'avoir plus d'étudiantes[31]. Des programmes avec inscription à temps partiel sont introduits pour attirer les candidates et les rapports de stage côtoient les mémoires, comme exigences à la maîtrise. Elle réorganise également l'administration de la Faculté, en créant par exemple un poste d'adjointe au doyen en 1974. La révision complète des programmes de la Faculté coïncide avec l'Opération objectifs développement priorités (ODP) de l'Université de Montréal[32], et s'inscrit donc dans la réorganisation plus globale souhaitée par la direction de l'Université. La Faculté doit également faire face à de dures critiques qui mettent en doute la valeur du programme de baccalauréat ès sciences (nursing), par rapport au programme collégial. La validité du baccalauréat de base est dès lors ouvertement mise en cause par toutes les instances, sauf au sein de la Faculté.

Devant l'ampleur de la tâche et la difficulté de concilier toutes les opinions, Jeanne Reynolds choisit de ne pas se représenter et donne son appui à Diane Goyette qui sera nommée pour lui succéder à la direction de la Faculté[33]. C'est à elle qu'incombera la tâche d'imposer une autre orientation à la Faculté. Elle aussi tentera en vain de concilier les deux approches, l'approche fondamentale en sciences infirmières à l'université, prolongement d'une formation scientifique

---

31. En 1973, la Faculté a comme objectifs de développer le savoir, le savoir-faire et les attitudes. AUM, réunion plénière du personnel de la Faculté de nursing, évaluation des programmes de baccalauréat pour infirmière, octobre 1973.

32. AUM, révision du programme de baccalauréat ès sciences (B. Sc.), 1er février 1979.

33. Entretien avec Jeannine Pelland, juin 1999.

au collège (DEC en sciences de la santé), et celle d'une formation technique sans préparation scientifique (DEC en techniques infirmières), à laquelle s'ajouteraient des programmes de perfectionnement facultatifs à l'université. Ces deux formations collégiales, bien que ne débouchant que dans un seul cas sur l'obtention du titre d'infirmière (techniques infirmières), sèment une certaine confusion. Diane Goyette abandonne le projet de formation initiale à l'université et change le nom de la Faculté.

La transformation du nursing en « sciences infirmières »

La question de la francisation du nom de la Faculté est discutée depuis l'intégration de l'IMY à la Faculté de nursing. En 1967, l'Université de Montréal adopte sa nouvelle charte (séculière) et le problème du nom de la Faculté est soulevé. Le Dʳ Jacques Boulay, alors secrétaire général et siégeant au comité d'étude des termes de médecine, propose au recteur Gaudry la francisation du mot « nursing » : il suggère alors « École des sciences infirmières[34] ». Dix ans plus tard, la question est à nouveau soulevée quand le recteur Lacoste procède à la nomination de la doyenne en 1977[35]. La francisation du terme « nursing » proposé par le rectorat suscite l'opposition de trois professeures qui considèrent le terme « nursing » comme plus approprié, parce qu'il désigne une réalité faite de plusieurs éléments : sciences, méthodes, techniques, soins. Il englobe, en français comme en anglais, la pratique, la formation et la recherche infirmières. De plus, le mot « nursing » représente une réalité nord-américaine qui ne peut être traduite par des termes français. Selon ces trois membres, « l'avis des spécialistes français ne peut qu'être fortement influencé par le fait qu'il n'existe pas en France (ou si peu) de nursing tel qu'entendu dans la définition nord-américaine ». Elles ajoutent que « la traduction de *The International Journal of Nursing Studies* en *Journal international d'étude des soins médicaux* est une illustration de la difficulté de traduire adéquatement le mot *nursing*[36] ».

34. AUM, lettre du Dʳ Jacques Boulay (secrétaire général, le comité d'étude des termes de médecine) à Roger Gaudry (recteur de l'Université de Montréal), 20 juin 1967
35. Entretien avec Diane Goyette, juillet 1999.
36. AUM, procès-verbal du conseil de la Faculté de nursing, 4 mars 1977.

Ce débat, assez houleux selon l'ex-doyenne Goyette, se conclut par la francisation du terme « nursing » en « sciences infirmières ». L'Office de la langue française a-t-il fait pression sur le recteur Lacoste, comme le suppose la doyenne Goyette ? En tout état de cause, elle-même se rallie à une francisation qu'elle considère comme inéluctable, compte tenu de la situation politique[37]. La Faculté est rebaptisée en 1978[38]. Avec ce changement de nom se profile aussi le changement tant attendu de la mission : la Faculté saura-t-elle ouvrir ses programmes aux infirmières ?

Diane Goyette, doyenne de 1977 à 1981

Diane Goyette est née le 13 janvier 1933 à Montréal et vit dans la paroisse de Saint-Vincent-Ferrier. Diane et sa sœur jumelle sont les cadettes d'une famille de quatre enfants. Au décès de leur père, en Angleterre, lors de la Deuxième Guerre mondiale, Diane a sept ans ; elle ira au pensionnat de Rigaud où elle passera huit ans. Le couvent de Rigaud change de vocation pour devenir une école normale. Elle terminera les deux dernières années de Lettres-Sciences à l'Académie Saint-Urbain chez les Sœurs de la Congrégation Notre-Dame. Elle côtoie alors les gens des hôpitaux de l'Hôtel-Dieu et de Sainte-Jeanne-d'Arc. Séduite par le monde hospitalier et incapable financièrement de faire son cours de médecine, elle entre à l'Hôtel-Dieu comme élève infirmière. Sœur Allard lui demandera d'enseigner aux débutantes en attendant l'obtention de son permis de pratique. Elle termine son cours en 1954, se marie en 1956 et travaille à temps partiel à la pharmacie de l'hôpital. Vers 1960, elle obtient son second poste comme enseignante à la crèche de Liesse, qui est entre les mains des Sœurs Grises.

37. Entretien avec Diane Goyette, juillet 1999.
38. AUM, *Annuaire général de l'Université de Montréal, Faculté de nursing*, 1978-1979.

Motivée par l'enseignement, elle veut entreprendre un baccalauréat en nursing, qui n'est alors ouvert qu'aux religieuses. Elle s'inscrit au cours donné par le père Bernard Maillot et tente ainsi d'avoir un premier accès à un diplôme universitaire. Par la suite, l'IMY ouvre le baccalauréat aux laïques en donnant la préférence aux célibataires. Diane Goyette y obtiendra son baccalauréat en 1969 et sa maîtrise en éducation en nursing en 1971.

Engagée comme professeure à la Faculté, Diane Goyette donne alors ses cours en éducation et en administration et remporte, dès sa première année, le titre du meilleur professeur de l'année dans le cadre d'un concours organisé par l'Association des étudiants de l'Université de Montréal.

Elle quitte la Faculté de nursing pour la toute nouvelle Faculté de l'éducation permanente, créée dans le courant de démocratisation à l'Université de Montréal. La philosophie qui anime cette institution convient tout à fait aux idées de Diane Goyette. Nommée par le doyen Gaétan Daoust, elle occupe la fonction de directrice de la section nursing, qui doit créer des certificats et des cours hors campus. Par cumul de trois certificats, les infirmières peuvent obtenir un baccalauréat. Le but est d'intéresser les infirmières de toutes les régions du Québec à une formation supérieure. Elle revient à la Faculté de nursing comme doyenne, à la suite du départ de Jeanne Reynolds, en juin 1977. Elle termine son mandat en 1981 pour accepter un poste de direction des soins infirmiers à l'Hôpital Notre-Dame. Favorisant le développement du corps professoral ainsi que l'avancement de la recherche, elle a marqué la Faculté des sciences infirmières par la démocratisation de ses structures et un accès plus large pour les infirmières diplômées.

L'enjeu majeur des certificats en nursing

La formation de base à l'Université, qui reste le credo d'une grande partie des professeurs de la Faculté, est désormais ouvertement concurrencée par les certificats très populaires délivrés par le SEP. De 1973 à 1981, le nombre d'inscriptions au baccalauréat oscille autour de 250, en baisse par rapport aux chiffres d'avant 1973, entre 300 et 400. À l'inverse, le Service de l'éducation permanente (SEP), puis

Faculté de l'éducation permanente (FEP), qui offre en exclusivité aux infirmières trois certificats de 30 crédits, connaît une expansion fulgurante (certificat de nursing communautaire en 1971, certificat d'organisation des soins et d'éducation en nursing en 1974 et Certificat de nursing clinique en 1974). La réussite de trois certificats conduit à l'obtention d'un baccalauréat ès sciences de l'Université de Montréal. Ces certificats sont dirigés pendant plusieurs années par Diane Goyette (à la FEP) et le fait qu'elle devienne doyenne de la Faculté de nursing en 1977 laisse croire qu'une alliance entre les deux instances est possible. Ainsi croit-on possible le rapatriement de ces certificats au sein de la Faculté, même si ceux-ci s'inscrivent dans un cheminement de formation professionnelle continue peu compatible avec des programmes de baccalauréat.

Pourtant, Diane Goyette de concert avec le doyen de la FEP s'oppose à leur rapatriement, car ces certificats n'auraient plus de raison d'exister. Elle voit l'ouverture des programmes et leur multiplication ailleurs qu'à la Faculté comme une bonne façon de pallier les problèmes de recrutement des infirmières. La responsable du baccalauréat de base, Jeannine Pelland Baudry, et ses alliés ne le voient pas ainsi et veulent poursuivre l'objectif d'instaurer le baccalauréat de base comme voie unique de toute formation infirmière (ce qui rendrait les certificats inutiles). Ces clivages apparaissent désormais incontournables entre la doyenne Goyette et ses opposantes au sein même de la Faculté. Même si Diane Goyette plaide en faveur de la recherche portant sur les soins (aux opérés par exemple) plutôt que sur le social et entreprend en compagnie de Marie-France Thibaudeau des pourparlers avec McGill pour développer un doctorat conjoint, elle ne peut accepter le baccalauréat de base comme seule voie de formation initiale pour la profession d'infirmière. Elle capitule en dénonçant l'élitisme et la rigidité de la FSI et ne demande pas le renouvellement de son mandat. Elle assume le poste de directrice des soins infirmiers à l'Hôpital Notre-Dame, tandis que Jeannine Pelland est élue à la présidence de l'OIIQ en 1980. Personne ne s'y trompe: la question des certificats est un enjeu majeur pour réaliser le projet de formation initiale au baccalauréat.

Par ailleurs, au cours des années 1970, les trois secteurs qui constituent la base de la formation universitaire des infirmières échappent graduellement à la Faculté. Les infirmières désireuses de se perfectionner en santé publique et de travailler dans les nouveaux centres de santé communautaire sont formées au SEP, comme celles qui souhaitent exercer des fonctions d'éducatrices et de gestionnaires des soins. Avec l'accent mis sur l'éducation des adultes et sur la formation en cours de carrière, le SEP qui devient la FEP a pris dans le perfectionnement des infirmières une avance considérable sur toutes les autres unités de l'Université. Des milliers d'infirmières s'inscrivent à ses certificats et programmes, bénéficient de conditions d'admission plus souples qu'à la Faculté (un an d'expérience comme infirmière) et de la possibilité d'étudier à temps partiel. La structure des programmes est décloisonnée, avec plusieurs cours à option et au choix. Les horaires des cours sont variés, à la fois le jour et le soir, et plusieurs cours sont offerts hors campus, dans le milieu de travail des infirmières, ou encore à distance avec des approches pédagogiques axées sur l'autoapprentissage. Si la FEP rend les cours en sciences infirmières facilement accessibles à une nouvelle clientèle de praticiennes, c'est au sein de la Faculté des sciences infirmières que le programme de bacca-lauréat « unique » du début des années 1970 est débattu. Bon nombre d'infirmières font leurs études de baccalauréat à la FEP et plusieurs d'entre elles poursuivent des études de deuxième cycle en administration de la santé, en santé communautaire, en éducation ou en andragogie. Ces diplômées occupent des fonctions clés en administration et en éducation du nursing sans avoir jamais pris un seul cours à la Faculté. La pression sur la Faculté sera forte. Elle prendra le virage de l'éducation permanente pour le perfectionnement des infirmières dix ans plus tard, dans les années 1980.

Tous ces éléments suscitent de sérieux doutes chez certaines dirigeantes quant au bien-fondé du baccalauréat de base. Pourtant, ce programme de baccalauréat « unique » a permis de consolider des savoirs autour d'un programme cohérent d'études supérieures. En mettant l'accent sur la formation initiale en nursing, tout en conservant la « spécialisation » aux programmes de deuxième cycle, la Faculté a réussi à établir les bases d'une formation fondamentale en sciences infirmières à l'université. Rejetant comme l'IMY les programmes de perfectionnement, souvent fragmentés, qui prennent appui sur une formation technique en soins infirmiers, la Faculté a voulu développer les deux axes de l'enseignement d'un corpus de savoirs infirmiers et de la recherche dans des spécialités. L'analyse du contenu de ces programmes et des conceptions qui les sous-tendent permettront d'évaluer dans les paragraphes qui suivent la contribution spécifique de la Faculté à la diffusion et au développement des connaissances en sciences infirmières. C'est sur ce corpus de nouveaux savoirs que la Faculté fonde sa légitimité.

Un nouveau corpus de savoirs infirmiers enseignés au baccalauréat

Nous l'avons vu, le programme de baccalauréat de 1972 est conçu pour une clientèle unique désirant obtenir une formation universitaire initiale en nursing. Ce programme se démarque nettement des précédents, en ce qu'il fait une large place aux influences des travaux récents sur le nursing effectués par des théoriciennes et chercheuses américaines. Influencé par la philosophie de l'école des besoins, le contenu des cours est organisé selon les spécialités médicales (médico-chirurgical, pédiatrie, psychiatrie, etc.); d'autre part, la méthode en stage clinique est la démarche scientifique, appelée processus nursing (*nursing process*) qui est orientée vers les besoins du client. L'accent est mis sur des concepts de soins spécifiques liés aux diverses clientèles. Le «processus nursing» permet l'élaboration d'un plan de soins qui devient le principal instrument de planification et d'organisation des soins. Tous les cours de nursing, sauf deux, traitent ainsi des soins à prodiguer à l'individu et à sa famille. Un cours obligatoire porte sur l'introduction à la recherche en nursing et un autre s'applique à l'étude des forces sociopolitiques qui influencent le nursing. Ce programme de premier cycle n'offre plus de cours destinés à l'enseignement des savoirs infirmiers spécifiques à l'éducation et à l'administration en nursing.

Une conception du service infirmier: l'assistance face aux besoins fondamentaux de l'individu

Dès 1969, le livre *The Nature of Nursing* de Virginia Henderson (1897-1996) est recommandé, plus que tout autre, dans les cours de base en nursing «Aspects actuels de la pratique du nursing» et «Orientation au nursing»[39]. Le livre d'Henderson propose une con-

---

39. Virginia HENDERSON, *The Nature of Nursing: a Definition and Its Implications for Practice, Research, and Education*, New York, Macmillan, 1966, mais aussi Ernestine WIEDENBACH, *Clinical Nursing: A Helping Art*, New York, Springer, 1964; René J. DUBOS, *Man Adapting*, New Haven, Yale University Press, 1965.

ception de la fonction unique de l'infirmière, soit d'assister l'individu, malade ou en santé, dans la réalisation des activités qu'il accomplirait lui-même s'il en avait la force, la volonté ou la connaissance. Son objectif est de soutenir l'individu de sorte qu'il puisse rester en santé, recouvrer la santé ou mourir paisiblement[40]. L'assistance de l'infirmière est requise pour permettre à la personne de maintenir ou de rétablir son indépendance dans la satisfaction des quatorze besoins fondamentaux décrits par Henderson.

Le fondement de la conception de Henderson réside dans l'indivisibilité de l'esprit et du corps. La personne est un tout et le maintien de son intégralité passe par la satisfaction de divers besoins, parmi lesquels ceux de communiquer avec les autres, d'apprendre, de se récréer et de se réaliser. Pour Henderson, la santé est la capacité d'assurer la satisfaction de l'ensemble des besoins fondamentaux dans toute leur complexité. L'environnement est le milieu qui agira de façon positive ou négative sur la capacité de la personne à fonctionner de manière indépendante. Dans cette perspective, l'infirmière identifie les besoins non satisfaits et les problèmes qui s'y rattachent en vue de substituer, ajouter, compléter, aider, suppléer auprès de la personne ce qui lui manque pour assurer son indépendance, ou pour mourir paisiblement.

Cette façon de voir le nursing est devenue rapidement prédominante sur la scène internationale. Les écrits de Virginia Henderson, alors adjointe à la recherche à l'École d'infirmières de l'Université Yale aux États-Unis, sont repris par le Conseil international des infirmières (CII), ce qui lui donne une légitimité accrue[41]. Cette conception infirmière s'inscrit dans les courants contemporains qui alimentent les débats et les enseignements en sciences humaines et qui marquent une préoccupation pour la personne. À titre d'exemple, la théorie de la motivation de Maslow[42], qui décrit une hiérarchie des catégories de

---

40. Virginia HENDERSON, *The Nature of Nursing*, p. 15
41. Au cours des années 1960, le CII diffuse largement la vision de Henderson dans une brochure traduite en plusieurs langues et dont la version française « Principes fondamentaux des soins infirmiers » est publiée par l'Association des infirmières et infirmiers de la province de Québec : Virginia HENDERSON, et Conseil international des infirmières, *Principes fondamentaux des soins infirmiers*, Montréal, AIIPQ, 1969.
42. Abraham MASLOW, *Motivation and Personality*, New York, Harper and Row, 1970.

besoins fondamentaux de l'humain, est fort présente dans divers milieux de travail au cours des années 1960 et 1970.

Au sein de la Faculté, un groupe de professeurs, dont Evelyn Adam, reprennent les concepts de Henderson dans le « guide pour la démarche nursing » qu'ils intègrent dans les enseignements de base au baccalauréat révisé de 1972. De retour de l'Université de la Californie à Los Angeles (UCLA), où elle a obtenu sa maîtrise en nursing en 1971, Evelyn Adam, à l'instar de Dorothy E. Johnson, considère la pratique infirmière comme un service social spécifique qui doit être précisé. Avec elle, Adam suggère que la pratique, la formation et la recherche infirmières soient basées sur une conception claire et explicite du service infirmier. D'autres membres du corps professoral n'en voient pas l'importance ou craignent un enfermement de la Faculté sur cette seule conception. D'autres encore croient que c'est la relation client-infirmière qui constitue la base de la discipline. De fait, plusieurs infirmières publient des textes sur la relation d'aide et sur la relation infirmière-client[43] qui sont utilisés dans les enseignements à la Faculté. Soulignons toutefois que la formation à la relation d'aide ne s'inscrit que dans les cours de nursing en psychiatrie. Ainsi, dans le programme de baccalauréat la conception de Henderson, bien que dominante, côtoie la conception de la relation infirmière-client de Peplau, Orlando et Wiedenbach[44].

En ce qui à trait à la formation clinique, les étudiantes utilisent la démarche nursing. Elles recueillent, grâce à l'entretien et à l'observation de la personne malade, des données sur son histoire sociale, sa perception et sa compréhension de la maladie, ses attentes, ses comportements (de dépendance ou d'indépendance), ainsi que sur l'évolution de la maladie. Au terme de l'analyse, les étudiantes identifient les besoins non satisfaits de chacun des patients et planifient les soins à donner selon les besoins (fondamentaux), tels que se reposer, s'alimenter, éliminer, communiquer, etc. Cette démarche s'applique à l'en-

---

43. Hildegard E. PEPLAU, *Interpersonal Relations in Nursing : a Conceptual Frame of Reference for Psychodynamic Nursing*, New York, Putnam, 1952 ; Ernestine WIEDENBACH, *Clinical Nursing : A Helping Art*, New York, Springer, 1964 ; Ida J. ORLANDO, *The Dynamic Nurse-Patient Relationship : Function, Process and Principles*, New York, Putnam, 1961.

44. AUM, *Annuaire général de l'Université de Montréal*, Faculté de Nursing, 1967.

semble des personnes qui requièrent des soins. De fait, au cours des années 1970, on classe les cours et stages au sein du programme de baccalauréat par spécialités ou groupes de clients à soigner : nursing médico-chirurgical I et II (19 crédits), nursing en obstétrique (8 crédits), nursing en pédiatrie (8 crédits) et nursing en psychiatrie (7 crédits).

Dans ces cours, il s'agit essentiellement d'appliquer la démarche scientifique à l'étude des besoins fondamentaux des divers groupes de clients. La description du contenu des cours varie en fonction des clientèles ciblées et de nouveaux concepts apparaissent : le fonctionnement optimum de la cellule familiale, la croissance et le développement, les connaissances biopsychosociales, la prévention de la maladie, la continuité des soins et les ressources communautaires. On le voit, les approches sont nombreuses et tendent à préciser les concepts qui caractérisent les soins infirmiers : on reconnaît de plus en plus l'importance du client, la personne comme être unique, son interaction avec les personnes et les ressources de l'environnement. La pluralité de la notion de personne s'exprime en termes de famille, groupe, communauté ; on considère davantage les diverses phases du cycle de vie dans la planification des interventions infirmières et les ressources familiales et communautaires sont ciblées pour assurer la continuité des soins. La notion de santé prend le pas sur celle de la maladie et les visions théoriques contemporaines viennent nuancer les définitions des modes d'intervention.

Toutefois au cours des années 1970 et 1980, l'engouement pour l'adoption d'une démarche scientifique à la base du travail de l'infirmière a morcelé l'approche globale préconisée par Henderson. Sa conception, selon laquelle le binôme esprit–corps est indivisible, est traduite de façon trop rigide en étapes de soins et elle-même a critiqué cette application trop souvent mécanique qui laisse peu de place à la connaissance provenant de la pratique du soin[45]. Selon Adam[46], les étapes de la démarche ont pris plus d'importance que la base conceptuelle. Pour Henderson, le soi-disant *nursing process* est une méthode utilisée par tous les professionnels de la santé pour la résolution de problèmes. La dimension qui provient de l'expérience de la santé (et

45. Virginia HENDERSON, « The Nursing Process — Is the Title Right ? », *Journal of Advanced Nursing*, vol. 7, 1982, p. 103-109.
46. Evelyn ADAM, *I Mind the Time*, Montréal, E. Adam, 2000.

de la maladie) des personnes et des familles est souvent absente lors de l'application d'un processus dit scientifique ou systématique, s'il n'est pas imprégné des besoins des clients ou s'il est réalisé unilatéralement par l'infirmière[47]. En fait, l'« utilisation » de la conception de Virginia Henderson à travers le morcellement des fameuses étapes de la « démarche nursing » a peut-être ralenti la perception inhérente aux pratiques de soins, mais a permis à la pensée théorique de progresser. Dans le Québec francophone, elle s'est avérée malgré tout une étape importante vers une définition propre de la discipline.

L'influence de la pensée américaine en nursing contribue à une réorientation de la Faculté, où diverses écoles se côtoient désormais. L'orientation en santé communautaire, reliquat de l'influence hygiéniste, est toujours présente avec deux cours chacun, « Nursing en santé communautaire I et II », de 3 crédits, portant successivement sur la santé maternelle, infantile, scolaire et mentale, puis sur les soins à domicile, les ressources communautaires et les services de santé en industrie. Dans ce domaine, les professeures Doris Custeau et Pierrette Lussier, deux infirmières hygiénistes, ont publié en 1981 la traduction de la 3e édition des *Soins infirmiers de santé communautaire*, ouvrage rédigé par Leahy, Cobb et Jones. Et même si ces professeurs quittent la Faculté, la spécialité en hygiène sera complètement intégrée à la perspective globale de la formation de l'infirmière bachelière.

Une conception globale de la santé des personnes

On ne doit pas non plus sous-estimer la contribution théorique importante des Sœurs Grises, alors même que leur présence dans le corps professoral s'amenuise[48]. Respect du malade, conception globale de sa santé et présence de l'infirmière traduisent les principes qu'elles ont toujours défendus. Le livre de sœur Rheault, utilisé dans les années 1970 pour l'enseignement des techniques de base, reflète ces valeurs[49],

---

47. Jocalyn LAWLER, « In Search of an Australian Identity », dans Mikel GRAY et Robert PRATT (dir.), *Towards a Discipline of Nursing*, Melbourne, Churchill Livingstone, 1991, et G.J. MITCHELL, « Diagnosis: Clarifying or Obscuring the Nature of Nursing », *Nursing Science Quarterly*, 4, 2, 52, 1991.

48. Sœur Bonin reste à son poste jusqu'en 1978 et sœur Forest jusqu'en 1980.

49. M. Claire RHEAULT, s.g.m, *Le nursing, aspects fondamentaux des soins*, Montréal, Éditions du Renouveau pédagogique, 1973.

même si l'auteure doit y expliquer le choix du mot « client » pour désigner à la fois les personnes malades ou en santé.

Ce livre de base, rédigé d'abord pour les étudiantes de l'IMY[50] et futures infirmières, présente une conception des soins orientée vers la personne humaine dont les besoins de santé déterminent l'intervention infirmière. Cette conception remplace celle, plus traditionnelle, qui met l'accent sur la maladie et sur le soin comme une lutte contre la souffrance. Les soins infirmiers s'adressent aux personnes de tout âge, malades ou bien portantes, en tenant compte de tous leurs besoins, tant physiques que spirituels ou affectifs. La définition de santé de Rita Dussault, qui élargit celle de l'OMS par la notion de processus d'adaptation constant, y est intégrée : « Le mot santé n'a de sens qu'en regard d'une personne donnée, fonctionnant dans un environnement physique et social donné[51]. » Sœur Rheault (1973) présente également les besoins fondamentaux de Henderson, le processus délibéré et le plan de soins. Elle met au premier rang la capacité d'observation de l'infirmière et celle de susciter une communication efficace avec le client, sa famille et les autres professionnels de la santé. Son livre comprend en outre un relevé systématique des pratiques de soins. L'auteure insiste sur les pratiques relatives au maintien de la santé et au confort du client, au processus d'accueil, au maintien des forces vitales et à la prestation de soins d'assistance et à long terme. Sœur Rheault précise les activités de soins infirmiers sous chacune de ces grandes orientations.

Ainsi identifiées, les tâches de l'infirmière se traduisent par un éventail de pratiques qui se rapportent toutes à une conception globale de la santé des personnes : dans cette optique, l'infirmière intervient de façon déterminante au niveau de la prise en charge. La charité a été remplacée par la science et la compassion. Sœur Denise Lefebvre souligne ainsi dans la préface qu'elle consacre au livre de sœur Rheault (édition de 1973) : « L'intuition et l'improvisation ne sauraient plus de nos jours être les seuls instruments au service d'une charité créatrice. Dans le domaine des soins en nursing comme dans tous les autres domaines, les acquisitions de la science et de la technique s'accumulent à un rythme vertigineux. » Et de conclure par ce souhait de

---

50. IMY, *Le soin des malades, principes et techniques*, 2ᵉ éd., 1955 ; *Le nursing : principes généraux, pratique de base*, 4ᵉ éd., 1968.
51. DUSSAULT, 1969, communication non publiée.

Bergson: «[...] ajouter à la technique un supplément d'âme.» L'ambition des pionnières du nursing à la Faculté, même si elle reste marquée par ses origines spirituelles, est clairement orientée vers la conquête de la science pour fonder la discipline.

Spécialités cliniques et recherche au deuxième cycle

Comme les spécialités en administration et éducation du nursing assurées respectivement par Jeanne Reynolds et Julienne Provost, les spécialités cliniques prendront place non plus au baccalauréat mais au deuxième cycle avec le premier programme de clinique spécialisé en «nursing en psychiatrie et hygiène mentale» en 1968[52]. Des cours spécialisés en psychiatrie et hygiène mentale[53], pratique du nursing en psychiatrie, psychologie médicale et psychopathologie, dynamique des groupes et psychiatrie sociale, seront ajoutés aux cours communs et cours à option qui figurent déjà dans les autres spécialités (éducation et administration). Avec Marie-France Thibaudeau, dont la spécialité clinique est la santé mentale, le nursing en psychiatrie et hygiène mentale constitue la première spécialité clinique durable à la Faculté. Engagée comme professeure à la Faculté de nursing en 1967, elle obtient une maîtrise en nursing de l'Université Yale la même année. Influencée par les théoriciennes américaines Hildegard Peplau, Ida Orlando, Joyce Travelbee et Ernestine Wiedenbach, leaders du courant de l'interaction issu de l'École de nursing de l'Université Yale[54], également spécialisée en santé mentale, Marie-France Thibaudeau contribuera à la diffusion de leurs premiers travaux, publiés entre

---

52. AUM, Faculté de nursing, Projet d'addition au programme de maîtrise en nursing présenté à la Commission des études, 23 janvier 1968.
53. Analyse des éléments du nursing en psychiatrie et hygiène mentale: nature, but, modalités et évaluation d'interventions. Concepts fondamentaux sur lesquels sont basées les interventions thérapeutiques de l'infirmière. Rôle de l'infirmière au sein de l'équipe thérapeutique dans des variétés de thérapies et de milieux et dans la rééducation du malade. Étude des différentes phases de la relation malade-infirmière. Analyse de travaux de recherche sur des problèmes de nursing. AUM, Faculté de nursing, Projet d'addition au programme de maîtrise en nursing présenté à la Commission des études, 23 janvier 1968, p. 4-5.
54. Afaf I. MELEIS, *Theoretical Nursing: Development and Progress*, Philadelphie, J. B. Lippincott Co., 1991.

1952 et 1965. Centrée sur le processus d'interaction malade-infirmière, cette spécialité de nursing en psychiatrie et hygiène mentale aura une influence sur les enseignements de base liés aux relations interpersonnelles en nursing.

Avec l'ajout de l'option en nursing médico-chirurgical[55], la Faculté inaugure la deuxième option clinique de son programme de maîtrise en septembre 1972. Noëlla Gervais en est responsable et les séminaires de la spécialité constituent la nouveauté : séminaires en nursing médico-chirurgical[56], expériences pratiques en nursing médico-chirurgical et pathologie générale. Des concepts des sciences biologiques et psychosociales sont examinés en fonction de leur pertinence pour le soin spécialisé aux adultes qui reçoivent une thérapie médicale ou qui subissent une intervention chirurgicale. De retour de la Catholic University of Washington en 1978, Jacqueline Laurin, la première au Québec à détenir un doctorat professionnel en nursing, contribue à la formation dans l'option nursing médico-chirurgical qualifiée de très attrayante par les étudiantes[57].

Le programme de maîtrise s'est rapidement diversifié et est devenu populaire. Le recrutement des candidates s'accélère et leur nombre

55. Le Dr Armand Frappier de la Faculté de médecine a informé la Faculté de nursing que le cours de pathologie projeté, PATH 201L (3 crédits), ne se donnerait plus en 1972, mais qu'elle pouvait offrir le PATH 101L, avec préalable de biologie BIO 213L. Ainsi, la Faculté a soustrait des cours obligatoires un cours de sociologie de 6 crédits et l'a transféré dans la liste de cours à option afin de respecter les exigences des cours offerts par la Faculté de médecine. Voir AUM, D35, C6, 9, A6, lettre d'Alice Girard (doyenne de la Faculté de nursing) à M. Claude St-Armand (registraire de l'Université de Montréal), 8 septembre 1971.

56. Analyse des théories, principes et concepts des sciences biologiques, pathologiques et psycho-sociales ayant des implications dans le soin de l'adulte soumis à une thérapie médicale ou à une intervention chirurgicale avec insistance particulière sur les théories et concepts ayant des applications précises dans la pratique du nursing. [...] Étapes de la méthode de solution des problèmes et application de cette méthode à des situations de nursing rencontrées chez certaines catégories spécifiques de malade avec insistance sur l'identification des problèmes de nursing, les interventions en nursing et leur évaluation. Voir AUM, D35/C6,10, Faculté de nursing, Projet soumis à la Commission des études, 27 avril 1971, p. 8.

57. Une autre professeure, Georgette Desjeans, docteure en sociologie de la Wayne State University, collabore aussi à l'enseignement et à l'encadrement des étudiants.

triple en 10 ans : il passe de 26 candidates inscrites en 1968-1969 à 84 en 1978-1979 et ce dans les diverses options du programme. Les étudiantes sont également réparties dans chacune des trois spécialités : administration, éducation et nursing psychiatrique[58]. Quant à la nouvelle spécialité, le nursing médico-chirurgical, elle attire dès la première année 4 des 48 nouvelles étudiantes inscrites en 1972-1973.

De nouvelles connaissances spécialisées enseignées au deuxième cycle universitaire viendront donner un élan à la Faculté pour la doter d'une identité propre en tant qu'institution d'enseignement supérieur par rapport à l'IMY. L'identité de la Faculté de nursing n'est plus seulement basée sur la dualité laïque/religieuse (qui a influencé les savoirs de base et de perfectionnement en administration, éducation et clinique), elle repose désormais sur de nouvelles connaissances, théorisées principalement par les courants américains.

Les révisions du programme de maîtrise

En 1973, le programme de maîtrise est encore révisé et intègre cette fois un élément fondamental, la formation à la recherche en nursing. Avec ses quatre options, administration du nursing, éducation en nursing, psychiatrie et hygiène mentale, nursing médico-chirurgical, le nombre de crédits passe de 48 à 62, 65 ou 66, selon les options. Ce sont les crédits attribués à la recherche qui font la différence, la valeur du mémoire passant de 6 à 20 crédits. Un cours obligatoire (3 crédits) portant sur la mesure des variables affectives est ajouté au cours général de statistiques (3 crédits) et à celui qui est consacré à la méthodologie de la recherche (3 crédits).

Le programme de maîtrise est également révisé pour le rendre plus accessible. Comme l'explique la doyenne Reynolds en 1973 lors d'une réunion du Conseil de la Faculté, l'impact des questionnements sur l'éducation en nursing et les pressions qui s'exercent sur la faculté rendent cette refonte nécessaire[59] :

> [...] un courant d'indépendance s'établit à l'extérieur vis-à-vis de la Faculté et des programmes tentent de s'établir ici et là. Il faut créer plus

58. AUM, Bureau de la recherche institutionnelle, statistiques des inscriptions et de l'admission, Faculté de nursing, 1967-1999.

59. AUM, procès-verbal de l'assemblée du curriculum de la Faculté de nursing, 18 octobre 1973.

de souplesse dans les voies d'accès des infirmières à l'Université. À la maîtrise, il faut étudier si les sections doivent être gardées, ou s'il ne devrait y avoir qu'une maîtrise avec concentration[60].

Considéré comme « trop sectionné et trop peu souple », le programme d'étude est changé et les critères d'admissions allégés. Il s'agit de décloisonner les options pour permettre une plus grande souplesse dans la programmation des cours. La direction de la Faculté ouvre ainsi la maîtrise aux étudiantes à temps partiel en 1974[61]. Ces mesures doivent permettre de préparer un plus grand nombre d'infirmières à la fois à la recherche et à la clinique, ou à l'éducation et à l'administration. On ouvrira une option en nursing communautaire[62] conduisant à la maîtrise en nursing pour l'année universitaire 1976-1977. Le nouveau séminaire (6 crédits) comprend l'examen de la place de la santé communautaire dans le système de santé et des approches utiles au nursing dans et pour la communauté. Doris Custeau en est responsable. D'autres cours spécifiques sont aussi créés, tels que milieu scolaire, nursing en périnatalité et en gérontologie[63].

La Faculté s'adapte également au contexte de promotion de la recherche de l'Université de Montréal et d'uniformisation des exigences de la maîtrise créées par la nouvelle Faculté des études supérieures (FES) en 1974 ; d'où l'importance accordée à la recherche dans la révision du programme de maîtrise. L'impact est remarquable pour la nouvelle option médico-chirurgicale qui, un an après sa création, voit son programme transformé par l'ajout d'un mémoire de recherche ; un peu plus du tiers des crédits est ainsi consacré à la recherche (mémoire, cours et séminaires), tout comme dans les options administration, éducation, nursing psychiatrique et hygiène mentale. Les options cliniques du programme offrent par ailleurs de 42 % à 50 % de cours en nursing alors que les cours en sciences sociales ou disciplines connexes atteignent 10 % ou 15 %. Quant aux autres options, cours en administration ou en éducation, elles

60. AUM, procès-verbal de l'Assemblée du curriculum, 21 septembre 1973.
61. AUM, secrétariat général, rapport annuel de l'Université de Montréal, 1974-1975.
62. AUM, secrétariat général, rapport annuel de l'Université de Montréal, 1975-1976.
63. Ces derniers sont offerts par Marie-Elisabeth Taggart et Louise Lévesque.

occupent environ 50 % des crédits du programme et le nursing de 13 % à 15 %. Dans l'ensemble, le nombre de cours hors faculté demeure minime.

Quelques années après sa création et en vue d'accentuer l'importance de la recherche, la FES propose de nouvelles orientations qui se traduisent par un programme de maîtrise en sciences infirmières (M.Sc.), avec ou sans mémoire. En 1978-1979[64], les crédits qui y sont attribués passent de 65 à 45[65]. De plus, la FES encourage la diplômation de cliniciennes spécialisées en offrant, à compter de 1978, la possibilité de réaliser un programme sans présentation de mémoire — avec stage — menant à l'obtention d'une maîtrise en trois trimestres consécutifs. Mais la Faculté considère ce programme comme trop court (moins de temps de réflexion pour le développement d'habilités d'analyse critique et de synthèse) et y mettra fin après cinq ans.

À partir de 1978, les nouvelles orientations de la FES entraînent des changements dans la structure du programme de maîtrise: le nombre total de crédits passe de 65 à 45, et celui attribué au mémoire de recherche augmente de 20 à 30. Les enseignements disciplinaires, fondements théoriques et rôles spécifiques ne représentent que le tiers du programmme dans les diverses options: administration, éducation, psychiatrie et hygiène mentale, nursing médico-chirurgical et la toute dernière option créée à la fin des années 1970, le nursing communautaire.

Les enseignements disciplinaires à la maîtrise (1973-1978)[66]

Plusieurs écrits américains sur la discipline, y compris ceux de certaines théoriciennes, imprègnent les enseignements des professeurs dans les options cliniques, en éducation et en administration. Dans l'ensemble du programme, l'accent est mis sur la formation à la recherche, ainsi que sur la formation à l'exercice du rôle d'infirmière clinicienne spécialisée[67].

64. AUM, Annuaire général de l'Université de Montréal, Faculté de Nursing 1976-1979.
65. AUM, procès-verbal du conseil de la Faculté de nursing, 10 juin 1976.
66. Nous avons analysé tous les titres et descriptifs de cours que nous avons répertoriés dans les annuaires de la Faculté de nursing, 1973-1978.
67. Un cours obligatoire sur la méthodologie de la recherche est offert à tous les étudiants de la maîtrise. Dispensé par Marie-France Thibaudeau, il porte sur

En 1975, le cours sur les fondements théoriques en nursing présente l'analyse des principaux modèles conceptuels des Henderson, Roy, Orem et Johnson. Evelyn Adam conçoit et enseigne ce cours à compter de 1976. En 1978, elle élargit la description de ce cours pour inclure l'application de modèles conceptuels en sciences infirmières à l'éducation et à la recherche en nursing. Ce cours se veut une prise de conscience de l'importance de formuler la mission sociale de l'infirmière, qui la distingue des autres professionnels de la santé et devrait guider la pratique, la formation et la recherche infirmières. Pour la première fois, la contribution spécifique de la profession infirmière à la santé est soulignée.

Une autre préoccupation majeure du programme de maîtrise est de préparer l'infirmière clinicienne (pratique plus poussée auprès d'une population spécifique, consultation auprès de collègues et participation à des projets de recherche). On la retrouve particulièrement dans les options cliniques « nursing psychiatrique et hygiène mentale », de même que « nursing médico-chirurgical ». Ces séminaires portent par ailleurs sur les concepts et théories des sciences biologiques et psychologiques liées aux situations rencontrées chez des groupes de malades.

En 1976, un cours de nursing en milieu familial de 3 crédits traite de l'étude du système familial et des interventions de l'infirmière auprès des familles dans ce milieu[68].

Par ailleurs, l'ouverture de l'option nursing communautaire en 1976 donne lieu à de nouveaux cours : séminaire en nursing communautaire (6 crédits), nursing en milieu scolaire (3 crédits), nursing en périnatalité (3 crédits), nursing en gérontologie et maladie à long

les principes généraux de la recherche et sur les approches et techniques spécifiques à la recherche en nursing. Un cours, obligatoire ou non selon les options, traite de l'impact des forces sociales sur l'éducation, l'administration et la pratique du nursing. Ces cours sont dispensés par Julienne Provost et Georgette Desjean ; consulter les annuaires de la FN (1973-1978).

68. Denyse Latourelle a créé ce cours et elle en développe un nouveau en 1978 portant plus particulièrement sur l'intervention ; voir l'annuaire de la FN (1976-1978). La partie théorique (3 crédits) traite de la communication, la dynamique familiale et des principes, alors que la partie pratique d'une intervention systémique (3 crédits) consiste en une intervention supervisée auprès d'une famille en demande d'aide.

69. Ce séminaire a été mis sur pied par Louise Lévesque.

terme (6 crédits) et nursing en milieu de travail (3 crédits). Le nombre de crédits attribué au séminaire en gérontologie laisse présager qu'une nouvelle option se dessine pour la maîtrise[69]. Des stages de spécialisation de 18 crédits en nursing psychiatrique et santé mentale, ainsi qu'en nursing médico-chirurgical et en nursing communautaire, sont offerts tout comme pour les options administration et éducation.

À partir de 1973, tous les cours sur les savoirs infirmiers relatifs à l'administration du nursing sont nouveaux et plus spécifiques (12 crédits). Le nombre de cours sur les savoirs fondamentaux en administration augmente jusqu'à représenter 15 crédits, ces cours étant tous dispensés à l'École des Hautes Études commerciales. En mettant l'accent sur l'enseignement des sciences infirmières et administratives, la Faculté favorise une formation bidisciplinaire des étudiantes. Le programme contient également 12 crédits de cours communs en nursing: fondements théori-ques, forces sociales et recherche.

Les enseignements théoriques sont influencés par les grands courants de pensée et théories administratives et portent sur les phénomènes du leadership, du changement et de la supervision; ils portent également sur l'étude de concepts relatifs à la planification et à l'organisation des soins, de même que sur les processus, méthodes et instruments d'évaluation des soins infirmiers. Ces cours théoriques sont complétés par un séminaire en administration des soins (6 crédits) qui vise l'étude de situations concrètes et de problèmes spécifiques à l'administration du nursing: étude des concepts et des normes de qualité et d'évaluation, de même que des instruments de mesure et d'évaluation[70]. À la fin des années 1970, le stage en administration du nursing comporte 6 crédits.

Outre les cours obligatoires (12 crédits) et le mémoire (20 crédits), la formation au rôle d'éducateur en nursing comporte 12 crédits de cours sur les aspects spécifiques de l'éducation en nursing et 12 crédits de cours sur l'éducation et l'apprentissage, offerts hors faculté. Les cours d'éducation en nursing sont dispensés sous forme de séminaires et d'enseignements en milieu clinique. Les séminaires traitent de l'élaboration d'un programme d'étude en nursing en considérant les approches théoriques et méthodologiques, ainsi que les fondements

---

70. Ces cours sont dispensés par Jeanne Reynolds, Fabienne Fortin, sœur Cécile Rainville de 1973 à 1976 et ensuite par Michèle Léveillé. Voir les annuaires de la FN (1973-78)

théoriques en nursing. L'enseignement clinique en milieu pratique s'applique à l'observation et à l'enseignement actif auprès d'étudiants en nursing et de clients[71].

Somme toute, les savoirs infirmiers enseignés au cours des années 1970 sont marqués par la place accordée à la personne/client, la relation infirmière-client, l'intervention pour la santé et non seulement en fonction de la maladie. À la maîtrise, de nouvelles conceptions de la discipline infirmière s'ouvrent à la famille et à la communauté, ainsi qu'à une pratique infirmière spécialisée dans divers milieux de soins. La préoccupation à l'égard du caractère professionnel du nursing se traduit par la formation à l'exercice d'un rôle d'infirmière clinicienne spécialisée et de modes d'intervention spécifiques (relation thérapeutique avancée, intervention familiale et intervention communautaire). Les savoirs propres à la discipline infirmière sont au cœur des enseignements et sont désormais requis pour assurer la pratique autonome de l'infirmière clinicienne dans les divers milieux de soins. Paradoxalement, la Faculté se montre plus disposée à ouvrir ses programmes à ce niveau de spécialisation qu'au premier cycle.

L'émergence de la recherche subventionnée

On l'a vu, les premiers efforts pour développer la recherche infirmière à la Faculté de nursing commencent dans les années 1970. Cette situation n'est pas unique à la Faculté puisque la recherche à la School of Nursing de McGill commence en 1969 avec les travaux de Moyra Allen, et à l'Université de Toronto avec les travaux de Carpenter en 1965-1966[72]. Dans les écoles universitaires canadiennes de sciences infirmières, les débuts de la recherche coïncident avec l'avènement des programmes d'études supérieures qui s'établissent vers le milieu des années 1960[73]. Selon Stinson, la recherche infirmière s'implante véritablement au Canada à partir de 1971[74]. Certains facteurs peuvent

71. Julienne Provost et Jeannine Baudry offrent ces cours; voir les annuaires de la FN (1973-78).
72. Janet Ross Kerr et Jannetta MacPhail, *Canadian Nursing: Issues and Perspectives*, Toronto, Mosby Year Book, 1991.
73. Marie-Fabienne Fortin, *Le processus de la recherche: de la conception à la réalisation*, Montréal, Décarie Éditeur, 1996.
74. Shirley Stinson et Janet Kerr (dir.), *International Issues in Nursing Research*, Philadelphie, Croom Helm, 1986

expliquer la difficulté pour les infirmières universitaires à avoir accès à la recherche subventionnée. En 1970, le nursing n'apparaît pas dans les catégories de recherche à financer par les organismes subventionnaires fédéraux, qui d'ailleurs n'étaient pas très nombreux à cette époque. Il faut se rappeler que le Conseil de recherche médicale du Canada (CRM) est devenu autonome en 1969 et que le Conseil de recherche en sciences humaines et sociales (CRSH) ne fut créé qu'en 1978. C'est en 1971, à l'occasion d'une restructuration des conseils subventionnaires fédéraux, que la recherche infirmière apparaît de façon distincte comme objet de recherche à travers le Programme national de recherche et de développement en matière de santé (PNRDS)[75].

Avant 1970, comme il y avait peu de professeurs préparés pour l'enseignement de la recherche à la maîtrise, la doyenne Alice Girard avait fait appel à la Faculté des sciences de l'éducation afin qu'un professeur lui soit prêté pour enseigner la méthodologie de la recherche et pour faire de la consultation pour les mémoires. Les étudiants du programme de maîtrise pourront suivre le cours de méthodologie de la recherche à la FSE[76]. Une entente interfacultaire s'avère nécessaire dans le contexte où la Faculté n'obtient qu'un faible soutien financier de l'Université de Montréal : « Le montant qui nous était alloué dans le domaine des recherches non subventionnées sera diminué d'au moins 50 % ; il ne resterait alors que 1000 $. Il se peut même que nous n'en n'ayons pas du tout[77]. »

Malgré tout, la recherche infirmière amorcée au Québec avec les travaux de Moyra Allen, de McGill, et la publication de *Nursing Papers* par le groupe de McGill en 1969, annonce un réel engouement pour la recherche et pour la diffusion des résultats de cette recherche[78]. En 1971, un séminaire national sur l'évaluation des soins a lieu à l'Université MacMaster à Hamilton en Ontario, financé par le Programme national de recherche et développement en matière de santé (PNRDS). Un an plus tard, le séminaire national axé sur la formation de chercheurs se donne à l'Université Laval. Deux pro-

---

75. Kerr et MacPhail, *op. cit.*, p. 121 ; Goulet, *op.cit.*, p.211

76. AUM, procès-verbal du conseil de la Faculté de nursing, 15 janvier 1970.

77. AUM, procès-verbal du conseil de la Faculté de nursing, 2 juillet 1970.

78. Marie-France Thibaudeau, « L'évolution de la recherche infirmière au Québec », dans Olive Goulet, *La profession infirmière : valeurs, enjeux, perspectives*, Montréal, Gaëtan Morin Éditeur, 1993, p. 209-228.

Tableau 4 .1   Université de Montréal.
Fonds internes de recherche (1966-1971)

FACULTÉS	1966-1967	1967-1968	1968-1969	1969-1970	1970-1971
Aménagement	-	24 000	25 000	30 000	13 000
Chirurgie dentaire	-	22 000	23 000	35 000	11 500
Droit	-	-	19 500	20 000	10 000
Lettres	15 000	22 000	30 000	50 000	30 000
Médecine	-	1 600	20 000	33 000	16 500
Musique	-	-	6 300	8 000	4 000
Nursing	-	-	-	2 000	1 000
Pharmacie	17 000	35 000	60 000	65 000	30 000
Philosophie	-	10 000	14 000	25 000	17 500
Sciences	145 000	183 000	200 000	210 000	100 000
Sciences sociales	-	98 000	153 000	160 000	77 500
Sciences de l'éducation	-	-	-	15 000	10 000
Santé publique	-	1 000	10 000	10 000	5 000
Théologie	-	-	-	5 000	3 500
Éducation physique	-	-	-	6 000	5 000
Médecine vétérinaire	-	-	-	10 000	7 500
TOTAL	177 000	396 600	560 800	684 000	342 000
			+ 29 000	+ 50 000	+ 40 000
			au VRR pour répartition ultérieure	au VRR pour répartition ultérieure	au VRR pour répartition ultérieure

Sources: Document A 950, 21-04-1971, assemblée universitaire, informations relatives à la répartition des fonds internes de recherche, fonds attribués aux facultés et fonds attribués aux unités structurées de recherche; Faculté de nursing, mémoire présenté au comité *ad hoc* orientations de l'Université de Montréal, 1971.

fesseures de la Faculté, Louise Lévesque et Fabienne Fortin, y participent et obtiennent la même année des subventions du PNRDS. Des efforts concertés entre l'Association des infirmières du Canada (AIC) et l'Association canadienne des écoles universitaires de nursing (ACEUN) ainsi que la présence de la doyenne Alice Girard au comité d'évaluation de la section Recherche des services de santé du ministère fédéral de la Santé en 1970 contribue à la reconnaissance nouvelle de la discipline[79].

79. THIBAUDEAU dans GOULET, *op. cit.*, 1993, p. 211.

L'arrivée à la Faculté de professeures formées en recherche favorise aussi ce premier élan, notamment Marie-France Thibaudeau diplômée de la maîtrise en nursing à l'Université Yale, Louise Lévesque de la maîtrise en nursing à McGill et Fabienne Fortin de la maîtrise en éducation à l'Université d'Ottawa. Au-delà de l'accroissement d'un corps professoral qualifié, la création en 1972 d'une structure favorisant la recherche au sein de la Faculté, le comité de la recherche, et l'octroi de subventions à des chercheuses de la Faculté (Thibaudeau, Lévesque, Fortin), constituent des éléments significatifs de la promotion de la recherche.

À la Faculté, nommée coordonnatrice de la recherche (1973-1977), puis adjointe au doyen pour la recherche (1977-1981), Marie-France Thibaudeau prend de façon décisive le tournant de la recherche (publication de ses propres travaux et réorientation facultaire) par l'effort qu'elle déploie pour en faire un objectif. De 1975 à 1979, elle publie trois textes portant sur l'enseignement de la recherche, les instruments de mesure pour la recherche et les besoins de la recherche infirmière au Canada. Elle présente également en 1979 un mémoire sur la recherche infirmière au Québec au ministre d'État à la Culture, en réaction au Livre vert sur la politique québécoise de la recherche scientifique, politique qui fait connaître les intentions gouvernementales sur les grandes orientations, le développement et la promotion de la recherche au Québec. Le mémoire sur la recherche infirmière s'inscrit dans un contexte où l'importance accordée à la recherche dans le domaine des sciences médicales est partout reconnue.

Marie-France Thibaudeau, Louise Lévesque et Fabienne Fortin constatent qu'il est alors un peu plus facile de s'inscrire dans les nouveaux programmes de recherche subventionnée. La première étude de Thibaudeau, effectuée de 1973 à 1976 et subventionnée par le PNRDS, porte sur l'élaboration et l'évaluation de l'intervention infirmière dans la communauté, auprès de familles défavorisées. Au cours des années 1970, quatre autres recherches obtiennent le soutien du PNRDS: deux projets dirigés par Thibaudeau en santé communautaire (la poursuite, sur une durée de cinq ans, de la recherche auprès des familles défavorisées, et l'évaluation des services offerts aux malades mentaux dans un établissement communautaire) et deux projets d'évaluation d'un enseignement préopératoire en 1973, l'un dirigé par Fortin et l'autre par Lévesque[80]. Le Conseil québécois de la recherche

80. *Ibid.*, p. 213.

sociale (CQRS) commence à la fin des années 1970 à financer lui aussi des recherches en sciences infirmières, notamment le projet de recherche sur les soins à prodiguer aux malades âgés, dirigé par Louise Lévesque de 1976 à 1979[81].

Comme le mentionne Marie-France Thibaudeau dans sa revue de la recherche infirmière au Québec[82], d'autres projets de moindre envergure et de démarrage (12) voient le jour grâce au soutien du Fonds de développement de la recherche de l'Université de Montréal (FDR).

Cependant, l'activité de recherche à la Faculté demeure encore limitée dans les années 1970 en comparaison avec les autres facultés de l'Université de Montréal, plus anciennes. Successivement, en 1975-1976 et en 1980-1981, la Faculté reçoit des organismes subventionnaires des montants de 61 061 $ et de 190 151 $. L'augmentation est patente, le montant triple en l'espace de cinq ans, mais les montants octroyés aux autres secteurs augmentent également. Ainsi, entre 1975-1976 et 1980-1981, la totalité des fonds accordés aux divers secteurs d'activité de l'Université de Montréal double, passant de 9 503 725 $ à 19 995 127 $.

Cette situation s'explique par le manque de professeures qualifiées en recherche à la Faculté, mais aussi par la difficulté à faire reconnaître par diverses instances, dont les organismes subventionnaires, les sciences infirmières comme discipline orientée non seulement vers la clinique mais aussi vers la recherche. À l'ouverture de la Faculté de nursing en 1962, bien peu d'infirmières ont des diplômes d'études supérieures pour occuper les postes de professeure chercheuse. Les quelques infirmières québécoises diplômées de la maîtrise font partie du personnel de l'Université Laval ou de l'Université de Montréal, ou sont en majeure partie des religieuses « qui occupent des postes administratifs dans des hôpitaux ; les autres sont à l'emploi des Gouvernements fédéral et provincial et du Service de Santé de la Cité de Montréal[83] ».

Le processus d'institutionnalisation de la recherche est toutefois amorcé et des efforts continueront d'être déployés pour la mise sur

---

81. *Ibid.*, p. 213.
82. THIBAUDEAU dans GOULET, *op. cit.*, 1993, p. 209-228.
83. AUM, dossier portant sur les contrats et salaires en vigueur à la faculté ; lettre d'Alice Girard (doyenne de la Faculté de nursing) à Juliette Barcelo (directrice du service du personnel enseignant à l'Université de Montréal), 5 juin 1968.

Tableau 4.2   Répartition des fonds de recherche selon les facultés,
à l'Université de Montréal (1971-1981)

Facultés	1971-1972	1975-1976	1980-1981
Aménagement	124 754	163 413	252 134
Arts et sciences	3 719 955	4 003 894	10 151 041
Droit	188 803	530 193	776 045
Éducation physique	12 000	62 000	140 099
Médecine	2 886 880	4 000 786	6 844 725
Médecine dentaire	51 412	106 900	55 900
Médecine vétérinaire	73 774	201 443	578 338
Musique	(Arts et sc.)	20 136	51 506
Optométrie	5 023	2 000	5 100
Pharmacie	196 823	141 250	228 837
Sciences de l'éducation	183 158	208 249	713 446
Sciences infirmières	1 400	61 061	190 151
Théologie	8 356	2 400	7 805
TOTAL	7 452 338	9 503 725	19 995 127

Sources: AUM, Université de Montréal, rapports annuels.

pied d'activités spécifiques au développement et à la promotion de la recherche. L'Université apporte un appui à la Faculté dans ses efforts pour la formation de chercheurs. C'est ainsi que, à compter du début des années 1970, on encourage les enseignantes qui détiennent une maîtrise et souhaitent entreprendre une carrière universitaire à se former au troisième cycle et certaines se voient accorder des congés d'études dans des universités américaines et canadiennes. L'arrivée de professeurs qui détiennent un doctorat marque un nouveau changement.

Une discipline fondée sur de nouvelles connaissances

Trois grands thèmes sont abordés par les professeurs et leurs étudiants à la maîtrise[84] : a) les savoirs infirmiers de base (concepts et méthodes, savoirs pratiques et théoriques); b) les soins spécifiques à diverses populations cibles; c) l'administration des soins et l'éducation en nursing.

84. Pour dégager les faits saillants des savoirs développés à la FN, nous avons analysé les titres des publications des professeurs, ainsi que les titres des mémoires (30 crédits) et rapports de stage (18 crédits) des étudiants diplômés du programme de maîtrise.

Les fondements pratiques et théoriques

Les publications des professeurs sur les fondements pratiques (méthodes, savoir-faire) débutent lentement au cours des années 1970, alors que celles qui traitent des fondements théoriques (concepts, modèles conceptuels) ont lieu, à l'exception du livre d'Adam, en 1979, et au cours des années 1980 et 1990, évolution qui reflète le développement intellectuel infirmier entrevu par Meleis[85].

Sur le plan des fondements pratiques, c'est l'apport substantiel des professeurs dont le champ d'intérêt est la santé mentale et la psychiatrie, premier domaine de spécialisation clinique à la maîtrise, qui ressort. Mentionnons les publications et la supervision de mémoires et de nombreux rapports de stage dues à Thérèse Rainville, Denyse Latourelle et Marie-France Thibaudeau. Ces contributions portent sur l'interaction infirmière-malade, la relation d'aide ou la relation thérapeutique, sur la perception du malade et l'agir de l'infirmière. Plus spécifiquement, deux mémoires portent sur la communication entre l'infirmière, le malade et sa famille (1973 et 1974) et trois rapports de stage traitent de l'interaction infirmière-malade, la communication non verbale ou la fin de la relation d'aide (1979). D'autres travaux traitent de la «démarche» de soins infirmiers, de l'élaboration de programmes de soins ou encore des perceptions et intentions de comportements des infirmières. Deux publications illustrent bien le développement des fondements pratiques, l'une porte sur l'enseignement au malade[86] et l'autre sur le rôle des *nurses practitionners* dans les soins de santé primaires[87]. Des travaux d'étudiants portent sur la personnalisation et l'humanisation des soins, l'un a trait aux éléments individualisés des plans de soins (1971, 1975 et 1979) alors qu'un autre propose un programme d'accueil et d'information à l'admission des patients à l'hôpital (1979).

Le livre d'Evelyn Adam *Être infirmière*, publié d'abord en français en 1979, est une importante contribution aux fondements théoriques au cours de cette décennie. Il présente les écrits de Virginia Henderson à l'intérieur de la structure d'un modèle conceptuel élaboré pour une

85. MELEIS, *op. cit.*
86. Marie-France THIBAUDEAU, *L'enseignement au malade*, Montréal, Les Presses de l'Université de Montréal, 1974.
87. Fabienne FORTIN, «Nurse Practitioner in Primary Care: V. A Longitudinal Study of 99 Nurses and 79 Physicians», *Canadian Medical Association Journal*, 115, 1977, p. 856-862.

discipline professionnelle et précise les liens entre les points de départs conceptuels, la méthode de travail et la relation client-infirmière. L'influence de ce livre est marquante pour l'évolution des programmes et pour la pratique infirmière. Par ailleurs, trois mémoires se distinguent par leur avant-gardisme: une étude de la conception du nursing des infirmières soignantes (1971) et une analyse des concepts *care* et *cure* en nursing par deux étudiantes (1973).

Les soins spécifiques à diverses populations

Les publications qui traitent des soins spécifiques à diverses populations concernent les soins à la mère et à l'enfant, particulièrement liés à l'allaitement maternel (3) et aux comportements de santé (2), de même que les renseignements à donner avant une chirurgie chez l'adulte (4). Des écrits moins nombreux traitent des soins à la famille (2), aux enfants atteints de fibrose kystique (2), aux personnes atteintes de maladie mentale chronique (2) ou du cancer (1). Marie-Elizabeth Taggart propose un enseignement programmé et un guide pratique pour l'allaitement maternel, alors que Marie-France Thibaudeau s'intéresse à l'adoption par les mères de comportements de santé grâce aux interventions infirmières. Du côté des soins aux adultes, les premières recherches touchent les opérés, à l'initiative de Louise Lévesque et de Fabienne Fortin. De façon plus précise, on évalue les effets d'un enseignement sur l'état physique et émotionnel ou encore sur le confort et la satisfaction des clients par rapport aux soins péri-opératoires, le niveau d'activités physiques fonctionnelles, les mesures du rétablissement postopératoire. L'évaluation du fonctionnement familial et l'adaptation psychosociale figurent parmi les autres sujets traités. Fabienne Fortin publie ainsi un article sur la capacité physique fonctionnelle postopératoire dans *Nursing Research,* en 1977, et un autre sur l'enseignement préopératoire dans l'*International Journal of Nursing Studies* en 1976, deux revues prestigieuses.

Les sujets des mémoires et rapports de stage portent aussi sur les soins à la mère et à l'enfant (14), à l'enfant (8), sur l'évaluation de la famille et sur la famille défavorisée (7), sur les soins préopératoires et postopératoires (13). Un grand nombre de travaux relèvent cependant du domaine des soins en santé mentale et en psychiatrie (24). Enfin, 9 travaux traitent des soins liés aux problématiques présentes chez les personnes âgées ou celles de diverses populations (14). Entre 1970 et 1977, plusieurs titres utilisent les mots « effets » « évaluation » ou « influence » d'un programme de soins ou d'un enseignement. Les programmes sont diversifiés : information, prévention, éducation, rééducation, socialisation, orientation spatio-temporelle et relaxation. L'enseignement au client est structuré, systémique ou programmé ; il est dispensé en période préopératoire ou en lien avec une expérience de santé particulière (allaitement maternel, diabète, infarctus du myocarde, etc.). L'évaluation porte parfois sur une intervention infirmière ou thérapeutique non spécifiée ou parfois sur un comportement précis adopté par l'infirmière (substitut maternel). Deux travaux s'intéressent à la synergie des soins physiques et de l'approche psychologique ou encore au nursing instrumental et expressif. Les variables et concepts étudiés sont très diversifiés. Les thèmes suivants apparaissent prédominants : les besoins de santé, besoins d'aide, besoins d'apprentissage, la perception des besoins, la satisfaction et non satisfaction des besoins, les comportements témoignant d'indépendance ou de dépendance, de santé, de conformité, les perceptions, réactions ou sentiments, l'anxiété et l'expérience de la maladie.

Les savoirs en éducation et administration des soins

Hormis un rapport de recherche de Thibaudeau (1977) sur l'évaluation des services de soins aux malades mentaux dans un centre de santé communautaire, il n'y a pas de publication des professeurs sur l'administration des soins au cours des années 1970. On compte cependant vingt mémoires et rapports de stage portant sur le sujet[98].

88. Les infirmières ont été la principale cible des travaux des étudiantes à la maîtrise. Trois études portent sur la satisfaction et la motivation au travail des infirmières. Quatre études s'appliquent à décrire les activités, le rôle, la compétence ou l'évaluation de l'infirmière soignante œuvrant dans divers secteurs de la santé communautaire et des soins aux adultes. Trois études analysent la résistance au changement du personnel infirmier face à l'implantation d'instruments de classification des clients ou de collecte des données. Une étude traite du stress au travail de l'infirmière soignante. Par ailleurs, trois études concernent les infirmières-chefs : leurs besoins, leurs activités ou leurs difficultés. En 1979, quatre rapports de stage étudient les modes de gestion de la direction des services de soins infirmiers. Enfin, deux études complètent la décennie et portent sur la fréquence et les causes des accidents survenus chez des malades hospitalisés. Jeanne Reynolds a dirigé la moitié de ces travaux de maîtrise.

Ces études s'inscrivent bien dans le mouvement de professionnalisation du nursing et de réorganisation des services de santé amorcé au début des années 1970. Ces années sont marquées par de nombreux changements et transformations dans le rôle et les activités des infirmières et plusieurs mémoires de maîtrise décrivent ces phénomènes. Également, ces travaux sont largement inspirés des concepts des sciences administratives appliqués à des problématiques rencontrées dans l'administration des soins infirmiers: description du rôle et des activités des infirmières et des infirmières-chefs, motivation, évaluation et résistance aux changements du personnel infirmier, style de gestion de la direction des soins infirmiers.

Deux rapports relatifs à l'éducation en nursing sont publiés en 1970 par Thibaudeau; ils portent sur les diplômées de la maîtrise en nursing de la Faculté de nursing et sur l'évaluation d'une école de sciences infirmières en Haïti. Les 19 mémoires et rapports de stage également réalisés sur cette question reprennent largement certains concepts des sciences de l'éducation, examinent certains aspects de la formation en cours d'emploi des infirmières et de l'apprentissage des étudiantes en sciences et en techniques infirmières[89]. La plupart des travaux portent sur l'identification des besoins de formation du personnel infirmier et sur l'apprentissage de la relation d'aide: l'expres-

89. La plupart de ces recherches ont examiné divers aspects liés à l'enseignement et à l'apprentissage auprès d'étudiantes en techniques infirmières, en sciences infirmières ou en formation de sage-femme. Trois études décrivent les expériences éducatives d'étudiantes en nursing. Quatre études traitent de la relation professeur-étudiant et de son influence sur certains aspects de l'apprentissage de l'étudiante: l'expression des sentiments, la fonction expressive, l'actualisation de soi ou le changement d'attitude. Trois études portent sur le processus d'apprentissage de l'étudiante, apprentissage de la prise de décision ou d'interventions d'aidant. Quelques recherches (3) ont sondé les opinions et les attitudes d'étudiantes en soins infirmiers du Québec: leur opinion sur la démarche scientifique en soins infirmiers et sur les tendances professionnelles des finissantes des cégeps. Par ailleurs, d'autres travaux ont été réalisés auprès du personnel infirmier dans le contexte de la formation en cours d'emploi. Trois études identifient les besoins de formation du personnel infirmier en soins prolongés et une autre s'applique aux besoins de formation du personnel infirmier cadre au Cameroun. Enfin, une recherche concerne l'intégration en milieu hospitalier des diplômées en techniques infirmières et une autre se rapporte à l'évaluation d'un enseignement programmé destiné aux infirmières. Plusieurs de ces travaux ont été dirigés par Jeanine Pelland-Baudry.

sion des sentiments, la fonction expressive, l'actualisation de soi ou le changement d'attitude.

La recherche infirmière au Canada suit un modèle de développement similaire à celui des États-Unis et du Royaume-Uni[90]. Au début, la recherche porte principalement sur l'éducation par l'évaluation de programmes d'études, sur l'administration des soins et sur les infirmières elles-mêmes plutôt que sur les problèmes cliniques[91].

Dans la conception et le développement de ces travaux de recherche, on ne voit pas encore l'influence des conceptions et théories propres à la discipline infirmière. Ces travaux ont pour la plupart été dirigés par des professeurs qui ont reçu une formation doctorale en éducation et en administration de l'éducation. Les théories de l'éducation et de l'administration y prédominent appliquées à des problématiques liées à la gestion et l'éducation en nursing.

À la Faculté, les savoirs enseignés au baccalauréat et à la maîtrise traitent principalement des aspects cliniques de la pratique infirmière et s'inspirent largement des nouveaux savoirs développés principalement aux États-Unis dans la discipline infirmière. On met l'accent sur la formation initiale de l'infirmière généraliste au baccalauréat et sur la formation de cliniciennes spécialisées à la maîtrise. Au premier cycle, on abandonne définitivement le perfectionnement des infirmières en santé communautaire, en organisation des soins et en éducation en nursing. Les enseignements sur le soin infirmier prennent appui sur des notions telles que les besoins fondamentaux, la santé globale des individus et des familles, l'intervention infirmière basée sur la « démarche clinique » et sur l'établissement d'une relation d'aide. À la maîtrise, les enseignements ayant trait au soin infirmier s'ouvrent à d'autres conceptions et préparent à l'élaboration et à l'évaluation d'interventions de relation thérapeutique et d'enseignement au client

---

90. Janet KERR et Jannetta MACPHAIL, *Canadian Nursing: Issues and Perspectives*, Toronto, Mosby Year Book, 1991.

91. Margaret CAHOON, « Research Developments in Clinical Settings : A Canadian Perspective », dans Shirley STINSON et Janet KERR (dir.), *International Issues in Nursing Research,* Philadelphie, Croom Helm, 1986; Marie-Fabienne FORTIN, *Le processus de la recherche: de la conception à la réalisation*, Montréal, Décarie Éditeur, 1996; Virginia HENDERSON et le Conseil international des infirmières, *Principes fondamentaux des soins infirmiers*, Montréal, AIIPQ, 1969.

(individu et famille) ou encore à l'évaluation de programmes de soins. On insiste sur l'importance accordée aux modèles conceptuels et sur une vision plus explicite des soins infirmiers. Les nouveaux savoirs inhérents aux soins sont omniprésents dans les enseignements des professeurs ainsi que dans les thèmes de la recherche émergente à la FSI.

En somme, cette décennie aura permis d'observer une évolution dans les savoirs, partant d'un enseignement basé sur les besoins du client selon les spécialités médicales, passant par les notions d'interaction infirmière-client et allant au cycle supérieur, vers la relation thérapeutique avancée et des analyses conceptuelles comme le *care* et le *cure*. Les nouveaux savoirs sont influencés par le grand courant de pensée des relations humaines qui reconnaît l'importance de la personne et l'influence des variables contextuelles sur la santé des personnes. À la Faculté, ces savoirs sont transmis par les pionnières d'une vision globale en soins infirmiers. Divisée sur l'importance à accorder à la recherche, la Faculté s'engage néanmoins dans la formalisation des savoirs infirmiers, tant pratiques que théoriques. La pensée collective, si elle est divisée sur l'importance à accorder à la recherche, s'enrichit de sa réflexion, de ses analyses et de ses réalisations.

Contrairement à la structure administrative de la Faculté au sein de l'Université, qui connaît maintes difficultés internes et externes, la formalisation disciplinaire des savoirs infirmiers ne pose pas de problèmes. Reconnue, la discipline infirmière doit réussir à trouver la place qui est la sienne non seulement dans l'univers académique, mais aussi dans l'environnement clinique hospitalier. À vrai dire, les professeurs de la Faculté sont tiraillés entre ces deux pôles, universitaire et clinique, et continueront encore de l'être dans la mesure où les spécialisations ne coïncident pas toujours avec les besoins en santé de la population.

5 L'émergence d'une discipline académique : formation clinique et savoirs en sciences infirmières (1980-1990)

La formation initiale universitaire, la recherche et l'éducation continue apparaissent comme les enjeux déterminants de cette décennie. Or il est difficile pour la jeune Faculté d'être tout ça à la fois : une faculté de formation professionnelle en même temps qu'une faculté de recherche de haut calibre[1]. C'est donc dans un climat de tension ainsi que dans l'urgence de se situer adéquatement dans le secteur de la santé que la Faculté aborde ces

1. Cette problématique apparaît dans d'autres secteurs de formation profession-nelle à l'Université et elle est liée à l'institutionnalisation de la recherche dans le milieu universitaire. Voir Yves Gingras, « L'institutionnalisation de la recherche en milieu universitaire et ses effets », dans *Sociologie et sociétés*, vol. XXIII, n° 1, printemps 1991, p. 41-54.

années décisives de son histoire. Elle doit d'abord se conformer au rôle d'une faculté en développant l'axe de la recherche, comme toute autre institution académique, et opérer certains réaménagements des connaissances enseignées. Ces deux axes seront au cœur des transformations que la nouvelle doyenne Marie-France Thibaudeau imprime à la Faculté.

Dans le premier axe, les questions déjà épineuses du renouvellement et des qualifications du corps professoral prennent une ampleur inégalée. Comme il arrive souvent dans le milieu universitaire, outre les positions et divisions internes, les décisions sont également infléchies par les orientations propres de l'université et par ses impératifs budgétaires, ainsi que par celles des autres intervenants, ordres professionnels, syndicats, gouvernements, cégeps, etc. L'engagement majeur en faveur de la formation à la recherche en sciences infirmières est clairement affirmé, mais difficilement réalisé, même si l'on constate certains succès dans les programmes d'études et dans l'essor de la recherche subventionnée[2].

Dans le second, la formulation des connaissances en sciences infirmières a des répercussions immédiates sur le contenu des programmes de la Faculté, désormais Faculté des sciences infirmières (FSI). À la suite de Meleis, on considère cette phase du développement des sciences infirmières comme celle où les questions fondamentales sur l'essence des sciences infirmières (nursing), sa mission et ses buts doivent être formulées plus clairement[3]. La recherche amorcée au cours des années 1970 devrait permettre le développement de théories portant sur les phénomènes liés à la pratique infirmière et ainsi constituer la science infirmière. Si ces deux axes sont nécessairement liés entre eux, la recherche déterminant en grande partie la nature de la discipline, on verra qu'en pratique ils seront disjoints. On trouvera dans ce chapitre la présentation des questions qui se sont posées à la

---

2. Les évaluations externes de la FSI au milieu des années 1980 ont eu un impact positif sur sa réputation et ont contribué à accroître ses ressources financières. La FSI est la première école au Canada à être évaluée par le programme d'agrément de l'Association canadienne des écoles universitaires de nursing (1985-1986); de même, elle est la première faculté à être évaluée par le programme d'évaluation des facultés de l'Université de Montréal.

3. Afaf I. MELEIS, *Theoretical Nursing: Development and Progress,* Philadelphie, J. B. Lippincott Co., 1991, p. 28.

Faculté, en particulier celle de savoir comment privilégier la recherche tout en défendant la formation initiale universitaire et en offrant une formation clinique de qualité, questions qui devront être résolues en particulier par la nouvelle doyenne Marie-France Thibaudeau.

Marie-France Thibaudeau, doyenne de 1981 à 1993

Marie-France Castonguay est née au mois de mai 1931 à Causapscal, au Québec. Troisième d'une famille de douze enfants, dont la mère et le père, cultivateur et entrepreneur forestier, pratiquent les valeurs chrétiennes, elle est très tôt initiée à l'entraide, au partage, au respect de soi et des autres et à la confiance en la vie. Les notions d'autonomie, de travail bien fait, de persévérance et de joie de vivre marquent aussi son enfance. Marie-France fait ses études primaires à Causapscal et poursuit des études secondaires dans des *high schools* ontariennes, à la Hawkesbury High School et à la Hawkesbury Upper School.

Hospitalisée à Sainte-Justine à l'âge de douze ans, Marie-France a son premier contact avec le milieu de la santé et elle rêve de devenir pédiatre. À l'âge de dix-huit ans, en 1949, elle suit un cours d'infirmière à l'Hôpital Sainte-Justine en attendant son admission au cours de médecine. Intéressée par le nursing, elle s'inscrit en 1953, après un an de pratique de nursing en salle d'urgence à Sainte-Justine, au cours menant au diplôme d'infirmière hygiéniste à l'Université de Montréal et abandonne l'idée de faire sa médecine.

De 1954 à 1960, elle cumule des expériences diverses en étant infirmière au sein d'une clinique mobile médicale et dentaire appartenant à la Croix-Rouge et circulant dans le Nord québécois (étés 1954-1956), infirmière hygiéniste au service médico-social de l'Hôpital Sainte-Justine (1954-1957), infirmière au London Jewish Hospital en Angleterre (1957-1958), technicienne en nutrition à l'Exposition internationale de Bruxelles (1958) et, enfin, infirmière en psychiatrie infantile à l'Hôpital Sainte-Justine (1959).

En tant qu'hygiéniste, Marie-France Castonguay-Thibaudeau pratique au Service de santé de la Ville d'Ottawa de 1960 à 1962;

elle occupe un poste de superviseur à la NorthWestern Health Unit à Kenora, en Ontario, de 1963 à 1965. Elle entreprend des études universitaires dans le but, dit-elle, « de survivre dans un milieu anticulturel[4] ». Elle suit à l'Université d'Ottawa (1960-1962) des cours du soir menant au baccalauréat ès arts et des cours par correspondance en littérature anglaise lors de son séjour à Kenora en 1963-1965. Elle obtient un baccalauréat en nursing à l'Université McGill (1962-1963). En 1965, elle s'inscrit au programme de maîtrise ès sciences (nursing) à l'Université Yale, aux États-Unis, diplôme qu'elle décroche avec brio et qui lui ouvre la porte d'une carrière universitaire remarquable.

Engagée par Alice Girard à la Faculté de nursing de l'Université de Montréal en 1967, Marie-France Castonguay-Thibaudeau y fera carrière et sera nommée professeure émérite en 1997. D'abord chargée d'enseignement senior, ensuite responsable de la mise sur pied et de la direction du programme de deuxième cycle en psychiatrie et santé mentale, elle est coordonnatrice de la recherche (1973-1977), puis adjointe au doyen pour la recherche (1977-1981) ; elle devient professeure titulaire et doyenne de la Faculté des sciences infirmières en 1981. Elle saura prendre de façon décisive le tournant de la recherche subventionnée, tant par ses propres travaux et publications que par l'orientation qu'elle donnera à la Faculté durant son décanat. Elle sera aussi l'une des initiatrices du programme de doctorat en sciences infirmières offert à la Faculté en 1993. Au cours de sa carrière à la Faculté, elle aura dirigé le plus grand nombre d'étudiants à la maîtrise. Elle reçoit, en 1990, l'Insigne du mérite de l'Ordre des infirmières et infirmiers du Québec et du mérite du Conseil interprofessionnel du Québec, de même que l'Ordre national du Québec en 1992. L'Université du Québec à Trois-Rivières lui décerne un doctorat *honoris causa* en 1993.

La direction de l'Université pousse la FSI à lancer un processus de normalisation en se dotant des mêmes critères de recrutement et de fonctionnement que les autres facultés. Marie-France Thibaudeau le comprend et s'engage elle-même dans une voie qu'elle considère comme prometteuse pour la Faculté et le développement de la discipline. Elle veut par exemple faire bénéficier la Faculté du statut de

4. Entretien avec Marie-France Thibaudeau, juin 1999.

faculté de recherche pour qu'elle obtienne sa juste part des finance-ments[5] et mène énergiquement la bataille des subventions de recherche[6]. Elle entraîne la Faculté dans de profondes réformes qui auront des répercussion durables sur le monde infirmier. Qu'elles sont les implications de cette orientation pour une faculté professionnelle ?

La normalisation de la FSI

La première norme qui sera imposée sera celle de la qualification du corps professoral. Les années 1980 sont marquées par une diminution du nombre de professeurs et par de nouvelles exigences quant à leur profil académique[7]. Les coupures de budget et l'exigence qui est faite de présenter un profil de carrière axé sur la recherche transforment profondément le corps professoral de la FSI : de 37 professeurs de carrière en 1981, on passe à 32 en 1990[8]. Les professeurs à profil

---

5. Encore en 1986 et 1989, la planification stratégique favorise la recherche, le nombre de subventions de recherche, le développement de la recherche en collaboration avec d'autres disciplines, les associations à des centres de recherche et le programme doctoral comme champs prioritaires de la FSI. Consulter, à la FSI, le procès-verbal de l'assemblée de faculté du 20 juin 1986 et le procès-verbal de l'assemblée de faculté du 16 juin 1989.

6. Pour l'aider à réaliser ces objectifs de développement de la recherche, Marie-France Thibodeau nomme la professeure Fabienne Fortin adjointe à la recherche et aux études supérieures.

7. Au cours de la décennie 1980, le profil académique des professeurs se trans-forme graduellement. En 1980, les professeurs de la FSI ont tous une formation de maîtrise, dont 25 en sciences infirmières. Cinq d'entre eux ont également une formation doctorale (3 en éducation, 1 en épidémiologie et 1 premier en nursing de la Catholic University of America). En 1983, 6 professeurs sont formés au doctorat, dont 4 spécialisés en éducation; en 1986, 7 dont 5 en éducation; en 1987, 8 dont 6 en éducation; en 1988, 9 dont 6 en éducation. En 1989, le tiers (11 sur 32) des professeurs sont formés au doctorat (7 en éducation dont 1 en sociologie de l'éducation, 1 en épidémiologie, 1 en counselling, 1 en sciences cliniques et toujours 1 seul en nursing). Faute de programme canadien de doctorat en sciences infirmières jusqu'au milieu des années 1980, la formation doctorale privilégiée est celle des sciences de l'éducation. Mentionnons que plusieurs professeurs ont obtenu deux diplômes de maîtrise. Les choses semblent prendre une tournure différente au début des années 1990, quant au nombre et à la spécialité des doctorats. Au cours des années 1980, plusieurs professeurs de la FSI obtiendront des congés de perfectionnement en vue de poursuivre des études pour l'obtention d'un doctorat en sciences infirmières. De plus en plus,

d'enseignant clinique qui n'ont pas l'agrégation se trouvent défavorisés au profit de ceux qui font de la recherche. Plusieurs professeurs n'obtiendront pas l'agrégation en raison des exigences de l'Université qui valorise peu l'enseignement clinique. Les chargés d'enseignement et professeurs adjoints écopent aussi dans leur grande majorité des coupures budgétaires du début des années 1980. Ainsi, entre 1980 et 1984, 10 professeurs, sur les 13 remerciés par la FSI, ont le rang d'adjoints. Ils ne seront pas tous remplacés et la FSI devra réviser son programme de supervision des stages cliniques. Parallèlement, la doyenne veut améliorer la qualification du corps professoral en dotant la Faculté d'un généreux programme de perfectionnement. Entre 1981 et 1993, pas moins de 10 professeurs obtiendront des congés de perfectionnement pour poursuivre leurs études au doctorat.

Le recrutement de professeurs-chercheurs

Ainsi, le fait de posséder un doctorat et l'engagement dans la recherche deviennent des exigences pour les professeurs, ce qui se fait initialement au détriment de l'enseignement clinique. Certaines charges de cours, l'attribution des promotions et des congés de perfectionnement iront aux professeurs qui font de la recherche. Dans un contexte de fortes compressions budgétaires, l'augmentation de la productivité des professeurs de la FSI en recherche et dans l'enseignement au deuxième cycle est perçue comme se faisant au détriment des programmes de premier cycle. Ce nouveau clivage dans le corps professoral favorise une certaine étanchéité entre les deux profils de carrière, plutôt que leur complémentarité.

Cette nouvelle orientation ne va pas sans susciter de vives tensions internes. Le conflit se polarise entre enseignants du premier cycle, notamment au baccalauréat de base où se trouve une large part de l'enseignement clinique, et ceux du deuxième cycle, où sont dispensés, à de petits groupes, des séminaires de théorie et où sont assurées les directions de mémoires[9]. Ces derniers réclament du temps pour la

l'exigence d'avoir un doctorat en sciences infirmières devient nécessaire pour l'obtention d'un poste de professeur à la FSI.

8. AUM, Annuaire général de l'Université de Montréal, de la Faculté des études supérieures et de la Faculté des sciences infirmières.

9. À la maîtrise, les étudiants ayant choisi l'orientation du stage sont supervisés dans les champs cliniques par les professeurs.

recherche et évoquent le fait qu'aucun crédit ne leur est accordé pour les directions de mémoire, tandis que ceux du premier cycle critiquent le fait que leur lourde charge d'enseignement ne leur permet pas de consacrer du temps à la recherche, leur interdisant ainsi l'accès aux promotions. À cette époque, les infirmières étaient, de façon générale, peu ouvertes à l'introduction de la recherche dans les milieux cliniques, ce qui demandait plus de temps aux chercheurs en sciences infirmières.

Durant les années 1982 et 1983, avec un budget amputé de 11 %[10], la FSI se trouve devant un vrai dilemme et doit trancher. L'inquiétude est générale chez les professeurs adjoints, puisque tous au sein de l'Université sont visés par ces nouvelles mesures. À l'assemblée universitaire, on dit même que la moitié des 85 postes de professeurs adjoints ne seront pas renouvelés, dont 7 pourraient se trouver à la FSI[11]. Or, c'est le programme du baccalauréat pour la formation initiale en sciences infirmières qui attire le plus grand nombre d'étudiants à la FSI, mais l'enseignement clinique s'avère coûteux aux yeux de l'administration de l'Université de Montréal. On suggère alors un profil de carrière différent, l'attribution de congés sans solde ou de contrats de huit mois, etc.[12], pour faire des économies tout en assurant l'enseignement clinique nécessaire à la formation en sciences infirmières.

Ainsi, la haute administration de l'Université encourage la Faculté à privilégier le profil « recherche ». À partir de 1983-1984, la doyenne présente les nouveaux critères d'évaluation des unités d'enseignement et de recherche formulés par la direction de l'Université et utilisés pour la planification du budget 1983-1984[13]. Outre le nombre d'étudiants par classe, les critères incluent le nombre de publications et le nombre de mémoires et de thèses dirigés, ainsi que les montants des subventions de recherche obtenues. De plus, l'Université de Montréal

10. AFSI, procès-verbal de l'assemblée de faculté, 22 janvier 1982, compressions budgétaires.
11. AFSI, procès-verbal de l'assemblée de faculté, 19 novembre 1982, état de la question des renouvellements de nomination des professeurs adjoints.
12. AFSI, procès-verbal de l'assemblée de faculté, 15 octobre 1982.
13. AFSI, procès-verbal de l'assemblée de faculté, 21 janvier 1983, approche budgétaire 1983-1984 ; critères d'évaluation AFSI, procès-verbal de l'assemblée de faculté, 21 janvier 1983, approche budgétaire 1983-84, critères d'évaluation.

n'accordera plus de congé de perfectionnement aux professeurs qui sont dans leur deuxième terme de professeur adjoint[14], restreignant ainsi le bassin de candidats potentiels. Elle accentue d'ailleurs la pression pour l'engagement de professeurs ayant déjà leur doctorat, en recommandant que tout nouvel engagement se fasse au niveau du doctorat ou avec un dossier très fort en recherche. Il semble bien que, dans ce processus général de normalisation des facultés professionnelles, la FSI n'ait pas pu faire valoir davantage l'enseignement clinique.

S'il est difficile aux membres de la Faculté de s'opposer ouvertement à une orientation qui favorise la recherche, ils tentent par contre de créer des passerelles entre la clinique et la recherche. Certains proposent de créer un statut qui permettrait aux professeurs de clinique d'obtenir des promotions afin de pouvoir poursuivre leur carrière universitaire[15]. Mais en pratique, quand la doyenne présente le dossier de certains professeurs adjoints qui ont assumé une très lourde charge d'enseignement et qui, par conséquent, font moins de recherche, leur demande d'agrégation est refusée. Les raisons du refus sont justement celles évoquées plus haut, à savoir que les lourdes charges d'enseignement existent dans toutes les facultés et que l'on ne peut impunément changer la pondération enseignement-recherche.

Cette solution n'ayant pas été retenue en 1985, une mesure plus radicale sera prise[16] confiant l'enseignement clinique à des chargés d'enseignement ou de formation clinique, ou à des professionnels sous la supervision des professeurs réguliers de la Faculté, désormais déchargés de cette tâche. Ces enseignants de clinique seront dotés en 1989 d'un statut particulier et deviendront personnel permanent à la FSI, à 80 % comme professionnels et à 20 % comme chargés de cours[17]. C'est la consécration du profil de carrière axé sur la recherche

---

14. AFSI, procès-verbal de l'assemblée de faculté, 16 décembre 1983, développement du personnel enseignant et planification du corps professoral.

15. AFSI, procès-verbal de l'assemblée de faculté, 19 novembre 1982, état de la question des renouvellements de nomination des professeurs adjoints. La doyenne a réalisé des démarches infructueuses auprès de l'Université pour faire reconnaître un profil de professeur de clinique comme il en existe à la Faculté de médecine.

16. AFSI, procès-verbal de l'assemblée de faculté, 18 janvier 1985, supervision en milieu clinique.

17. AFSI, procès-verbal de l'assemblée de faculté, 15 septembre 1989.

au détriment du statut de la formation clinique, et ce dans une faculté de formation professionnelle qui défend avec vigueur la nécessité d'une formation infirmière initiale à l'université. Au moment où la FSI continue d'offrir un enseignement clinique à une clientèle de plus en plus importante, cette orientation aura des conséquences décisives sur l'avenir de la Faculté. Si cette orientation en faveur de la recherche est conforme aux objectifs académiques en milieu universitaire, elle sera rapidement mise à l'épreuve des pratiques cliniques qui se développeront dans les hôpitaux et milieux de soins au cours des années 1990.

La formation initiale à l'université

Au début des années 1980, Marie-France Thibaudeau est aussi confrontée à la question de la formation initiale à l'université. Elle veut offrir l'accès au baccalauréat en sciences infirmières aux infirmières diplômées des collèges et rapatrier la formation infirmière de la FEP à la FSI. À l'instar des autres facultés professionnelles, la FSI est confrontée à ces choix depuis plusieurs années. Ces questions touchent aux problèmes plus généraux des facultés professionnelles, qui doivent concilier formation supérieure et exigences du marché du travail. Mais, dans ce cas-ci, la FSI n'a ni le monopole de la formation initiale comme d'autres facultés professionnelles, ni celui du recrutement des infirmières qu'elle forme. Elle délivre un diplôme qui donne accès à la profession au même titre que le diplôme délivré par les cégeps, même si les compétences sont bien différentes. Elle doit également se positionner face aux autres offres de formation supérieure, les certificats offerts par la FEP, par exemple, qui n'ont pas nécessairement les mêmes exigences de qualification. Enfin, comment interpréter le fait que la FSI et ses partenaires, qui ont proposé de façon constante, depuis une vingtaine d'années, la formation initiale au baccalauréat comme porte d'entrée obligatoire à la profession, n'aient pas réussi à convaincre les principaux acteurs et décideurs? Certes, on peut aisément comprendre que les bachelières coûtent plus cher que les cégepiennes, mais la question n'est pas seulement financière.

Les clivages sont beaucoup plus profonds : ils divisent la profession depuis ses débuts sur la formation, le type de savoirs et de fonctions qui lui sont nécessaires. Cela explique en partie les divisions internes à la Faculté et au sein de la direction de l'Université, divisions qui se manifestent par des hésitations et des revirements fréquents. Toutefois, les changements de cap de l'OIIQ, au début des années 1980, et de certaines institutions académiques, comme l'Université de Montréal, concernant la nécessité d'une formation au baccalauréat pour les infirmières, compliquent singulièrement le tableau. On ne peut s'empêcher de penser que ce problème est partie prenante de la revendication d'autonomie professionnelle encore non résolue des infirmières, qui revient aussi à la question de l'autonomie des savoirs, et des savoirs dominants et dominés au sein des institutions tant universitaires qu'hospitalières. Le problème est également associé aux valeurs sociales d'une société moderne, bureaucratique et technocratique, où les savoirs féminins et particulièrement ceux qui entourent le soin à apporter aux personnes occupent peu de place dans l'échelle de la valorisation sociale.

L'adéquation de la formation entre le cégep et l'université et l'articulation de l'enseignement aux besoins du système de santé sont les facteurs clés qui doivent guider la révision du programme de baccalauréat. La direction de la FSI insiste toujours sur l'importance de dispenser la formation initiale des infirmières à l'université, après que les étudiants aient reçu une bonne base de formation scientifique au collège (DEC général en sciences de la santé). À ce titre, elle s'élève contre la position de l'OIIQ, en faveur d'une formation initiale dans les cégeps. Ainsi, en avril 1979, la FSI refuse une proposition de collaboration de l'OIIQ concernant le plan de développement de l'éducation en nursing au Québec qui articulerait les formations offertes au cégep et à l'université. « La faculté ne peut accepter de participer au projet pilote OIIQ/FSI, en raison de la position prise par cette dernière au regard de sa conception de l'éducation en sciences infirmières[18]. » La FSI est alors consciente qu'il lui faut des alliés solides pour faire avancer cette position.

C'est en novembre 1980 que Jeannine Pelland-Baudry, professeure à la FSI, prend la présidence de l'OIIQ et lui imprime son orientation et sa vision de la formation infirmière. Un an après le dépôt du rapport d'étude sur la formation en soins infirmiers par le comité Rodger, rapport qui recommandait que la formation infirmière initiale soit dispensée au collège, l'OIIQ se positionne en faveur de la formation initiale universitaire pour l'ensemble de la profession[19]. Les directions

18. AUM, procès-verbal du conseil de la faculté de nursing, 2 novembre 1979.
19. AUM, procès-verbal du conseil de la faculté de nursing, 20 novembre 1981.

Jeannine Pelland-Baudry, 1970 (AUM).

des deux institutions collaboreront à plusieurs projets, notamment le projet 2000[20]. Toutefois, les divisions demeurent entre les partisans de cette vision et ses opposants qui continuent de critiquer l'irréalisme de certains objectifs du projet[21]. Ces deux visions du développement professionnel des infirmières trouveront un écho dans tous les débats

20. Il faut souligner ici l'importante contribution de Françoise Bergeron, vice-doyenne à la FSI (1981-1993), dans toutes les revendications faites auprès du ministère de l'Éducation du Québec et toutes les batailles menées pour la formation initiale à l'université. D'autres appuis viendront d'Olive Goulet de l'Université Laval, de même que du regroupement des directeurs des écoles universitaires en nursing du Québec et de plusieurs directrices des soins infirmiers des hôpitaux affiliés à la FSI.

21. AFSI, procès-verbal de l'assemblée de faculté, 16 septembre 1988, propositions de la FSI en vue d'un baccalauréat pour tous en l'an 2000 (Association canadienne des écoles universitaires de nursing ACEUN, région de Québec). Quelques professeurs soulignent que certains objectifs ne sont pas clairs et que d'autres ne sont pas réalistes. Ils sont d'avis qu'il faut offrir une formation

concernant leur formation à la faculté. C'est dans ce contexte qu'il faut examiner les péripéties qui entourent la transformation des programmes de formation de la FSI durant cette décennie.

La révision du baccalauréat

Depuis l'Opération objectifs-développement-priorités (ODP) menée durant les années 1970 à l'Université de Montréal, la FSI prépare l'implantation d'un nouveau programme de baccalauréat ouvert à ses deux clientèles (les détenteurs d'un DEC général et les détenteurs d'un DEC professionnel en techniques infirmières) et qui reflèterait mieux la spécificité de la formation des infirmières bachelières.

La question est délicate et les modifications aux programmes exigent de nombreuses discussions avec la Commission des études, qui se montre pointilleuse dès qu'il s'agit de leur orientation[22]. Elle l'est d'autant plus qu'en 1981-1982, le Conseil des collèges et le Conseil des universités s'étaient objectés à la formation initiale à l'université pour la confier au cégeps, contrairement aux recommandations de l'OIIQ et de la FSI. C'est dans ce contexte que la doyenne Thibaudeau plaide en faveur de son programme auprès de la direction, qui finit par céder[23]. C'est pourquoi le Conseil universitaire ainsi que le ministre de l'Éducation s'engagent à garder les deux niveaux de formation initiale[24]. Le maintien du *statu quo* permet à la FSI d'apporter au programme de base certaines modifications qui seront acceptées par la sous-commission du premier cycle et par la Commission des études. Le nouveau projet de baccalauréat entériné en juin 1983[25], qui pro-

universitaire à toutes les infirmières et ils tiennent à ce que l'ouverture d'un plus grand nombre de programmes de premier cycle ne diminue pas la qualité de la formation.

22. AFSI, procès-verbal de l'assemblée de faculté, 19 mars 1982, lettre de Roland Proulx (adjoint au vice-recteur aux études), relative au programme de baccalauréat révisé.

23. La doyenne Thibaudeau reçoit l'appui de la Commission de coordination des sciences de la santé de l'Université de Montréal, dont le président est le doyen de la Faculté de médecine dentaire.

24. AFSI, procès-verbal de l'assemblée de faculté, 15 avril 1982, et procès-verbal de l'assemblée de faculté, 21 mai 1982, état de la situation relative à la formation en sciences infirmières.

25. AFSI, procès-verbal de l'assemblée de faculté, 18 février 1983, programme du premier cycle, et AFSI, procès-verbal de l'assemblée de faculté, 17 juin 1983.

pose deux cheminements différents pour les deux clientèles visées, attire vite un plus grand nombre d'étudiants: de 1983 à 1990, le nombre total d'inscriptions double, passant de 341 à 691[26]. Si l'augmentation des clientèles est un des objectifs de cette révision de programme, une meilleure adéquation entre les besoins de la population et la préparation universitaire des infirmières en est un autre. Le virage santé résume la nouvelle orientation en trois points de la FSI: « croissance et développement », « milieu » et « santé-maladie ». Prenant appui sur ces concepts, le nouveau programme « vise à préparer des infirmières cliniciennes généralistes à devenir des leaders dans la profession. Il favorise l'acquisition des connaissances et le développement des habiletés et attitudes requises pour aider, selon l'optique du soin global, l'individu, la famille et les groupes, à identifier et à satisfaire les besoins reliés à leur état de santé. Le

---

**Baccalauréat ès sciences infirmières, 1983
(programme détaillé en annexe)**

- durée: 3 ans
- note de passage: 60 %
conditions d'admission:
    DEC en sciences de la santé
    DEC en techniques infirmières

100 crédits obligatoires (pas de cours à option) nursing: 55 crédits
    sciences biomédicales et appliquées: 25 crédits
    sociologie et psychologie: 10 crédits
    autres cours (législation, éducation, environnement et santé communautaire, administration): 10 crédits

L'orientation du baccalauréat pour les infirmières comporte moins de crédits, c'est-à-dire 90 crédits, dont 30 à option et 8 au choix. Les cours sur les techniques et les enseignements de base sont remplacés par des cours plus spécifiques (par exemple, sciences infirmières et chronicité ou sciences infirmières et santé au travail).

---

26. AUM, Bureau de la recherche institutionnelle, statistiques des inscriptions et de l'admission, Faculté de nursing, 1967-1999.
27. *Ibid.*, p. 4.

programme vise à former des professionnels autonomes, capables de travailler en équipe, quels que soient le lieu ou les besoins de santé présents[27].»

Les modifications apportées au programme renforcent l'accent mis sur la santé: certains cours sont regroupés, d'autres abandonnés, d'autres sont créés avec de nouveaux sigles, titres et descriptions de cours. On tente également de faire la promotion des cours par matière, plutôt que par année d'études, et d'ouvrir le programme aux étudiants désireux de poursuivre leurs études à temps partiel.

La réforme des certificats

Pour la FSI, le fait d'assurer la formation infirmière initiale au niveau universitaire implique la concentration de tous les types de formation. La FSI considère donc le baccalauréat ès sciences offert par la FEP, avec le cumul de trois certificats en soins infirmiers, comme un obstacle à son développement. Les débats seront vifs entre la FSI et la FEP à ce propos.

Un comité FEP/FSI formé en 1979[28] avait déjà tenté de départager les formations, sans grand succès. En 1982, « Guy Bourgeault, doyen de la FEP, s'est montré favorable au rapatriement des certificats de la FEP par étapes[29] ». En 1983, à la lumière du plan de développement de la FSI, il accepte de transférer le seul certificat des sciences infirmières en « milieu clinique », parce qu'il est presque uniquement composé de savoirs infirmiers. Les deux autres ne peuvent être transférés, selon le doyen de la FEP, car ils font appel à d'autres types de savoirs, comme la santé publique pour le nursing communautaire[30], ou l'éducation et l'administration pour le certificat en éducation et organisation des soins; et ils s'adressent à une clientèle plus large que celle des infirmières[31]. Le certificat en sciences infirmières en milieu clinique sera offert pour la première fois par la FSI à l'hiver 1985, après le

---

28. AUM, secrétariat général, rapport annuel de l'Université de Montréal, 1979.
29. AUM, procès-verbal du conseil de la faculté des sciences infirmières, 22 mars 1982.
30. Le certificat en nursing communautaire sera administré par un comité représentant trois facultés: FEP, FSI et Faculté de médecine.
31. AFSI, procès-verbal de l'assemblée de faculté, 16 novembre 1979, éducation permanente.

transfert à la FSI de la responsable du certificat, Pierrette Boucher, et des dossiers des 1 500 étudiants qui y sont déjà inscrits[32]. Cette ultime négociation devait clore la question du rapatriement des certificats de la FEP à la FSI. Elle consacre la fin d'une époque où la formation en éducation et en administration des soins, secteurs privilégiés de la formation des infirmières diplômées jusqu'aux années 1970, sera abandonnée par la FSI. Plusieurs infirmières, après l'obtention du baccalauréat par cumul de certificats, se spécialiseront directement dans les facultés de santé publique, d'administration ou de sciences de l'éducation[33], en dehors de la FSI.

Prix à payer pour la spécialisation et la reconnaissance de ces savoirs comme discipline académique, ce changement apparaît alors indispensable. Il mène toutefois à une situation paradoxale. Ainsi, en 1986, les professeurs de sciences infirmières dans les cégeps seront formés par la Faculté des sciences de l'éducation[34]. Gérard Potvin, responsable du secteur de l'enseignement secondaire et collégial à la FSE, demande alors à la doyenne de la FSI de proposer le nom d'un professeur invité, à mi-temps, pour un cours sur la didactique des techniques en soins infirmiers. Ce cours de niveau maîtrise, souhaité par des professeurs de cégeps qui ont besoin d'aide pour enseigner le nouveau programme en techniques infirmières, débutera à la FSE en septembre 1986. Consternés, les professeurs de la Faculté s'étonnent du fait qu'un tel cours ait été développé sans que la FSI soit consultée.

La Faculté réagit sur un autre registre en recommandant la création d'un nouveau certificat en sciences infirmières, « Intégration et perspectives ». Il s'agit de répondre à la demande des infirmières titulaires de deux certificats et des étudiantes qui veulent obtenir le titre d'emploi « infirmière bachelière », avec l'ajout d'« un cours complémentaire pour l'obtention du baccalauréat avec accumulation de trois certificats en soins infirmiers ». Ce certificat sera offert à partir de 1991. On le voit, la clientèle des étudiantes et des infirmières est fortement convoitée par toutes les instances académiques, qui doivent désormais aussi justifier leurs programmes par leur popularité. Le contenu de la formation lui aussi a changé.

32. Entrevue avec Suzanne Kérouac, juillet 1999.
33. AUM, procès-verbal du conseil de la Faculté des sciences infirmières, 27 mars 1990.
34. AFSI, procès-verbal de l'assemblée de la Faculté des sciences infirmières, 20 juin 1986, didactique des techniques en soins infirmiers.

Les nouveaux concepts de la discipline

Il s'agit également durant ces années de doter la FSI de concepts communs à la discipline. Elle adoptera le concept de promotion de la santé, ou «la santé pour tous», qui est l'objectif déclaré de l'Organisation mondiale de la santé (OMS) sur les soins primaires (plutôt que secondaires ou tertiaires) de santé. Dans cete conception, un rôle central est attribué à l'infirmière comme éducatrice à la santé. Cette même conception se retrouve dans le nouveau programme de baccalauréat: la responsabilité individuelle, familiale et collective face à la santé, l'auto-prise en charge, la qualité de vie, les compétences des personnes et des familles ainsi que les ressources du milieu. C'est l'ère de la promotion de la santé par l'éducation à la santé, basée sur les déterminants les plus connus de la santé et imprégnée de philosophie humaniste qui considère que l'individu et sa famille ont le potentiel de prendre en main leur santé et d'agir comme agents principaux de leur développement. Selon cette perspective, le rôle de la profession infirmière est de prodiguer des soins à la clientèle en situation de maladie ou de crise et de faciliter les apprentissages qui favorisent le développement personnel et l'épanouissement de la famille[35].

La promotion de la santé

Des expressions comme la «contribution de l'infirmière» aux soins de santé des «clientèles» et «science infirmière» prédominent dans les descriptifs de cours du baccalauréat. La formation aux soins à la famille apparaît, pour la première fois, dans les descriptions de cours, en particulier dans le cours sur les soins à l'enfant. Le processus clinique se raffine, même s'il demeure sensiblement le même que celui des années 1970. La démarche clinique est enseignée en étapes circulaires plutôt que linéaires (recueillir des données, analyser et interpréter, planifier, mettre en application et évaluer). Cette démarche est construite sur une des conceptions explicites de la discipline infirmière, étudiées et analysées[36], dans un cours central offert à la maîtrise depuis 1975.

---

35. AUM, Annuaire général de l'Université de Montréal, Faculté des sciences infirmières, 1982-1983.
36. Les conceptions les plus connues, enseignées et adoptées dans le monde francophone québécois, sont celles de Henderson, Orem et Roy, trois Amé-

L'enseignement de ce cours se fera à partir du document «Une conception du nursing et la démarche clinique de l'infirmière» rédigé par Françoise Bergeron et collaborateurs (1987, révisé en 1989) et qui sera repris dans plusieurs cours du programme de baccalauréat. Les auteurs rappellent les objectifs de l'Organisation mondiale de la santé (OMS) «qui prône la santé pour tous via un mouvement de conscientisation et d'auto-prise en charge des individus et des populations[37]». Jeannine Pelland, en congé de la FSI comme présidente de l'Ordre des infirmières et infirmiers du Québec (OIIQ), diffusera de son côté la philosophie du mouvement de santé pour tous dans ses éditoriaux réguliers de *Nursing Québec*, la revue officielle de l'OIIQ. Les concepts clés du schème de référence de la Faculté, appelés fils directeurs, sont la santé, la croissance et le développement, la motivation, l'apprentissage et la famille. Plusieurs de ces concepts concordent avec le modèle élaboré par Gottlieb et Rowat[38] dans *The McGill Model* et par Kravitz et Frey[39] dans *The Allen Nursing Model*, modèle qu'on retrouve dans les programmes d'études de l'École des sciences infirmières de l'Université McGill et dans les établissements de santé qui lui sont affiliés. Les concepts de santé, de famille, d'apprentissage et même de croissance et développement sont au cœur de ce modèle. Les deux écoles, FSI et McGill, ont des définitions de ces concepts et des approches un peu différentes. Toutes deux insistent sur la promotion de la santé (la santé étant plus large que l'absence de maladie) dans un contexte où la personne/famille est responsable de sa santé. Les deux écoles universitaires montréalaises considèrent cette approche où l'infirmière participe à la «démarche» de santé de la famille, en l'accompagnant et en faisant de l'éducation à la santé, comme leur contribution spécifique. De nombreux CLSC du Québec

ricaines. Ce n'est qu'à la fin des années 1980 et au cours des années 1990 que les infirmières des CLSC francophones se sont intéressées au modèle d'intervention de McGill et l'ont pour la plupart adopté.

37. Françoise Bergeron, Danielle Fleury et Sylvie Truchon, «Une conception du nursing et la démarche clinique de l'infirmière», Faculté des sciences infirmières, Université de Montréal, 1987, p. 2.

38. Laurie Gottlieb et Kathleen Rowat, «The McGill Model of Nursing: A practice-derived model», *Advances in Nursing Science*, 9, 4, 1987, p. 51-61.

39. Mona Kravitz et Maureen A. Frey, «The Allen Nursing Model», dans Joyce J. Fitzpatrick et Ann L. Whall (dir.), *Conceptual Models of Nursing. Analysis and Application*, 2ᵉ éd., Norwalk, Appleton & Lange, 1989.

ont adopté, au cours des années 1980 et 1990, ces conceptions de la promotion de la santé comme base de la pratique infirmière.

La formation clinique des généralistes

Au baccalauréat, le cours d'introduction aux sciences infirmières porte sur la contribution des sciences infirmières à la compréhension et à la satisfaction des besoins de santé de la population. Les cours de soins spécifiques à diverses populations, sous les titres « sciences infirmières et santé de l'adulte » ou « ... de l'enfant et de la famille », s'appliquent à l'étude des compétences physiques et psychosociales de ces populations en matière de santé ou encore à leurs besoins à diverses étapes de la vie. Il y est question aussi de la contribution des infirmières à la promotion de la santé auprès des clientèles et de l'intervention thérapeutique. Les stages cliniques sont répartis sur les trois années de scolarité, mettant d'abord l'accent sur l'observation et l'analyse, puis sur l'intervention en situations de plus en plus complexes auprès de diverses clientèles et dans divers milieux (milieu naturel du client ou établissement de santé).

La démarche clinique qui est enseignée est sensiblement la même que celle enseignée au cours de la décennie précédente. Elle se rapporte aux étapes de la collecte de données, de leur analyse et de leur interprétation, ainsi que de la planification, mise en application et évaluation. C'est surtout la nature et l'organisation des données et l'insistance sur son caractère circulaire qui diffèrent. Les données recherchées s'appliquent aux compétences du client en matière de santé et aux caractéristiques des ressources de son milieu. Elles sont regroupées en trois grandes catégories: physiques (respirer, se nourrir, se mouvoir, etc.), psychologiques (apprendre, résoudre des problèmes, donner un sens à sa vie, etc.) et sociales (communiquer, jouer un rôle social, etc.). L'influence de Virginia Henderson reste prédominante même si aucune conception ne semble privilégiée par le programme. Les quatorze besoins fondamentaux identifiés par Henderson figurent en bonne place (respirer, boire et manger, se mouvoir, communiquer, s'occuper de manière à se sentir utile, apprendre, etc.), intégrant chacun une composante biophysiologique et une composante psychosocioculturelle.

La notion de diagnostic infirmier est introduite à l'étape de l'interprétation des données. Le diagnostic désigne les réactions du client face à une situation de santé perçue comme étant problématique. Le mouvement des diagnostics infirmiers, né aux États-Unis dans la foulée de l'expansion de la pratique privée des infirmières, n'a pas eu de grandes répercussions à la FSI, mis à part quelques publications de Grenier. Il y demeure marginal et critiqué pour sa ressemblance avec le modèle médical, dont les sciences infirmières essaient de se distancier, alors que ce mouvement, qui vise la promotion de l'autonomie dans la pratique infirmière, persiste chez nos voisins du sud et gagne de la popularité en Europe.

Par ailleurs, le processus clinique enseigné en étapes, même circulaires, reflète ce même désir de rendre la pratique infirmière scientifique indépendante et autonome, tout en étant humaniste. Malgré les intentions, tout à fait justifiées, de vouloir axer la pratique de l'infirmière sur l'observation et l'analyse de la situation, ainsi que d'assurer la continuité des soins d'un quart de travail à l'autre ou d'une unité à l'autre, de nombreux pièges se cachent derrière cet « outil » de travail qu'est la « démarche », ou processus de soin. La formulation d'objectifs ou de diagnostics infirmiers (parfois déjà exposés dans un livret) renforce la standardisation et l'uniformisation des soins, ce qui contraste avec l'approche globale et humaniste des soins, une approche qui prend en compte les expériences vécues par les personnes et l'immédiateté de ces situations. La formation offerte à la FSI au cours de cette décennie est imprégnée du double désir de rendre la pratique infirmière scientifique, tout en étant humaniste, ainsi que de systématiser et de justifier l'autonomie relative de la pratique, tout en individualisant les soins prodigués (en considérant la globalité de la personne et de la situation de soin par exemple).

Les notions de famille et de dynamique familiale sont introduites, au moment de la formation initiale, dans le cours « Sciences infirmières et santé de l'enfant et de la famille », et elles sont, avec la santé, au centre du cours « Perspectives en sciences infirmières, santé, famille, communauté » offert à la formation infirmière depuis 1984. L'idée de considérer la famille comme une « cliente » gagne du terrain dans le milieu infirmier canadien et américain. À la FSI, Denyse Latourelle, formée à l'intervention thérapeutique familiale à l'Institut de psychiatrie communautaire et familiale, rattaché à l'Hôpital général juif, prône une approche systémique comme mode d'intervention pour l'infirmière spécialiste (2ᵉ cycle) et une ouverture aux besoins et à l'apport de la famille pour l'infirmière généraliste (1ᵉʳ cycle). Fabie

Duhamel et ses collaboratrices prendront la relève pour l'enseignement de l'approche familiale systémique au cours des années 1990. La formation à la relation d'aide est extraite du cours de nursing psychiatrique pour faire partie des enseignements de base. Pour Evelyn Adam[40], elle est inhérente au soin de la personne. Le livre d'Hélène Lazure (1987), *Vivre la relation d'aide*, en présente les caractéristiques essentielles : le respect, la spécificité, l'authenticité, la congruence et l'empathie.

Ainsi, les contenus des cours reflètent fidèlement l'évolution des conceptions des soins durant les années 1980. Ces derniers, qui relèvent du *care*, requièrent la maîtrise à la fois de la relation d'aide, de la démarche de soin et de la conception de la discipline. Les modèles et théories en soins infirmiers, ainsi que la démarche de soins et la relation d'aide en soins infirmiers sont enseignés dans ces cours, où l'on tente également de comprendre l'état de santé, la dynamique, les structures et les fonctions de la famille et de la collectivité, tout en incluant une formation sur l'examen physique et l'examen de santé.

La fin du programme de baccalauréat est marquée par trois cours obligatoires qui portent sur la recherche en sciences infirmières, l'organisation des soins et les dimensions sociales de la pratique infirmière. Le cours « Organisation des soins » porte sur l'application au domaine des soins infirmiers de certains éléments d'administration et d'organisation, en particulier les modes de division du travail infirmier, les systèmes de classification des patients et l'évaluation de la qualité des soins.

Il faut noter que la thématique de promotion de la santé épouse les directives gouvernementales concernant la responsabilité des personnes et des familles face à leur santé et à leurs soins. Est-ce déjà l'effet du désengagement de l'État providence et de son retrait progressif du financement des programmes de santé que traduisent ces nouvelles approches ? Est-ce la tendance à privilégier l'autosanté et la responsabilité des individus et des familles à l'égard de leur santé qui les sous-tendent ? La FSI choisit en tout cas d'en faire l'axe principal de son nouveau programme de formation. L'infirmière bachelière est préparée à contribuer à la santé de la population par ses enseignements sur de saines habitudes de vie et sur les comportements de santé, en continuité avec la formation des années 1960 en hygiène

40. Evelyn ADAM, *Être infirmière*, 2ᵉ éd., Montréal, HRW, 1983.

publique. Désormais, avec la promotion de la santé, l'infirmière bachelière se prépare à exercer dans tous les milieux de soins, autant en santé communautaire qu'en établissement de santé.

Un programme de maîtrise plus accessible

À la suite de la restructuration des programmes préconisée par la Faculté des études supérieures en 1978, la Faculté des sciences infirmières révise son programme de maîtrise. À cette occasion, le terme « gestion » est remplacé par « domaine de spécialisation ». À partir de 1982, la structure du programme de maîtrise est modifiée pour donner naissance à un nouveau programme, qui sera offert jusqu'en 1992[41]. Le nombre de crédits diminue, passant de 65 à 45, avec ou sans mémoire. La nouvelle Faculté des études supérieures (FES) veut normaliser la structure des programmes de maîtrise pour augmenter et accélérer le nombre de diplômés de deuxième cycle. Un tel programme est plus accessible aux étudiants qui souhaitent compléter leur maîtrise en un an, soit trois trimestres à temps plein.

Le nouveau programme de maîtrise avec mémoire comprend 15 crédits de cours et 30 crédits attribués à la recherche et à la rédaction d'un mémoire, alors que l'orientation sans mémoire est constituée de 27 crédits de cours et de 18 crédits de stages ou travaux dirigés, faisant l'objet d'un rapport. Six crédits de cours sont obligatoires : modèles conceptuels en sciences infirmières et méthodologie de la recherche. Le programme offre la possibilité de choisir des cours à option dans cinq domaines : administration des services de soins infirmiers, éducation en sciences et soins infirmiers, sciences et soins infirmiers en psychiatrie et santé mentale, sciences et soins infirmiers en médecine et chirurgie, sciences et soins infirmiers en santé communautaire. Les domaines d'études sont donc restés les mêmes que

41. AUM, annuaire généraux, FSI, Programme de maîtrise 1978-1992 avec mémoire : 45 crédits (15 crédits de cours et 30 crédits attribués à la recherche et à la rédaction) sans mémoire : 45 crédits (27 crédits de cours et 18 crédits de stages professionnels et de travaux dirigés). Les domaines d'études comprennent : administration du nursing/administration des services de soins infirmiers ; éducation en nursing/éducation en sciences et soins infirmiers ; nursing en psychiatrie et santé mentale/les sciences et soins infirmiers en psychiatrie et santé… ; nursing médico-chirurgical/les sciences et soins infirmiers en médecine-chirurgie ; nursing communautaire/les sciences et soins infirmiers en santé communautaire.

ceux qui avaient été graduellement offertes depuis l'ouverture du programme en 1965. Lors du changement de nom de la Faculté de nursing pour la Faculté des sciences infirmières, en 1979, les domaines furent désignés par les mots sciences et soins infirmiers, dénotant la difficulté de traduire correctement le mot nursing.

Le programme de maîtrise attire une clientèle de plus en plus nombreuse ; de 1980 à 1990, elle passe de 81 à 137 inscrits. Cette fréquentation croissante des diverses options du programme est significative et montre bien que l'expertise de l'infirmière clinicienne spécialisée est en forte demande dans les milieux de soins. Au cours de cette décennie, 278 étudiantes obtiendront leur diplôme de maîtrise en sciences infirmières[42].

L'objectif du programme étant de former des infirmières cliniciennes spécialisées, les cours obligatoires et communs aux divers domaines d'études portent à la fois sur les aspects théoriques (modèles conceptuels) et méthodologiques (méthodologie de la recherche et statistiques) de la discipline infirmière. Les cours et les séminaires s'appliquent aux soins dispensés à diverses clientèles, aux soins infirmiers en services médico-chirurgicaux, en gérontologie-gériatrie, en santé communautaire, en santé maternelle et infantile, en milieu familial, en santé mentale et psychiatrie, de même qu'aux soins reliés à la chronicité[43]. Un cours à option concerne le rôle de l'infirmière clinicienne spécialisée (ICS), mais il ne s'applique qu'au soin de l'adulte malade et demeure surtout théorique[44]. D'autres cours à option traitent de l'enseignement ou de la mise en application de modèles d'intervention, comme l'intervention en milieu familial et la relation d'aide en soins infirmiers. Le stage de 18 crédits est l'élément central de la formation de l'infirmière clinicienne. Ce stage vise l'approfondissement

---

42. Liste des mémoires et rapports de stage réalisés à la FSI, Faculté des sciences infirmières, secteur de la gestion des dossiers étudiants aux études supérieures.

43. Un séminaire interdisciplinaire sur divers aspects de la santé des femmes est coordonné par une professeure de la FSI à partir de l'année 1986-1987.

44. À compter de 1983, ce cours est ouvert à tous et le descriptif du cours comporte l'étude du concept de l'ICS et de ses fonctions (supervision et consultation). L'étudiante sera alors amenée à observer et à appliquer les fonctions de l'ICS dans un milieu clinique, mais ce cours ne sera pas obligatoire. Il y a également un cours au choix qui porte sur l'impact des forces sociales qui influencent les soins infirmiers et sur les enjeux auxquels est confrontée la profession.

des connaissances et leur application à l'analyse des problèmes d'un domaine de soins, de même que l'approfondissement des modes d'intervention lors d'une pratique spécialisée. D'autres choisissent la pratique spécialisée en administration des services de soins ou en éducation en soins infirmiers. Les cours relatifs à l'éducation et à la gestion des soins sont cependant plus rares et occupent une place moins importante durant cette décennie. À partir de 1983, il n'y a que trois cours au choix qui sont offerts[45]. En fait, outre le stage de spécialisation en éducation ou en administration des soins infirmiers, il existe peu de formation relative aux savoirs infirmiers spécifiques à ces domaines d'intervention à la Faculté.

Par ailleurs, la formation à la pratique spécialisée est moins évidente pour celles qui choisissent le mémoire de recherche. Ce mémoire représente les deux tiers des crédits attribués à la formation. Ici l'accent est mis sur la formation à la recherche, quoique la plupart des mémoires traitent d'une problématique liée à la pratique clinique. Le programme de maîtrise de cette décennie illustre bien cette dualité, mais aussi l'équilibre recherché entre la nécessité d'offrir une formation clinique spécialisée à la fine pointe des pratiques, tout en privilégiant le développement et la formation à la recherche. Ajoutons que les années 1980 sont décisives pour la préparation du programme de doctorat qui sera offert au début des années 1990[46]. Dans la perspective du programme de doctorat, un nouveau cours sur le développement de la théorie en sciences infirmières est ajouté en 1986. Ce cours postmaîtrise traduit bien le désir de formaliser les savoirs infirmiers et de constituer la science infirmière en développant la théorie[47].

---

45. Un séminaire de 3 crédits en administration des services infirmiers vise l'application des principes et méthodes d'administration à des problèmes administratifs des services infirmiers. Un cours de 3 crédits porte sur l'enseignement clinique dans la formation infirmière : principes et structure de l'enseignement clinique en soins infirmiers. Le troisième cours s'applique à l'intervention éducative de l'infirmière auprès du client. Il y a également un cours de 3 crédits sur l'évaluation de la qualité des soins infirmiers (concepts, approches et méthodes) qui apparaît en 1986.

46. La doyenne Thibaudeau est coprésidente du comité pour la création d'un programme de doctorat en sciences infirmières, programme conjoint de l'Université de Montréal et de l'Université McGill.

47. Ce cours s'adresse aux personnes qui ont réussi les cours obligatoires du programme de maîtrise (étude de la discipline infirmière, méthodologie de la recherche et concepts de base en biostatistique) et porte sur l'analyse et la

L'essor de la recherche subventionnée

Avec les coupures financières marquées dans les universités au début des années 1980, le recours à la recherche subventionnée devient indispensable pour mener à bien les projets[48]. La réduction du corps professoral de la FSI, qui aurait pu menacer le développement des activités de recherche encore peu nombreuses à cette époque, sera donc compensée par la croissance rapide de la recherche subventionnée au cours de cette décennie. Lors de la restructuration du corps professoral, les autorités de la Faculté ont misé sur un profil de professeur-chercheur, la doyenne Thibaudeau invitant et pressant les professeurs à s'engager résolument dans la course aux subventions de recherche. L'essor de la recherche subventionnée est désormais possible parce qu'un plus grand nombre de professeurs ont reçu une formation doctorale. À la faveur du mouvement pancanadien qui vise à établir la recherche en sciences infirmières dans des organismes spécifiques au sein des fonds de subvention en santé, et à l'instar des médecins, mais de préférence en dehors de leur contrôle, la Faculté a de meilleures chances de trouver des moyens de financer la recherche. Par exemple, en 1987, Fabienne Fortin, adjointe à la doyenne pour la recherche, est invitée par le directeur général du FRSQ, à agir à titre de membre du comité de planification et d'élaboration du plan triennal 1989-1992. Les besoins de la Faculté sont par là exprimés, et amène le FRSQ à reconnaître la nécessité de prioriser les recherches dans le domaine des soins infirmiers. Marie-France Thibaudeau travaillera par exemple auprès du Fonds de recherche en santé du Québec (FRSQ) et du Conseil de recherches médicales du Canada afin d'obtenir pour la FSI des fonds réservés au doyen et une plus grande ouverture de ces organismes aux projets de soins infirmiers. Les efforts des pionnières chercheuses porteront leurs fruits et plusieurs organismes financeront les projets de recherche en sciences infirmières[49].

critique du processus d'élaboration et de vérification des théories en sciences infirmières. Il sera intégré au programme de doctorat à son ouverture et y deviendra obligatoire.

48. Marie-France Thibaudeau, « L'évolution de la recherche infirmière au Québec », dans Olive Goulet, *La profession infirmière. Valeurs, enjeux, perspectives*, Boucherville, Gaëtan Morin Éditeur, 1993, p. 209-228.

49. Il faut souligner en particulier le programme de recherche auprès des personnes âgées et des soignants naturels instauré par Lévesque, au début des

Les recherches menées par les professeures de la FSI sont plus nombreuses et diversifiées. On peut les regrouper autour de trois thèmes : la compréhension des dimensions psychosociales des expériences de santé des individus et des familles, l'élaboration d'outils d'évaluation et l'effet sur la santé des interventions infirmières. Quelques chercheuses de la Faculté tentent d'ancrer leurs travaux sur une conception explicite de la discipline infirmière, celle de promouvoir l'adaptation de la personne ou celle de renforcer ses capacités d'autosoin, selon les théoriciennes Roy et Orem.

Les deux organismes qui avaient subventionné les premières recherches des années 1970 continueront d'appuyer les projets de ces professeurs et financeront plusieurs nouveaux projets : il s'agit du Programme national de recherche et développement en matière de santé[50] et le Conseil québécois de la recherche sociale[51].

années 1980. Ses travaux de recherche en milieu clinique commencent à porter fruit : en 1987, un contrat est signé entre la FSI et la directrice des soins infirmiers du Centre hospitalier Côte-des-Neiges. On crée un poste de professeur-chercheur à la FSI qui occupera un poste de chercheur au CHCDN. AFSI, procès-verbal du conseil de la FSI, 22 mai 1987.

50. Le PNRDS a financé les projets qui suivent : un projet sur les femmes violentées, dirigé par Suzanne Kérouac (1980-1982) ; un autre sur des aspects liés à la contraception des femmes, dirigé par Fabienne Fortin (1981-1984) et portant sur le syndrome postligature des trompes ; un projet dirigé par Georgette Desjeans sur la maladie chronique et portant sur le handicap physique et la dissonance cognitive (1983-1988) ; un projet sur l'évaluation de la qualité des soins concernant l'applicabilité d'un modèle bipartite processus-résultat, dirigé par Jacqueline Laurin (1985-1988) ; un projet sur la santé mentale des soignants naturels de personnes âgées malades dirigé par Louise Lévesque (1989-1990) ; et, enfin, un projet visant l'exploration des dimensions psychosociales des besoins des soignants naturels d'enfants infectés au VIH, dirigé par Elisabeth Taggart (1989-1990).

51. Le CQRS, qui avait commencé à la fin des années 1970 à subventionner la recherche infirmière, continue d'appuyer les projets au cours des années 1980. Au Québec, 27 projets en sciences infirmières venant d'un hôpital et de 5 universités ont été financés avant 1990. Il subventionne plusieurs projets des professeurs de la FSI. Il continue d'appuyer les recherches de Louise Lévesque (1980-1991) sur la personne âgée et finance plusieurs nouveaux projets : les projets dirigés par Fabienne Fortin sur les profils individuels de santé (1980) et sur la validation des mesures en santé mentale (1983-1984), ainsi que ceux que dirigent Suzanne Kérouac (1983-1986) sur la santé des femmes violentées et leurs enfants, Nicole Ricard sur la santé des personnes et le soutien du

L'aide à la recherche infirmière offerte par le fonds pour la Formation de chercheurs et l'aide à la recherche (FCAR) arrive au début
des années 1980. Ce fonds remplace le Programme de formation de
chercheurs et action concertée. Les chercheurs en sciences infirmières
ont alors accès aux subventions consenties aux équipes et aux centres,
aux bourses de formation de maîtrise, de doctorat et d'établissement
des jeunes chercheurs, ainsi qu'aux subventions pour l'achat d'équipement scientifique et pour l'aide à la publication scientifique. Mais
selon Thibaudeau, peu de ressources ont été accordées aux chercheurs
en sciences infirmières, à cause du petit nombre d'équipes de recherche
et en raison du fonctionnement du Fonds, qui a souvent coupé les
sommes demandées par le chercheur responsable[52]. Seuls deux projets
de l'équipe dirigée par Fortin, qui étudie la contraception chez les
femmes, ont été subventionnés par le FCAR[53].

Au début des années 1980, le Fonds de la recherche en santé du
Québec (FRSQ) commence, lui aussi, à apporter un appui financier à
la recherche infirmière. Il octroie une subvention à Grenier pour un
projet de recherche sur l'évaluation de la qualité des soins infirmiers et
à Goulet pour la rémunération d'un stagiaire d'été. La doyenne de la
FSI reçoit également de petites subventions du FRSQ dans le cadre du
Fonds de développement aux facultés des sciences de la santé[54]. À
partir de 1986, des professeurs des écoles de sciences infirmières sont
membres de plusieurs comités d'évaluation et de consultation du
FRSQ et influenceront ses orientations à l'égard de la recherche en
sciences infirmières. Jusqu'en 1988, le FRSQ fonctionne selon les
mêmes critères d'évaluation que le Conseil de recherche médicale du
Canada, en mettant l'accent sur la recherche biomédicale fondamentale et en considérant le chercheur comme possédant un doctorat
et ayant poursuivi des études postdoctorales durant deux ans. Au

---

    malade mental (1988-1991), André Duquette sur l'épuisement professionnel
    du personnel infirmier (1989-1990) et Jacinthe Pepin sur la violence familiale
    (1984-1985). Le colloque de recherche infirmière organisé par Thibaudeau est
    lui aussi subventionné par le CQRS (1980).

52. *Ibid.*, p. 220-221.

53. L'un se penche sur la stérilisation chirurgicale et les femmes (1981-1984) et
    l'autre sur la contraception à l'adolescence (1984-1987). De plus, Louise
    Lévesque et Mary Reidy reçoivent du financement pour un séminaire pour
    l'avancement de la recherche infirmière spécialisée sur le soin des aînés.

tournant des années 1990, le FRSQ tente de sortir du paradigme biomédical et inclut la recherche clinique infirmière. Dans la foulée du plan triennal, «le FRSQ propose que la recherche infirmière soit considérée comme de la recherche clinique émergente[55]», la priotié étant donnée au développement de la recherche infirmière. Mais il y a loin de la coupe aux lèvres... Enfin, les montants provenant des fonds de recherche internes de l'Université de Montréal alloués aux chercheurs de la FSI s'accroissent également durant les années 1980, témoignant d'un plus grand soutien de la part de l'institution. Vingt-quatre projets de petite envergure et de démarrage voient le jour grâce au soutien du Fonds de développement de la recherche de l'Université de Montréal (FDR) et du CAFIR (Comité d'attribution des fonds internes de recherche de l'Université de Montréal). À la fin de cette décennie, la FSI est résolument engagée dans la recherche subventionnée et a relevé le défi de la formalisation des savoirs qui constituent la discipline infirmière.

Tous ces éléments concourent à mettre la Faculté dans une position plus enviable au sein de l'Université de Montréal. Les montants alloués à la FSI en fonds de recherche augmentent significativement et

Tableau 5.1   Répartition des fonds de recherche selon les facultés à l'Université de Montréal (1980-1990)

FACULTÉS	1980	1985	1990
Aménagement	252 134	312 285	504 781
Arts et sciences	10 151 041	13 979 806	34 689 829
Droit	776 045	688 109	1 412 308
Éducation physique	140 099	472 707	517 302
Médecine	6 844 725	14 694 528	72 983 426
Médecine dentaire	55 900	399 356	1 774 586
Médecine vétérinaire	578 338	2 301 640	4 746 458
Musique	51 506	38 432	181 058
Optométrie	5 100	21 506	410 946
Pharmacie	228 837	566 374	1 055 405
Sciences de l'éducation	713 446	801 111	1 382 719
Sciences infirmières	190 151	178 686	446 191
Théologie	7 805	44 460	77 154
TOTAL	19 995 127	34 499 100	120 182 163

Sources: AUM, Université de Montréal, rapports annuels.

54. AUM, CV de Marie-France Thibaudeau, 1985-1986 et 1988-1989.

doublent en dix ans, passant de 190 151 $ à 446 191 $. Cependant, les recherches menées dans les autres secteurs de l'Université de Montréal augmentent tout autant, sinon plus. Alors que le montant des subventions double en dix ans pour la FSI, il se multiplie par 6 pour l'ensemble des facultés, passant de 19 995 127 $ à 120 182 163 $. On doit donc noter que la position de la FSI au sein de l'UM demeure précaire, et même qu'elle s'affaiblit au cours des années 1980 : les montants alloués à la FSI représentent 0,95 % des fonds alloués à l'ensemble de l'UM en 1980, puis diminuent à 0,37 % en 1990.

Si ces chiffres sont des indicateurs de tendance, l'analyse précise les résultats des recherches effectuées par les professeures diplômées de la Faculté permet de les nuancer.

Les connaissances développées par la FSI

L'étude systématique des publications et travaux de maîtrise produits à la Faculté permettent de mieux préciser la nature des savoirs développés[56]. Ces publications et travaux portent surtout sur la compréhension des dimensions psychosociales de l'expérience de santé des individus et des familles, sur l'élaboration d'outils d'évaluation et sur l'effet des interventions infirmières sur la santé. Nous avons regroupé ces travaux autour des populations qui en ont été la cible : soins aux familles et en santé des femmes, soins aux personnes âgées et en chronicité, soins en santé mentale et qualité des soins. Par ailleurs, plusieurs travaux transcendent les populations spécifiques et portent sur les fondements théoriques et pratiques de la discipline infirmière, ainsi que sur l'éducation et la formation des infirmières.

Les fondements théoriques et pratiques

Evelyn Adam a apporté une contribution décisive au développement des savoirs sur les fondements théoriques de la discipline[57]. Son livre,

---

55. *Ibid.*, p. 221.
56. Nous avons analysé tous les titres des publications des professeurs répertoriés dans les rapports périodiques des activités de la FSI, dans le curriculum vitæ des professeurs, ainsi que dans les titres des mémoires et des rapports de stage effectués à la FSI.
57. D'autres professeurs contribuent également au développement des savoirs théoriques : un article de Rainville (1984) sur le nursing holiste ; deux écrits de

Être infirmière, paru en 1979 aux Éditions HRW[58], insiste sur la nécessité d'une conception infirmière, qu'elle qualifie de complète et explicite, différente de l'approche biomédicale et qui doit être à la base de la pratique, quel que soit le milieu de soins. Cette conception infirmière doit également guider la formation infirmière, la gestion des soins et la recherche infirmière. Selon elle, l'essence de la discipline infirmière s'appuie sur la conception de Virginia Henderson qu'elle contribue, selon plusieurs[59], à formaliser. Ce petit livre, qui offre un instrument de collecte de données basé sur la conception présentée[60], sera utilisé par un grand nombre d'infirmières québécoises et européennes. Auteure et coauteure de nombreuses publications, de 1981 à 1992, Adam publie dans des revues nationales et internationales de nombreux articles et monographies qui portent sur les modèles conceptuels, sur le modèle de Henderson et sur la distinction entre modèle conceptuel et théorie. Un de ses articles devient très populaire : « Nursing Theory : What It Is and What It Is Not[61] ».

D'autres professeurs investiront le domaine des savoirs infirmiers liés aux fondements pratiques, c'est-à-dire aux méthodes et processus qui se rapportent à la relation d'aide, au processus systématique de soins, à l'enseignement et aux interventions infirmières[62]. Il faut en

Provost (1986) sur l'humanisme dans la discipline infirmière et un hommage à Moyra Allen ; une préface de Laurin à l'édition française du livre présentant le modèle conceptuel de Dorothea Orem (1987) ; et un article de Pepin (1987) sur la coexistence des paradigmes en sciences infirmières. La contribution des étudiantes à la maîtrise se résume à trois rapports de stage qui portent sur l'introduction ou l'implantation d'un modèle conceptuel infirmier dans un milieu de pratique ou sur l'observation d'une pratique fondée sur un modèle conceptuel (entre 1980 et 1985). Le modèle de Virginia Henderson est le seul spécifié.

58. Les versions subséquentes sont publiées en 1983 et 1991 en français ; en 1980 et 1991 en anglais ; en 1989 en italien et en 1994 en portugais.

59. Voir Terri Creekmur, Janet DeFelice, Marylin S. Doub, Ann Hodel et Cheryl Y. Petty, « Evelyn Adam : Conceptual Model for Nursing », dans Ann Marriner-Tomey, 2ᵉ éd., *Nursing Theorists and Their Work*, Saint Louis et Toronto, Mosby, 1989, p. 133-145.

60. Céline Bureau-Jobin et Jacinthe Pepin, « Instrument de collecte de données », dans Evelyn Adam, *Être infirmière*, 2ᵉ éd, Montréal , HRW, 1983, p. 45-68.

61. Paru dans *Nursing Papers/Perspectives en nursing*, 1987.

62. Les écrits de Grenier (doctorat en éducation, mesure et évaluation) portent sur l'enseignement aux bénéficiaires (1985), particulièrement en période pré-

particulier souligner la contribution d'Hélène Lazure qui décrit l'approche théorique et pratique de la relation d'aide en soins infirmiers. Son livre (1987)[63] sera beaucoup utilisé par les professeurs qui enseignent la relation d'aide, tant à la FSI que dans plusieurs écoles de formation infirmière. Soulignons aussi les travaux de Thérèse Rainville sur la formation et l'enseignement de la relation d'aide[64]. Plusieurs travaux de maîtrise, principalement dirigés par Thérèse Rainville, viendront enrichir ces savoirs en matière d'aide en décrivant avec précision et rigueur les attitudes, les comportements et les processus liés à l'interaction de l'infirmière avec les personnes soignées. Il y est question de la confiance, de la congruence, de l'authenticité, de l'empathie, de l'estime de soi et de la conscience de soi[65]. Il est

opératoire; celui-ci discute de l'analyse des besoins en sciences infirmières (1985) et examine le concept de diagnostic infirmier (1984 et 1987). D'autres écrits portent sur le processus des soins infirmiers (Adam, 1983), les problèmes de soins (Lazure, 1982) et les notes d'observations de l'infirmière (Clément, 1989). Des articles concernent l'infirmière (Lazure, 1985), sa pratique en milieu naturel (Bergeron, 1981) et son intervention (Ducharme, 2 ouvrages en 1987), de même que l'actualisation de soi (Ricard, 1981).

63. Hélène LAZURE, *Vivre la relation d'aide, approche théorique et pratique d'un critère de compétence de l'infirmière,* Montréal, Décarie, 1987, 192 p.

64. Rainville publie en 1981 un article sur la formation et l'enseignement de la relation d'aide, en 1983 elle présente un rapport de recherche sur les effets d'un programme de formation à des habiletés de base en relation d'aide chez les soignants.

65. La contribution des étudiantes à la maîtrise aux savoirs liés aux fondements pratiques est assez substantielle. En effet, entre 1979 et 1993, 17 rapports de stage (dont 8 sont dirigés par T. Rainville) portent sur l'interaction infirmière-malade durant le bain quotidien; la confiance (2), la congruence, la communication non verbale (2), les attitudes (selon la perspective de Carl Rogers) et l'attitude de *caring* dans la relation infirmière-client; l'estime de soi de l'infirmière et l'authenticité dans la relation d'aide; la solitude et la relation d'aide; la nécessité d'inspirer confiance quand s'instaure la relation d'aide et les problèmes qui se posent au moment où elle se termine (2); conscience de soi et empathie avancée dans la relation thérapeutique; le féminisme et l'intervention thérapeutique; la dimension cognitive de la réponse empathique; et finalement l'utilisation du méta-modèle pour spécifier et faire spécifier. Un texte porte sur la confiance en soi dans l'intervention affirmative. Quelques travaux se rapportent à la mesure des éléments pertinents à l'éducation en nursing: un test d'aptitude à la relation d'aide, des indicateurs d'aptitudes aidantes dans la relation professeur-étudiant, l'attitude des professeurs face à la créativité de l'étudiante infirmière. D'autres études portent sur le processus

intéressant de noter l'évolution des termes utilisés : il est d'abord fait mention de l'interaction infirmière-client, puis de la relation d'aide en soins infirmiers, enfin de l'intervention thérapeutique de l'infirmière. Quelques travaux de maîtrise s'attardent par ailleurs au processus de la démarche de soins et aux effets de l'enseignement au client[66], alors que d'autres s'appliquent à l'élaboration et à l'évaluation d'outils cliniques[67].

Au cours des années 1980, le débat sur la formation initiale universitaire pour toutes les infirmières a fait couler beaucoup d'encre et a causé de nombreux conflits sur la formation infirmière au Québec. C'est dans ce contexte que les professeurs s'intéresseront davantage aux dimensions sociales et professionnelles qui influencent la pratique infirmière et seront très proactifs dans leurs interventions publiques[68].

---

d'apprentissage : l'une sur l'apprentissage d'habiletés appropriées aux besoins émotionnels du mourant et de sa famille et l'autre sur l'apprentissage d'attitudes caractéristiques d'une approche personnalisée auprès du client.

66. Des travaux de maîtrise ont porté sur la préparation à l'implantation d'une « démarche » de soins, sur les liens observés entre plans de soins et modèle conceptuel infirmier, sur la démarche de résolution d'un problème en soins infirmiers, sur l'étude et l'application du concept de diagnostic infirmier de même que sur la rédaction des dossiers. Deux textes évaluent l'effet d'un enseignement proposé, l'un par vidéocassette et l'autre par une activité de renforcement, sur le rétablissement des patients et sur l'autoprise en charge des soins personnels. Un mémoire porte sur les pratiques routinières en soins infirmiers.

67. Plusieurs mémoires et rapports de stage s'appliquent à l'élaboration et la vérification d'outils cliniques. Ces recherches peuvent être considérées comme appartenant au corpus des études méthodologiques que nous avons regroupées ici. Elles portent sur les thèmes suivants : un instrument pour la collecte des données au domicile du client, un instrument d'évaluation du plan de soins, un outil pour l'évaluation de l'enseignement fait par l'infirmière, un instrument d'évaluation de la relation entre la mère et le nouveau-né, une mesure du réseau du soutien social.

68. En 1981, Bergeron présente un mémoire au ministre de l'Éducation et à l'OIIQ sur les besoins de santé de la population, l'exercice de la profession infirmière et la formation infirmière. De 1982 à 1991, Thibaudeau est coordonnatrice du regroupement des directrices et du doyen des écoles universitaires en sciences infirmières du Québec (ACEUN). Dans le cadre de cette fonction et en collaboration avec Bergeron (FSI), Goulet (Université Laval) et d'autres collaborateurs, elle a rédigé et présenté aux instances publiques de nombreux mémoires et avis sur la formation infirmière. Mentionnons aussi que Pelland, à

Ils publieront de nombreux textes pour la défense de l'autonomie professionnelle et de la formation universitaire[69]. Soulignons en particulier les recherches et publications d'André Duquette qui ont été réalisées dans le contexte de la prise de position de l'OIIQ (1982) sur la formation universitaire pour toutes les infirmières en l'an 2000. Ses travaux traitent des conditions et des entraves à la poursuite des études universitaires chez les infirmières du Québec[70]. D'autres travaux portent également sur les savoirs relatifs à la formation des infirmières[71], en proposant des analyses des besoins de formation

titre de présidente de l'OIIQ (1980-1992), a participé à la rédaction et à la présentation des nombreux mémoires et avis soumis par l'OIIQ aux instances publiques au cours des années 1980. Enfin, en 1984, un collectif de professeurs de la FSI, dirigé par Bergeron, publie la monographie *Après 50 ans de formation infirmière universitaire : le point.*

69. Pelland a publié plusieurs éditoriaux dans la revue *Nursing Québec*. Ces éditoriaux se rapportent à divers aspects professionnels, en particulier des réflexions et points de vue sur le passé et l'avenir des soins infirmiers et de la profession infirmière: « À la découverte de Jeanne Mance », « Dans l'esprit de Nightingale », « Cap sur le progrès », « Les soins infirmiers en l'an 2000 ». Des articles proposent des réflexions et opinions sur la formation professionnelle des infirmières (Bergeron, 1982; Duquette, 1982; Provost, 1984) et un article porte sur l'application d'un modèle conceptuel au programme d'études collégiales en techniques infirmières (Adam, 1981). Enfin, trois textes de Clément concernent l'agrément des programmes de baccalauréat en sciences infirmières au Canada (critères, processus, stratégies) et un texte de Thibaudeau (1988) rapporte les résultats d'une étude de la faisabilité d'une faculté des sciences infirmières en Haïti.

70. Outre son mémoire de maîtrise (1982) et sa thèse de doctorat (1986), Duquette publie, de 1983 à 1989, six articles dans des revues scientifiques et professionnelles. Ces articles traitent de l'éducation continue en sciences infirmières et des obstacles à la poursuite des études universitaires chez les infirmières du Québec.

71. Un article présente un programme de perfectionnement du personnel infirmier en milieu gériatrique (Lévesque, 1985), un autre expose un cadre de référence d'un programme de formation en cours d'emploi pour les infirmières en santé communautaire (Paquet-Grondin, 1981). Taggart (1980, 1985) et Fortin (1983) publient, dans des revues spécialisées en éducation, des articles sur de nouvelles technologies utilisées dans l'enseignement en soins infirmiers : l'enseignement à distance, l'utilisation du satellite ou de la bande magnétoscopique, l'autoapprentissage assisté par ordinateur. Par ailleurs, plusieurs études de maîtrise se rattachent à l'identification et à l'analyse des besoins de formation continue pour le personnel infirmier de différents secteurs: en soins gériatriques, en santé et sécurité au travail, en centres de santé et de promotion

clinique, de nouvelles méthodes et de nouveaux programmes de formation.

Les savoirs portant sur les soins aux familles

Les publications liées aux soins à la famille apparaissent assez tôt à la FSI (1978). Partant d'un questionnement d'ordre général sur le fonctionnement de la famille, les travaux des années 1980 se sont diversifiés en décrivant les expériences de maladie et de santé de diverses familles. Plusieurs situations familiales ont fait l'objet d'investigations : la violence familiale, les familles défavorisées, les couples âgés, les personnes âgées dans la famille, la relation du père avec le nouveau-né, la famille ayant une personne hospitalisée ou malade, la famille et le VIH. Des textes portent explicitement sur l'approche systémique de l'intervention infirmière auprès de la famille. Marie-France Thibaudeau a publié plusieurs textes sur l'évaluation du fonctionnement et de la compétence familiaux, en particulier sur l'évaluation d'un modèle d'intervention familiale auprès de familles défavorisées suivies par des infirmières travaillant en CLSC. Elle a aussi supervisé plusieurs mémoires de maîtrise sur le soin, la santé et le fonctionnement de la famille, entre autres en milieu défavorisé[72]. Denyse Latourelle s'est également intéressée à la famille en publiant ses études sur la compréhension du système familial et sur l'intervention systémique de l'infirmière (1984, 1985). Elle supervise plusieurs mémoires et rapports de stage qui comportent tous une intervention infirmière auprès de couples, de parents ou de familles ayant une personne qui vit un problème de santé. Ajoutons que Raymonde Paquet-Grondin a rédigé plusieurs textes sur la famille d'un enfant hospitalisé ; elle décrit bien l'impact de l'hospitalisation sur la famille et insiste sur l'importance de la promotion de la santé auprès de

---

sociale. Alors que des mémoires portent sur la conceptualisation et la réalisation de programmes de formation continue destinés aux infirmières au travail, mentionnons qu'un travail de maîtrise s'applique à l'étude du préceptorat en milieu hospitalier ultraspécialisé pour la formation clinique de l'infirmière débutante.

72. Ces mémoires traitent de la santé de la mère, de l'impact de la relation d'ami et du contrat sur le soin à la famille. Dans le cadre du projet de recherche de Thibaudeau, qui a duré six ans, dix étudiants ont poursuivi leur mémoire de maîtrise autour du thème des « soins infirmiers aux familles défavorisées ».

cette famille. On doit également quelques publications à d'autres professeurs[73].

Les soins à la mère, au nouveau-né et à l'enfant sont une dimension des soins à la famille. Elizabeth Taggart a publié plusieurs textes sur les stratégies d'adaptation (*coping*) des mères, sur la préparation et l'hygiène en période prénatale et sur l'éducation face à l'allaitement. Des mémoires portent sur l'enseignement à la parturiente des signes d'hypertension et sur les rencontres prénatales, d'autres se rapportent à la compétence parentale liée aux soins à l'enfant, à l'attachement du père au nouveau-né (Joëlle DeCourval et Céline Goulet) et à la formation de groupes de soutien parental. Des travaux traitent du soutien aux adolescents et à leurs parents en abordant l'éducation sexuelle, la contraception et les besoins de l'adolescente enceinte. Plusieurs textes se rapportent à l'intervention infirmière auprès de l'enfant: l'effet de certaines thérapies d'activité physique chez l'enfant malade (Madeleine Clément, 1980), l'effet de la thérapie aquatique chez les enfants atteints de fibrose kystique et l'effet de l'exercice physique sur les enfants asthmatiques, ainsi que le dépistage en CLSC chez les enfants de niveau préscolaire (Monique Rinfret-Bisson et Raymonde Paquet-Grondin)[74].

Plusieurs professeurs ont abordé le domaine des soins en santé des femmes en étudiant les expériences de vie liées à la contraception et à la violence dans la famille. Les publications de Fabienne Fortin traitent des effets des modes de contraception sur la santé: la stérilisation tubaire, la stérilisation chirurgicale et la ligature des trompes. Fortin dirige aussi une équipe de recherche et supervise plusieurs travaux de maîtrise consacrés au processus décisionnel des adolescents face à l'utilisation de la contraception. Elisabeth Taggart et Suzanne Kérouac, en équipe avec Fabienne Fortin et des étudiants à la maîtrise, examinent la place du soin dans la vie des femmes à diverses étapes du cycle menstruel. Il y est question de l'information sur le syndrome prémenstruel, des interventions infirmières en fertilité, des besoins de santé des adolescentes enceintes, de la préparation prénatale, ainsi que

---

73. Taggart (1979) et Ducharme (1987) rédigent aussi un document sur l'approche infirmière auprès de la famille.
74. Les travaux de Rinfret-Bisson et Paquet-Grondin ont été subventionnés par une fondation de recherche privée, The Hospital for Sick Children Foundation of Toronto.

du soutien au moment de l'avortement et de la santé durant la ménopause. Nicole Ricard, en collaboration avec des étudiantes à la maîtrise, s'intéresse à l'expérience des femmes face à l'hystérectomie; elles étudient les besoins d'information et de connaissances, ainsi que le processus décisionnel et la prévention de l'hystérectomie[75].

C'est Suzanne Kérouac qui a le plus contribué au domaine du savoir sur la violence conjugale. Ses publications présentent plusieurs portraits de santé de femmes violentées, ainsi que les interventions infirmières les plus appropriées à la violence conjugale. Les travaux d'Elizabeth Taggart et de Jacinthe Pepin vont dans le même sens et portent sur la compréhension systémique du phénomène de la violence dans la famille et sur l'intervention infirmière. Thérèse Rainville s'attarde tout particulièrement au soutien à apporter aux femmes victimes de violence. Plusieurs travaux de maîtrise s'intéressent à la santé des femmes[76].

Les savoirs portant sur les soins aux personnes âgées

Au cours des années 1970, les centres d'hébergement et de soins pour les personnes âgées, ainsi que les unités de soins gériatriques dans les hôpitaux généraux, sont en pleine croissance au Québec. Les infirmières, qui y sont les principales intervenantes, font face à de nouvelles problématiques en vue de maintenir et de promouvoir la santé des personnes âgées hébergées. À la FSI, Louise Lévesque ouvre ce champ de savoir: elle obtient de nombreuses subventions de recherche, supervise plusieurs étudiantes à la maîtrise, crée une équipe de cliniciens et de chercheurs autour de ses projets et prépare une solide relève pour les années qui suivent. Lévesque, dont les recherches se

---

75. Mentionnons également que Gratton rédige un texte sur l'avortement thérapeutique et supervise un rapport de stage sur le processus de décision. Deux rapports de stage décrivent des expériences d'enseignement effectuées auprès de certaines étudiantes infirmières et qui portent sur les malaises de la grossesse.

76. Un mémoire porte sur le développement de jeunes enfants témoins de la violence entre leurs parents et deux rapports de stage sondent l'opinion des infirmières sur le viol, l'alcool et la sexualité. Deux études de maîtrise intéressent la santé des étudiantes infirmières, leurs comportements de santé et leur compétence face à la gestion du stress. Des rapports de stage évaluent des programmes de formation de sages-femmes au Congo et au Sénégal.

232 Les sciences infirmières : genèse d'une discipline

font en milieu clinique et près du soin des personnes, s'intéresse d'abord aux personnes âgées qui résident en établissement de soins prolongés et elle met l'accent sur le développement de mesures relatives à l'autonomie fonctionnelle et au moral des personnes hébergées. Elle rédige également des documents sur l'approche globale du soin à la personne âgée[77], définissant ainsi un nouveau modèle de soins infirmiers. En 1988, elle publie un livre sur les soins aux personnes atteintes de déficits cognitifs[78]. Ce livre sera très populaire et largement utilisé dans les milieux de soins prolongés. Lévesque s'intéresse aussi à la dynamique familiale qui entoure la personne âgée, en publiant des textes sur l'évaluation d'un programme de soutien et sur les relations entre la famille et la personne âgée dans les maisons de soins. S'ajoutent à ces travaux de nombreux mémoires et rapports de stage sur la description des expériences de santé des personnes âgées confrontées à la solitude, aux questions d'ordre religieux et moral, et au fait d'être témoin du dysfonctionnement cognitif et de la mort de leurs pairs. D'autres travaux traitent directement du soin à la personne âgée : le toucher thérapeutique, le respect de la vie privée, l'intervention de « réminiscence », l'évaluation fonctionnelle, l'autoadministration des médicaments, l'usage des contraintes physiques, ainsi que l'évaluation des risques de chute et des programmes de soins.

Avec le vieillissement de la population, l'intérêt pour les soins liés aux maladies chroniques se traduit, à la fin des années 1980, par des

77. D'autres professeurs ont abordé ce domaine de recherche, mais d'une façon moins importante. Mentionnons les travaux de Reidy sur les tests de l'état mental et de la confusion chez les personnes âgées ; ceux de Desjean qui présentent une approche générale des soins infirmiers à la personne âgée affectée de maladies chroniques ou de dissonance cognitive. Les travaux de Laurin portent sur la situation des personnes âgées dans les unités de soins coronariens, alors que ceux de Pelland dénoncent la violence dont sont victimes les personnes âgées. Les écrits de Ducharme traitent du soutien aux familles ayant un parent hébergé en soins de longue durée, alors que les derniers écrits de Reidy s'appliquent à la communication dans le couple âgé, particulièrement quand un des membres est atteint de la maladie d'Alzheimer. Enfin, les soins aux mourants ont fait l'objet de deux publications en 1983 (Bergeron et Grégoire) et de quatre rapports de stage, une des études traite du soutien à l'infirmière en vue de l'accompagnement du mourant. Un mémoire explore les attitudes des infirmières face aux dons d'organes.

78. Louise LÉVESQUE, *Un défi simplement humain : des soins aux personnes atteintes de déficits cognitifs,* Montréal, Éditons du Renouveau pédagogique, 1988.

travaux sur le soin aux personnes atteintes de maladies cardiaques, vasculaires, cérébrales et pulmonaires. Les écrits de Mary Reidy portent sur l'évaluation de la communication des personnes accidentées au plan vasculaire et cérébral, et ceux de Georgette Desjean traitent de la réadaptation des quadraplégiques[79]. Le soin aux personnes atteintes de maladies respiratoires a fait l'objet d'écrits de Madeleine Clément et de Mary Reidy qui traitent de l'activité physique et des soins psychosociaux du malade atteint de fibrose kystique. Les travaux des étudiantes s'ajoutent à ceux des professeurs pour analyser plusieurs situations de soin : les personnes atteintes de diabète, de sclérose en plaques, de la maladie de Crohn, d'insuffisance coronarienne ou respiratoire. Les savoirs portent sur la fidélité au traitement médical, le stress et les stimuli anxiogènes liés à la maladie, ainsi que sur les interventions infirmières relatives au soutien émotionnel, à la relaxation, à l'enseignement et à l'animation de groupes thérapeutiques de soutien et d'éducation.

Les écrits relatifs aux soins en santé mentale et en psychiatrie sont peu nombreux au cours de cette décennie. Les travaux de Denyse Rainville et de Hélène Lazure sur l'interaction infirmière/client et sur la relation d'aide ont déjà été mentionnés, de même que ceux de Marie-France Thibaudeau et de Denyse Latourelle sur le soin à la famille[80]. Dans ce domaine d'étude, les étudiants à la maîtrise opteront davantage pour le rapport de stage que pour le mémoire. Ils décrivent leurs interventions en relation d'aide en soins infirmiers psychiatriques ou en relation avec un problème spécifique, comme celui de la dépendance, de l'agressivité, de l'identité, du « *here and now*[81] ». Par ailleurs, Nicole Ricard (1987) présente un mémoire à la Commission

79. Également, des étudiants supervisés par Desjean élaborent, et appliquent, des soins infirmiers qu'ils qualifient d'expérienciels familiaux auprès de personnes atteintes de paraplégie ou autre et de leurs personnes-ressources.

80. Soulignons ici les textes de Rainville sur l'interaction soignants/soignés dans un centre de santé mentale accueillant des adolescents et sur le profil de l'infirmière psychiatrique, de même qu'un texte de Thibaudeau sur la problématique de la dépression chez les femmes.

81. Deux mémoires supervisés par Thibaudeau concernent les réactions des cliniciens en psychiatrie à des comportements de colère et de dépression, ainsi que la place des professionnels dans les groupes d'entraide du malade mental. Un rapport de stage porte sur l'enseignement de la confrontation en soins psychiatriques auprès d'étudiantes infirmières.

des affaires sociales sur le projet de politique en santé mentale. Ce mémoire porte sur les perspectives d'avenir et sur ce qu'elles impliquent pour les soins infirmiers[82].

Les savoirs portant sur la qualité des soins, principal enjeu de l'administration des soins

Les publications des professeurs de la FSI sur la gestion et l'administration des soins ne débutent vraiment qu'au cours des années 1980, avec Jacqueline Laurin qui en est la chef de file par ses publications sur l'évaluation de la qualité des soins[83]. En 1981, elle publie un premier rapport de recherche sur la qualité des soins et le mode de gestion. Ce rapport donne lieu à un chapitre de livre et à deux articles parus dans des revues spécialisées en administration hospitalière. Un livre de Laurin sur l'évaluation de la qualité des soins constitue une importante contribution aux savoirs infirmiers spécifiques à l'administration des soins[84]. Laurin recommande l'approche des résultats de soins à partir d'une conception infirmière explicite. Laurin a choisi de travailler avec la conception d'Orem dont les concepts centraux sont le *self care*, l'agent de *self care*, la demande de *self care* thérapeutique et le déficit de *self care*. Selon cette conception, l'infirmière intervient pour renforcer la capacité de la personne à prendre soin d'elle-même ou de son proche. On voit bien ici l'une des perspectives théoriques des sciences infirmières qui vise à renforcer les ressources des personnes en matière de santé.

En 1987, Grenier publie dans *L'Hôpital belge* son premier article sur l'instrument global d'évaluation de la qualité des soins infirmiers. Cet instrument donne lieu à d'autres publications : un article publié en italien en 1992, un rapport de recherche et un livre sur les normes et

---

82. Quelques articles présentent aussi des réflexions sur la formation et la transformation en nursing psychiatrique (Gratton-Jacob, 1986 ; Rainville, 1987).
83. D'autres professeurs ont également publié des rapports sur l'évaluation des services et du personnel infirmiers. Thibaudeau a publié deux rapports sur l'évaluation des soins infirmiers à la famille dans les services de soins de santé de première ligne au Portugal. Fortin publie en 1982 un rapport de recherche sur un instrument d'évaluation de l'infirmière soignante.
84. Jacqueline LAURIN, *Évaluation de la qualité des soins infirmiers*, 2e éd., Saint-Hyacinthe, Edisem, 1988. Une 3e édition sera publiée en 1993.

critères de qualité des soins infirmiers publié en 1989[85] (traduit en italien en 1992). Cette publication apporte également une importante contribution aux savoirs infirmiers spécifiques à l'administration de soins infirmiers et sera largement utilisée dans les milieux hospitaliers autant au Québec qu'en Europe. De nouveaux savoirs sur la qualité des soins infirmiers ont aussi été développés par les étudiants, concernant la qualité du soin prodigué aux personnes vivant diverses expériences de santé ou épisodes de maladie[86].

Les autres aspects de l'administration des soins étudiés sont la gestion des services infirmiers, l'organisation et l'informatisation des soins, ainsi que de la gestion des ressources humaines (description des rôles et responsabilités des infirmières et des infirmières-chefs)[87]. Dans leur ensemble, ces études se sont largement inspirées de concepts et théories des sciences administratives qu'on a appliqués à la direction

---

85. Raymond GRENIER, Janine DRAPEAU et Jacqueline DÉSAUTELS, *Normes et critères de qualité des soins infirmiers,* Montréal, Décarie, 1989.

86. Au cours des années 1980, 39 mémoires et rapports de stage des étudiants à la maîtrise concernent les savoirs infirmiers relatifs à la gestion et l'administration des soins. Les thèmes de ces études sont très diversifiés, mais la plupart des travaux traitent de la qualité des soins infirmiers. Un rapport de stage, dirigé par Fortin en 1980, concerne l'évaluation de la qualité des soins infirmiers en milieu camerounais. De 1985 à 1989, les travaux sur la qualité des soins sont principalement dirigés par Laurin. Cinq rapports de stage se rattachent à des interventions en évaluation de la qualité des soins infirmiers (QSI): animation d'un cercle de qualité ou d'un comité d'évaluation et de participation à un programme d'appréciation de la QSI. Ces interventions se sont déroulées en centre hospitalier, en centre de réadaptation ou en soins prolongés. Un rapport de stage concerne la révision de 2 instruments d'évaluation de la QSI reçus par des opérés. Il y a également 2 mémoires qui s'appliquent à l'étude de facteurs qui sont associés à la qualité des soins: la perception du rôle infirmier et la capacité de l'infirmière à résoudre des problèmes de soins.

87. Parmi les publications des professeurs, un article porte sur la dimension politique du rôle de l'infirmière gestionnaire (Thibaudeau, 1988) et un autre traite du leadership en nursing (Adam, 1981). Deux articles ont trait à l'informatisation en soins infirmiers et ont été rédigés par Taggart (1984 et 1988). Enfin, quelques publications s'intéressent aux normes de pratique. En 1981, Adam publie 2 articles dans lesquels elle présente une interprétation des normes de la pratique infirmière de l'AIIC. Reidy (1988) rédige un rapport de recherche sur la validation de standards et critères pour la pratique infirmière. Par ailleurs, une dizaine d'études à la maîtrise se rapportent aux infirmières et

des services de soins infirmiers. L'accent y est mis sur la description détaillée des activités et des tâches du personnel infirmier selon la conception fonctionnaliste de la bureaucratie : la classification, la standardisation, la rationalisation, la division des tâches et la catégorisation. Il faut attendre la décennie suivante pour voir poindre un changement de paradigme, celui des sciences infirmières : la gestion des soins doit mobiliser les ressources humaines et l'environnement en vue de soutenir le soin de la personne et la santé du personnel soignant.

Perspectives de formation à la recherche infirmière

Peu de temps après la création de la FN en 1962, la recherche occupe une place importante dans le discours, les orientations et la mission de la Faculté. Deux professeurs apparaissent comme étant des figures de proue de la recherche en sciences infirmières. Marie-France Thibaudeau dresse l'état de la recherche en sciences infirmières au Canada et au Québec, au tournant des années 1980[88]. Fabienne Fortin innove

au personnel soignant. Des études décrivent le rôle de l'infirmière : l'infirmière agent de triage à l'urgence, l'infirmière agent de changement en santé maternelle et infantile, l'infirmière comme protectrice des droits des malades. Trois recherches portent sur divers programmes d'interventions : la motivation du personnel infirmier en milieu hospitalier, l'absentéisme du personnel infirmier en soins prolongés, la supervision clinique en soins psychiatriques. Enfin, des travaux concernent l'évaluation du rendement et de la compétence de l'infirmière soignante. Les infirmières-chefs ont fait l'objet également d'études dans quatre rapports de stage relatifs à leurs fonctions et responsabilités. Les premières études portant sur les modes de prestation des soins paraissent : une analyse de l'organisation des soins d'un service d'obstétrique et une évaluation de l'influence de 2 modes de distribution des soins sur l'exercice du *self care*. Plusieurs travaux ont trait à divers aspects des services de soins infirmiers : les structures administratives, le diagnostic organisationnel, la gestion par objectifs, les systèmes de classification des patients. Enfin, quatre études se rapportent à l'informatisation en soins infirmiers. Ces travaux traitent de l'élaboration ou de l'application de systèmes informatisés dans divers secteurs d'activité, par exemple un plan de soins type pour l'hémorragie digestive, un système de la gestion des immunisations en CLSC, un bottin informatisé des ressources en santé communautaire.

88. Thibaudeau a publié plusieurs textes ayant trait à la prospective et au défi de la recherche en sciences infirmières : les besoins et ressources d'expertises doctorales en sciences infirmières pour la recherche au Canada (1979), un plan

par ses travaux sur les savoirs relatifs à l'enseignement et à la recherche en sciences infirmières[89]. Les publications de Fortin seront largement utilisées dans les cours donnés à la FSI et dans plusieurs écoles de formation infirmière au Québec et à l'étranger, ainsi que dans plusieurs disciplines professionnelles où le processus de la recherche est enseigné au baccalauréat. Il faut également retenir l'apport de Louise Lévesque pour ses publications en gériatrie et gérontologie[90]. Au sein de la francophonie internationale, la FSI se fait remarquer comme un lieu de formation et de développement de la recherche en sciences infirmières ; plusieurs professeures seront les premières à élaborer, ou à traduire et valider, en français, des échelles et instruments de mesure pertinents aux sciences infirmières[91].

de développement de la recherche infirmière au Canada (1980), les priorités en recherche infirmière au Québec (1982), la prochaine décennie de la science infirmière (1984), le financement de la recherche (1985). Elle publie également des textes qui présentent un portrait général de la recherche en sciences infirmières, tant au Canada (1987, 1990) qu'au Québec (1980, 1982). Au début des années 1980, Thibaudeau publie deux chapitres de livre sur la recherche clinique au service de l'administration des soins infirmiers et des actes de colloque sur la recherche infirmière au service de la pratique.

89. C'est la professeure Fortin qui a apporté la plus importante contribution au développement des savoirs relatifs à l'enseignement et à l'apprentissage du processus de la recherche en sciences infirmières. Au début des années 1980, elle rédige deux monographies, l'une sur le problème de recherche et l'autre sur la recension des écrits. Ces monographies, complétées par des disquettes pour l'autoapprentissage par ordinateur, conduisent, en 1988, à la publication d'un livre sur l'introduction à la recherche, ainsi qu'à la parution d'un didacticiel et d'un manuel à l'intention du maître.

90. Lévesque publie sur le profil de la recherche infirmière en gériatrie et gérontologie (1984) et sur la recherche infirmière et la formation (1986). De plus, elle rédige pour la Commission Rochon un document qui porte sur les recherches et travaux cliniques en soins infirmiers gérontologiques et gériatriques.

91. Plusieurs études méthodologiques sur la validation d'instruments de mesure ont été publiées par des professeurs de la Faculté dans des revues savantes et spécialisées ou dans des rapports de recherche : validation d'une échelle pour mesurer l'autonomie des personnes âgées dans les activités de la vie quotidienne (Lévesque, 1980) ; validation d'une traduction française d'une mesure de santé mentale (Fortin, 1983, 1984, 1989), validation de versions françaises du *McGill Pain Questionnaire* (Paquette, 1988), validation du *Toronto Alexithymia Scale* (Loiselle, 1988, 1990). D'autres publications portent sur le

Bref, au cours de cette décennie, les activités de recherche réalisées à la FSI ont largement contribué à formaliser des savoirs propres à la nouvelle discipline en science infirmière. Outre quelques études sur le soin du corps par la thérapeutique infirmière en vue de favoriser le bien-être du malade, la plupart des nouveaux savoirs générés par la recherche traitent du soin de l'esprit à travers les dimensions psycho-sociales de l'intervention infirmière. Inspirés de la psychologie et des sciences sociales, ces savoir-être et savoir-faire portent sur la relation d'aide, l'information, l'enseignement, le soutien aux personnes et aux familles qui vivent des expériences de santé, en incluant les épisodes de maladie. Ce sont les domaines du soin et de la santé des femmes, des familles et des personnes âgées qui ont davantage retenu l'attention. La qualité des soins a été le principal enjeu de l'administration des soins, plutôt que les études sur l'efficacité, le rendement et la performance des services infirmiers.

À travers les recherches des professeurs et les travaux des étudiants de la FSI, les sciences infirmières se sont clairement distancées du modèle médical. Il n'existe plus aucune étude qui traite des savoirs techniques liés à l'assistance médicale, comme la dextérité des gestes et l'efficacité des procédures relatives aux traitements et prescriptions médicales. Les connaissances scientifiques (sciences exactes et sciences humaines) guident le développement des nouveaux savoirs infirmiers. Il ne s'agit plus seulement de soigner avec empathie et d'agir avec humanisme, bon sens et intelligence ; l'intervention infirmière devient systématique, rigoureuse et offre la possibilité de vérifier empiriquement son effet sur le bien-être et la santé des personnes. Largement influencées par les écoles de pensée américaines, les recherches à la FSI contribuent au développement de cette vision des sciences infirmières au sein de la francophonie internationale.

Durant les années 1980, la FSI connaît un développement croissant malgré les importantes coupures financières qui lui ont été imposées et l'épineuse problématique de la transformation du corps professoral.

---

développement d'instruments de mesure ou d'outils cliniques : un instrument sur le soutien par affiliation (Lévesque, 1980), une mesure de la santé de l'adulte (Fortin, 1982), une mesure de rétablissement postopératoire (Grenier, 1982), une mesure de la qualité des soins infirmiers (Laurin, 1984), une mesure de la qualité de vie (Reidy, 1984), une mesure de l'empathie (Grenier, 1984), une mesure du fonctionnement de la famille (Thibaudeau, 1985).

La Faculté s'engage dans le développement de nouvelles connaissances en sciences infirmières avec la publication des travaux des professeurs et des étudiants (dimensions psychosociales du soin, expériences de santé des individus et des familles, effets de l'intervention infirmière sur la santé).

Le maintien de la formation initiale à l'université et l'intégration de la formation des infirmières dans les programmes de premier cycle permettent d'augmenter les clientèles. La délicate recherche d'un équilibre entre une formation clinique de pointe et une solide formation à la recherche semble être atteinte au sein du programme de maîtrise. Comme faculté de formation professionnelle, la FSI aborde la décennie 1990 en pouvant compter sur des assises solides en recherche et en enseignement.

6 La discipline infirmière
au cours des années 1990

L_A CONSOLIDATION de la discipline infirmière exige
de la Faculté qu'elle maintienne son engagement à développer et à
diffuser des connaissances propres aux sciences infirmières dans les
milieux cliniques montréalais (centres hospitaliers, CLSC) et dans
certaines institutions d'enseignement de la francophonie, particulièrement en Europe. Cependant, elle doit répondre aux impératifs de la
recherche subventionnée, c'est-à-dire s'inscrire dans une perspective
interdisciplinaire avec le secteur des sciences humaines et sociales et
avec celui des sciences biologiques. L'heure est à l'interdisciplinarité
pour les organismes de recherche, à un moment où la discipline infirmière est à peine connue. Les chercheurs de la Faculté tentent
d'apporter une contribution spécifique à l'étude des problématiques
communes à diverses disciplines. Y parviendront-ils ? L'élaboration
d'un programme de baccalauréat basé sur une école de pensée infirmière, celle du *caring*, la mise sur pied d'un programme conjoint
(McGill/Université de Montréal) de doctorat en sciences infirmières, la
modification des programmes de deuxième cycle, de même qu'un
accroissement important des recherches et des publications sur les
scènes nationale et internationale, marquent les principales réalisations de la Faculté au cours des années 1990.

L'analyse des données fait voir la croissance exponentielle du nombre de recherches subventionnées et de publications au cours des années 1990, mais révèle aussi l'effort constant d'inscrire enseignement et recherche dans une perspective disciplinaire spécifique[1]. Ainsi, la Faculté des sciences infirmières de l'Université de Montréal se distingue par cette préoccupation conceptuelle et disciplinaire, inspirée par le courant américain, dans ses programmes d'enseignement et de recherche. L'adoption des concepts de l'école du *caring* pour son programme de baccalauréat durant les années 1990 en témoigne. En comparaison, l'École de nursing de l'Université McGill s'engage, dès l'ouverture des CLSC dans les années 1970, à créer et raffiner un modèle de pratique centré sur le client/famille et le processus de santé, le « modèle de McGill », qui sera aussi à la base de ses enseignements et recherches[2]. Par ailleurs, l'école de l'Université Laval (devenue Faculté des sciences infirmières en 1997) approfondit les notions de profession infirmière et d'activités propres de l'infirmière[3]. Ces écoles pionnières au Québec ont, somme toute, une approche complémentaire face aux besoins de santé et de soins de la population, face à la transformation du système de santé, au développement des connaissances pour le renouvellement des pratiques de soin infirmier. Elles partagent avec les autres écoles, telles l'Université de Sherbrooke et les constituantes de l'Université du Québec, le souci de former des infirmières capables d'intégrer tous les types de savoir dans leur domaine.

Toutefois, c'est encore à la révision en profondeur du programme de baccalauréat que la nouvelle doyenne de la Faculté des sciences infirmières est conviée. Suzanne Kérouac est aussi mandatée par l'Université pour renforcer les divers partenariats de la Faculté.

1. Mentionnons à titre d'exemple les travaux de l'équipe de recherche en sciences infirmières (ERSI) inspirés du modèle conceptuel infirmier de l'adaptation et que l'on doit à Calista Roy, Jacinthe Pepin, Francine Ducharme, Suzanne Kérouac, Louise Lévesque, Nicole Ricard et André Duquette, « Développement d'un programme de recherche basé sur une conception de la discipline infirmière », *Canadian Journal of Nursing Research/Revue canadienne de recherche en sciences infirmières*, 26, 1, 1994, p. 41-53.
2. Laurie N. Gottlieb, Hélène Ezer, *A Perspective on Health, Family Learning and Collaborative Nursing*, Montréal, McGill University School of Nursing, 1997.
3. Olive Goulet, Clémence Dallaire, *Soins infirmiers et société*, Boucherville, Gaëtan Morin, 1999.

Suzanne Kérouac, doyenne de 1993 à 2000

 Suzanne Kérouac est née dans la région du Bas-Saint-Laurent, à L'Islet, en 1941, deuxième d'une famille de six enfants comprenant quatre filles et deux garçons. Son père est agriculteur et sa mère, enseignante dans une école de rang. À l'âge de seize ans, en 1957, elle va étudier à Saint-Pascal de Kamouraska, au pensionnat tenu par les Sœurs de la Congrégation de Notre-Dame. Impressionnée par le travail complexe déployé par l'infirmière de service lors d'une visite à l'Hôtel-Dieu de Montmagny, alors qu'elle avait onze ou douze ans, elle décide, comme l'une de ses cousines, de modifier la tradition féminine d'enseignement qui avait cours dans sa famille et s'engage dans des études d'infirmière à l'Hôtel-Dieu de Lévis en 1958. Elle se classe première aux examens universitaires écrits et reçoit la médaille du lieutenant-gouverneur à la collation des grades de l'Université Laval en 1961. Elle revient ensuite travailler à L'Islet, au cabinet d'un médecin de famille et en service à domicile à la campagne, pendant 2 ans. La dureté d'une tâche éprouvante pour une nouvelle diplômée et son désir d'augmenter ses connaissances et son expérience la poussent à poursuivre ses études et à trouver un autre emploi, à Québec, en service privé à domicile et dans les hôpitaux. Considérant que la formation de base qu'elle avait acquise dans une école d'hôpital et la formation ultérieure à temps partiel ne suffisent plus pour répondre adéquatement aux besoins changeants des patients, elle s'inscrit au baccalauréat à temps plein à l'Université de Montréal en 1970. Elle fait ainsi partie du dernier groupe d'étudiants au baccalauréat spécialisé (B.N.) délivré par la Faculté de nursing, qu'elle obtient en 1972. Elle poursuit ses études de deuxième cycle et obtient sa maîtrise (M.N.), option administration, en 1974, à l'Université de Montréal. Elle est récipiendaire de la bourse d'excellence Warner-Chilcott en 1974. Elle est alors recrutée pour enseigner la clinique de 1974 à 1976 à la Faculté de nursing de l'Université de Montréal. Elle quitte la Faculté pour un nouveau cycle d'études et travaille cette fois au sein d'équipes de recherche à l'Université McGill au département d'épidémiologie et santé ; elle y obtient un

deuxième diplôme de maîtrise en 1981. Elle est de nouveau recrutée par l'Université de Montréal en 1978 comme attachée de recherche et, à partir de 1980, elle est professeure adjointe. Ses principales recherches à la Faculté portent sur la santé des femmes, particulièrement la violence faite aux femmes, la santé des jeunes, la contraception et l'organisation des services infirmiers. Avec deux collègues, M. E. Taggart, de la Faculté des sciences infirmières, et J. Lescop, de la Faculté de médecine, elle publie en 1986 les résultats d'une recherche sur la santé des femmes violentées et de leurs enfants, la première au Québec et l'une des premières au Canada.

Dans le cadre d'une année sabbatique en 1990, l'obtention d'un *fellowship* de l'OMS lui permet de faire un stage d'études dans deux universités américaines, la Wayne State University à Détroit, et l'University of California - San Francisco (UCSF). Elle est nommée doyenne en 1993.

Suzanne Kérouac engage résolument la Faculté dans un processus d'ouverture et de collaboration avec les autres facultés de l'Université et avec les autres institutions nationales et internationales. Suzanne Kérouac comprend l'importance de cette ouverture pour la Faculté, même si les ressources n'augmentent pas en proportion de ces nouvelles orientations (à l'exception des chercheurs invités et des professeurs associés auxquels on a fait appel durant son mandat). Elle devra également trouver l'équilibre entre recherche et enseignement clinique et mener la Faculté dans la voie d'une plus grande intégration des savoirs au niveau du baccalauréat et des cycles supérieurs. Son décanat ne sera pas non plus exempt du désormais traditionnel débat sur la formation universitaire de base, débat qui est source de grandes tensions internes au sein du corps professionnel infirmier.

Les réformes institutionnelles

Au cours des années 1990, le corps professoral de la FSI a toutes les qualifications requises pour assurer un encadrement adéquat en recherche en sciences infirmières et dans ses nouveaux programmes d'étude (doctorat conjoint et autres). Pour l'année 1999-2000,

Afaf Meleis (au centre), en compagnie de la doyenne Suzanne Kérouac et du recteur René Simard, lors de la remise du doctorat honorifique de l'Université de Montréal en 1998.

25 professeurs de carrière sur 29[4] possèdent une formation doctorale. En 1995-1996, 20 professeurs[5] possédaient un doctorat sur un total de 33 professeurs (en 1992, ils étaient 14[6] sur 28).

À la recherche de l'équilibre des statuts entre chercheurs qualifiés et superviseurs cliniques

Les doctorats des professeurs proviennent de plus en plus des sciences infirmières : en 1992, on compte 11 professeurs sur 14 (7 %) formés au doctorat en sciences infirmières ; en 1995, 4 sur 20 (20 %) et, en 1999, le nombre est passé à 7 sur 25 (28 %). Les trois autres domaines

---

4. On compte 6 docteurs parmi les 8 professeurs titulaires, 11 parmi les 12 professeurs agrégés et 9 sur 9 professeurs adjoints. Voir AUM, Annuaire général, 1999-2000.

5. Il y a 2 docteurs parmi les 7 professeurs titulaires, 9 parmi les 15 professeurs agrégés et 9 parmi les 11 professeurs adjoints. Voir UM, FSI, Revue des activités, 1992-1995.

6. On trouve 2 docteurs parmi les 6 professeurs titulaires, 9 parmi les 17 professeurs agrégés et 3 parmi les 5 professeurs adjoints. Voir UM, FSI, Revue des activités, 1987-1992.

principaux de spécialisation sont les sciences de la santé (36 %)[7], l'éducation (28 %)[8] et les sciences humaines et sociales (16 %)[9]. Un programme conjoint de doctorat en sciences infirmières (McGill/ Montréal) est mis en route et les programmes de maîtrise et de baccalauréat réformés à nouveau. Les professeures Suzanne Gortner[10] et Afaf Meleis de UCLA, et Gail Mitchell de Sunnybrook, Toronto, qui sont des *nurse scholars,* sont invitées à participer aux discussions entourant les modifications de programmes. Afaf Meleis, figure de proue des sciences infirmières, de la santé des femmes et de la santé internationale, recevra un doctorat honorifique de l'Université de Montréal en 1998.

Le statut des professeurs de clinique

La question du statut des professeurs de clinique est à nouveau soulevée. En 1990, la Faculté continue d'embaucher des chargés d'enseignement et des responsables de formation clinique formés à la maîtrise, et encourage fortement la création d'alliances avec les milieux cliniques pour la supervision de stages et la réalisation de projets de recherche axés sur la clinique[11]. Mais des professeurs de la FSI s'inquiètent toujours du peu de reconnaissance accordée, dans le processus de promotion des professeurs, à leurs activités d'enseignement clinique[12]. Les directives témoignent de l'importance de cette question. Ainsi, en 1991, le comité *ad hoc* chargé d'étudier le dossier de la formation clinique à la Faculté recommande notamment

7. Celles-ci comprennent les sciences biomédicales, la santé publique, les sciences cliniques, la neuropsychologie, la santé communautaire, le counselling, les sciences de la santé.
8. On y retrouve l'éducation, la psychopédagogie, la mesure et l'évaluation.
9. La sociologie, la philosophie et la psychologie en font partie. Les professeurs sont : Michel Perreault, sociologue (1990), Jocelyne Saint-Arnaud, philosophe et éthicienne (1995), et Lucie Richard, psychologue (1995).
   Le titre de professeur émérite est attribué à Marie-France Thibaudeau, Louise Lévesque, Fabienne Fortin et Marie-Elizabeth Taggart. Ce groupe sélect ne comprenait jusque-là que deux membres, Evelyn Adam et Alice Girard.
10. Voir Sylvie Lauzon, « Gortner's Contribution to Nursing Knowledge Development », *Image: Journal of Nursing Scholarship*, 2, 7, 1995, p. 100-103.
11. AFSI, procès-verbal de l'assemblée de faculté, 15 septembre 1989, les projets de la FSI et leur impact sur les ressources professorales.
12. AFSI, procès-verbal de l'assemblée de faculté, 19 avril 1991.

d'intensifier les échanges avec les milieux cliniques pour favoriser l'intégration des étudiants stagiaires et de leurs enseignants dans les milieux cliniques[13].

On songe d'abord à créer une interface entre le profil de clinicien et celui de chercheur, et ce en élargissant les critères de sélection. À titre de professeures associées, on retrouverait des infirmières cliniciennes spécialistes et des directrices de soins infirmiers, qui n'ont pas à répondre aux critères du profil de chercheur[14]. On souhaite même créer de nouveaux postes de responsables de formation clinique[15] ou des postes conjoints clinique/enseignement, comme en témoignent les discussions au sujet de la création du Centre hospitalier universitaire de Montréal (CHUM)[16] en 1996. Ces divers besoins, parfois contra-dictoires, imposent des tensions à une Faculté qui explore diverses voies d'interaction entre la recherche et la formation clinique. Car les tutelles universitaires continuent résolument à favoriser le profil de la recherche des professeurs et de leurs étudiants[17]. En fait, la direction de la FSI est confrontée à deux problèmes majeurs : d'une part, répondre à la demande de clientèles importantes pour assurer leur formation clinique ; d'autre part, assurer le développement des con-naissances dans la discipline et, à cette fin, présenter un corps professoral capable de répondre aux exigences de la recherche dans le milieu académique ; et elle doit le faire avec des membres d'une faculté qui n'ont pas tous été recrutés selon cette double perspective. C'est pourquoi la FSI favorise le profil recherche de la carrière professorale

13. AFSI, procès-verbal de l'assemblée de faculté, 19 avril 1991, compte-rendu des travaux du comité *ad hoc* sur la formation clinique.

14. AFSI, procès-verbal de l'assemblée de faculté, 23 octobre 1992, statut de professeur associé pour les directrices de soins infirmiers (DSI).

15. AFSI, procès-verbal du conseil de la faculté, 16 septembre 1994, responsables de formation clinique.

16. AFSI, procès-verbal de l'assemblée de faculté, 15 mars 1996 : CHUM. Lors de cette assemblée, la doyenne pose les questions suivantes concernant l'en-seignement et la recherche : quels sont nos besoins quant aux stages de nos étudiants ? quelle est la collaboration souhaitable en ce qui concerne la recherche ? comment voit-on la possibilité d'implanter des postes conjoints entre la FSI et le CHUM ? Elle déclare à ce sujet « que les infirmières clini-ciennes sont très intéressées à participer à nos enseignements ».

17. AFSI, procès-verbal de l'assemblée de faculté, 20 septembre 1996, rapport du Groupe de réflexion sur les priorités institutionnelles (GRÉPI), rapport accepté par le Conseil de l'Université de Montréal.

en tant qu'élément central de son développement[18]. La doyenne Kérouac incite les professeurs de la FSI à accueillir les étudiants dans leurs équipes de recherche[19]. Dans un plan quinquennal établi en 1995 pour identifier les priorités de la Faculté en matière de recherche[20], la direction de la Faculté vise le recrutement de professeurs chercheurs autonomes possédant un doctorat et ayant déjà complété un stage postdoctoral[21] et de professeurs de clinique engagés dans le transfert des connaissances de la recherche à la pratique[22] au moyen d'une équipe. Elle s'engage à soutenir les professeurs en modulant leur charge d'enseignement et en les appuyant dans leurs demandes de subventions[23].

18. AFSI, procès-verbal de l'assemblée de faculté, 18 novembre 1994, le défi d'une carrière professorale; poursuite de la réflexion des membres du Conseil en préparation de la rencontre avec M. Alain Vaillancourt, vice-recteur aux ressources humaines. Compréhension de la carrière professorale: « Dans la foulée des transformations actuelles, il importe de rappeler le respect des personnes en même temps que l'aspect crucial de la participation des professeurs à la vie facultaire. Si l'enseignement se présente comme un privilège dans une société, l'exercice de cette fonction peut être perturbé dans un contexte de contraintes budgétaires. Selon les commentaires, la carrière professorale se présente comme une situation difficilement conciliable à d'autres aspects de la vie et peut, à certains moments, revêtir un caractère de stress. La carrière est à la fois stimulante et exigeante. Le professeur est confronté à des situations paradoxales: enseigner aux trois niveaux, exceller en recherche, d'où le manque de disponibilité pour un groupe à l'avantage d'un autre. La cohésion et l'émulation sont recherchées, mais cependant une image d'individualisme prédominerait parmi nous. Pour éviter que la carrière perde son caractère de défi et se transforme en fardeau, une bonne capacité d'organisation s'impose pour maintenir l'équilibre entre la vie professionnelle, familiale et sociale. Une autonomie pour fixer ses priorités, planifier son travail et maintenir des communications bénéfiques (famille-collègue-étudiant-milieu) est également l'un des aspects essentiels au maintien de cet équilibre... »
19. AFSI, procès-verbal de l'assemblée de faculté, 17 mars 1995, dynamiser le lien recherche-enseignement.
20. FSI, Plan de développement, 1995-2000.
21. On vise ainsi à faire passer les soumissions au CRM, au CRSH et au FRSQ de 50 % en 1994 à 75 % en l'an 2000, *ibid.*
22. Elles passent de 63 % en 1994-1995 à 85 % en l'an 2000, *ibid.*
23. La direction de la Faculté veut accroître le nombre de chercheurs boursiers, de 1 en 1994 à 6 en 2000, et les fonds de recherche provenant d'organismes subventionnaires, de 1 110 301 $ en 1994 à 1 600 000 en 2000, *ibid.*

La formation de chercheurs : le doctorat

Dès la fin des années 1970, la direction de la Faculté envisageait l'implantation d'un programme de 3ᵉ cycle. À la suite d'un séminaire subventionné par la Fondation Kellogg et tenu sous les auspices de l'Association des infirmières et infirmiers du Canada (AIIC), la Fédération des infirmières et infirmiers du Canada (FIIC) et l'Association canadienne des écoles universitaires de nursing (ACEUN) forment, en 1978, un comité conjoint Université de Montréal/Université McGill[24] en vue de la création d'un programme de doctorat de recherche en sciences infirmières[25]. Selon la Faculté, « ce programme de doctorat sera le premier au Canada, le premier francophone et, probablement, bilingue, puisque nous songeons à l'organiser de concert avec l'Université McGill[26] ». La Faculté a en ce sens l'appui de l'ACEUN qui favorise une telle ouverture à Montréal, compte tenu que « c'est à l'Université de Montréal que l'on retrouve le plus de ressources doctorales[27] ». En 1981, un projet de programme de doctorat conjoint Université de Montréal/McGill est prêt à être déposé au Conseil des universités. Il semble qu'il soit encore trop tôt pour présenter ce projet aux dirigeants universitaires. La réticence à voir la formation infirmière implantée au niveau universitaire de la part de certains universitaires qu'avait connus Alice Girard dans les années 1960, semble perdurer. Une infirmière membre du Conseil de la faculté l'exprime clairement. Considérant « la position du Conseil des universités qui refoule la formation infirmière 25 ans en arrière » en favorisant la formation initiale des infirmières au collégial, la Faculté considère qu'il leur faut attendre, avant de présenter ce programme au Conseil des universités, un changement à la présidence du comité des

24. Les membres du comité, nommés par les doyens des deux facultés, sont Joan Gilchrist et Moyra Allen de McGill, ainsi que Diane Goyette, Jeannine Pelland et Marie-France Thibaudeau de l'Université de Montréal.
25. Gwen Zilm, Odile Larose et Shirley Stinson forment ce comité. Voir le rapport du séminaire national Kellogg en vue d'une préparation au niveau doctoral pour les infirmières et les infirmiers du Canada, Ottawa, AIIC.
26. AUM, secrétariat général, rapport annuel de l'Université de Montréal, 1978-1979.
27. AUM, secrétariat général, rapport annuel de l'Université de Montréal, 1979-1980.

Inauguration du programme de doctorat, 1994, de gauche à droite : Sister Barbara Gooding (McGill), Mary Ellen Jeans (directrice, McGill School of Nursing), David L. Jonston (principal, McGill), Marie France Thibodeau (doyenne FSI, 1981-1993), Irène Cinq-Mars (vice-rectrice à l'enseignement à l'Université de Montréal), Suzanne Kérouac (doyenne, FSI, 1993-2000), Louis Gendreau (MEQ).

programmes, le président en place ayant manifesté « ouvertement son opposition à tout avancement de la discipline infirmière[28] ».

Une période de dix ans s'écoulera avant tout autre développement des programmes d'études supérieures en sciences infirmières. Les travaux pour la création d'un programme de doctorat continueront sous les auspices d'un nouveau comité[29], étant donné les changements de direction dans les deux universités. Les dirigeantes des facultés auront eu le temps de préparer leurs professeurs et de développer les orientations du programme : administration des services de santé, organisation des soins de santé et promotion de la santé, auxquelles s'ajoutent épidémiologie et toxicologie de l'environnement[30], pourtant moins en rapport avec les forces des deux facultés. Le programme doctoral, soumis en 1988, ne sera accepté qu'en 1993 et mis en place

28. AUM, secrétariat général, rapport annuel de l'Université de Montréal, 1981-1982.

29. Les membres du comité sont Nancy Frasure-Smith, Laurie Gottlieb, Mary Ellen Jeans et Kathleen Rowat pour McGill et Georgette Desjean, Fabienne Fortin, Jacqueline Laurin et Marie-France Thibaudeau pour l'Université de Montréal.

30. AUM, procès-verbal du conseil de la faculté des sciences infirmières, 22 mai 1987.

la même année[31]. Il aura fallu beaucoup de détermination pour que l'Université de Montréal devienne la première université francophone au Canada et à l'échelle internationale à offrir un diplôme doctoral en sciences infirmières. Elle est d'ailleurs parmi les premières à le faire au Canada[32].

Le caractère conjoint du programme se traduit par sa structure unique, par le partage de l'expertise des professeurs et par les modalités communes de fonctionnement. Selon l'entente, le diplôme est décerné par l'université dans laquelle l'étudiante a été admise. Cinq cours, tous obligatoires au début, sont offerts conjointement par un professeur de l'Université de Montréal et un de McGill en alternance dans l'une ou l'autre université : méthodes de recherche en sciences infirmières ; mesure en recherche infirmière ; séminaire avancé en soins infirmiers ; un cours de statistique avancée. Le cours préalable « développement de la théorie en sciences infirmières » deviendra obligatoire dès l'implantation du programme. Dans les cours, les étudiants et les professeurs s'expriment dans la langue de leur choix et doivent pouvoir comprendre l'anglais et le français. Peu après le lancement du programme, des tensions se manifestent dans les deux facultés : les étudiants anglophones sont rebutés par le caractère bilingue du programme ; certains étudiants de l'Université de Montréal souhaitent une plus grande ouverture aux approches qualitatives de recherche. Une première évaluation de l'entente en 1998 permit d'adapter certaines modalités aux règlements pédagogiques des facultés d'études supérieures respectives.

En dépit du nombre limité d'étudiants prévus de 1993 à 1998 (26) et du peu de financement offert aux étudiants, l'Université de Montréal compte 17 étudiants inscrits au doctorat au cours de l'année universitaire 1998-1999[33], plusieurs d'entre eux obtenant des bourses d'organismes de subventions (FRSQ, CQRS, CRSH, PNRDS) et de fondations reconnues. Pour sa part, l'Université McGill voit augmenter le nombre de ses doctorants. En 1997, le premier diplôme de doctorat en sciences infirmières décerné par l'Université de Montréal

---

31. AUM, Annuaire 1993-1994.
32. University of Alberta, 1991 ; University of British Columbia, 1991 ; University of Toronto, 1993.
33. AUM, Bureau de la recherche institutionnelle, Évolution des admissions et des inscriptions, 1967-1998.

Clémence Dallaire (au centre), première diplômée du programme de doctorat, en compagnie de Francine Ducharme (gauche) et Louise Lévesque (droite).

est remis à Clémence Dallaire[34], qui a travaillé sous la direction de Francine Ducharme, elle-même première diplômée du programme *ad hoc* de doctorat de la School of Nursing de McGill (1990).

Le programme de maîtrise pour cliniciennes spécialisées

Après un long processus de réflexion sur le développement de la discipline infirmière, un nouveau programme de maîtrise est offert en septembre 1993 sous la responsabilité de Fabienne Fortin. Ce programme propose toujours deux cheminements, l'un avec mémoire et l'autre avec stage. Le programme avec mémoire comporte un minimum de 18 crédits de cours, tandis que 27 crédits sont accordés à la recherche et à la rédaction d'un mémoire. Le programme avec stage comporte un minimum de 27 crédits de cours, 18 crédits étant attribués au stage et à la rédaction d'un rapport. Le programme offre des domaines de spécialisation centrés sur la santé de populations spécifiques: santé du nouveau-né et des parents, santé de l'enfant et de

34. Le titre de sa thèse est « Le processus de réaction aux stresseurs quotidiens liés à l'expérience de santé des femmes âgées vivant seules dans la communauté ».

l'adolescent, santé de l'adulte, santé de la personne âgée, santé de la famille et santé de la communauté[35]. Cette approche par domaines avait déjà été envisagée par la direction de la Faculté dans les années 1970.

De plus, pour répondre aux besoins de formation d'une infirmière clinicienne spécialisée face aux exigences du système de santé en matière de soins, on propose aux étudiants deux blocs d'études : les approches théoriques et les applications thérapeutiques dans chaque domaine d'étude spécifique. Il y a un souci évident de préparer les cliniciennes spécialisées à la fois pour l'intervention novatrice et pour la recherche. Trois cours sont obligatoires : un cours sur les fondements disciplinaires, un cours de méthodologie de la recherche et un cours de statistique. Les étudiants choisissent, par ailleurs, des cours généraux à option ou au choix dans une banque renouvelée de cours à la FSI ou dans les banques de cours d'autres facultés. La gestion de ce nouveau programme présentant six domaines et deux blocs de cours (A et B) pour chacun des domaines s'avérera cependant difficile. Le nombre d'inscriptions au programme de maîtrise oscille autour de 130 de 1990 à 1995, puis atteindra 171 à l'automne 2000-2001. Le nombre de diplômés augmente également, de 22 en 1996 à 34 en 2000[36].

Le programme de maîtrise est offert à distance à deux cohortes d'étudiants à compter de 1996, à l'Université du Québec à Chicoutimi (UQAC) et à l'École en soins infirmiers Bon Secours de Genève. Cette modalité transitoire permet à près de 20 infirmières de s'inscrire au programme de 2e cycle en sciences infirmières.

Par ailleurs, les spécialisations en éducation et en administration des soins infirmiers ont quasiment disparu du programme. Trois cours sur les savoirs infirmiers en éducation ou administration des soins sont offerts parmi les cours généraux à option : gestion des soins infirmiers, évaluation de la qualité des soins infirmiers et enseignement clinique dans la formation infirmière. Depuis 1965, ces spécialités tradition-nelles de nursing n'ont fait que décliner. Quelles seront à plus long terme les conséquences d'un tel choix ? Qui assumera la responsabilité effective de la gestion des soins et de l'éducation en soins infirmiers ? Quelle influence ce choix aura-t-il sur l'avenir et le développement de la profession infirmière ?

35. AUM, annuaire 1993-1994.
36. AUM, BRI, Évolutions des admissions, inscriptions et diplômés, 1996-2001.

La mise à jour et l'approfondissement des connaissances: le Diplôme d'études supérieures spécialisées (DESS)

Signe des temps, les infirmières bachelières font face à des situations de soins qui exigent une formation plus poussée, mais elles sont confrontées à l'impossibilité de s'accorder le temps nécessaire pour suivre un programme long d'études supérieures. Par ailleurs, la Faculté des études supérieures encourage l'élaboration de programmes courts dans une perspective de formation continue aux cycles supérieurs[37]. La FSI profite de ce courant pour proposer aux infirmières un programme court.

Le Diplôme d'études supérieures spécialisées (DESS) est ouvert en septembre 1996. Il vise la mise à jour et l'approfondissement des connaissances en sciences infirmières ainsi que le développement d'habiletés en vue d'un renouvellement des pratiques de soins. Après consultation des milieux cliniques et diverses tergiversations, aucun domaine de spécialisation n'est spécifié pour ce programme d'études, de sorte que l'étudiant peut tracer son propre profil. Conçu pour répondre aux besoins d'une clientèle étudiante qui désire poursuivre des études de deuxième cycle sans s'engager à la maîtrise, ce programme attire principalement des étudiants qui désirent vérifier leur capacité d'étudier tout en travaillant, avant de s'engager à fond dans un programme de maîtrise. Un aménagement des horaires des cours et séminaires (soirée, fin de semaine, cours intensifs) est ainsi devenu nécessaire. La FSI n'attire donc pas véritablement une nouvelle clientèle, mais facilite l'accès aux études supérieures en sciences infirmières.

Les savoirs disciplinaires aux cycles supérieurs

Les enseignements des années 1990 aux cycles supérieurs sont marqués par les termes discipline et profession, science et art, mais aussi par paradigme et métaparadigme. L'étude d'écrits classiques, pour la plupart américains, qui portent sur la clarification du domaine infirmier (Donaldson et Crowley, 1978[38]; Fawcett, 1984[39]; Newman,

---

37. FES, Programme cadre de formation continue aux cycles supérieurs, 1997.
38. Sue K. DONALDSON et Donna M. CROWLEY, «The Discipline of Nursing», *Nursing Outlook, 26*, 2, 1978, p. 113-120.
39. Jacqueline FAWCETT, «The Metaparadigm of Nursing: Present Status and Future Refinements». *Image: The Journal of Nursing Scholarship, 16*, 30, 1994, p. 84-89.

Sime, Corcoran-Perry, 1991[40]) s'ajoutent à l'examen des modèles et théories en sciences infirmières. Ces écrits identifient, au-delà des modèles conceptuels et des grands courants de pensée, des concepts centraux et des propositions de relations entre ces concepts qui caractérisent la discipline infirmière. Fawcett a nommé ces divers éléments centraux un « métaparadigme » pour décrire l'essence de la discipline, quelles que soient la perspective, la culture ou l'époque dans laquelle l'infirmière se situe. Des professeurs de la Faculté qui consacrent un ouvrage à la pensée infirmière[41] décrivent l'objet de la discipline infirmière comme étant le soin des personnes, des familles ou des communautés qui vivent diverses expériences liées à la santé au sein de leur environnement. Sans faire l'unanimité parmi les collègues, cette perspective contribue à augmenter la connaissance, la discussion et la critique des diverses représentations de la discipline.

Au doctorat, l'accent est aussi mis sur les modes de développement de la théorie et, d'une manière générale, de la connaissance en sciences infirmières. Dans ce sens, les travaux de Barbara Carper (1978)[42] sur les modes de développement et d'utilisation de la connaissance (modes empirique, éthique, esthétique, personnel) en sciences infirmières sont aussi examinés.

Les étudiants sont invités à préciser en quoi le phénomène ou la situation clinique qu'ils souhaitent approfondir dans leur programme d'étude relève du domaine infirmier. Les cours à option du deuxième cycle portent sur les soins infirmiers à l'adulte, à la personne âgée, en santé mentale et psychiatrie, en réadaptation et chronicité et sur des thèmes tels que l'intervention systémique familiale, l'intervention communautaire et l'éthique. Diverses méthodes d'analyse conceptuelle et de méthodologie de recherche sont examinées autant au deuxième qu'au troisième cycle. Un cours à la maîtrise permet d'examiner le rôle et les diverses fonctions de l'infirmière clinicienne spécialisée.

40. Margaret A. NEWMAN, A. Margaret SIME et Sheila A. CORCORAN-PERRY, « The Focus of the Discipline of Nursing », *Advances in Nursing Science,* 14, 1, 1991, p. 1-6.

41. Suzanne KÉROUAC, Jacinthe PEPIN, Francine DUCHARME, André DUQUETTE et Francine MAJOR, *La pensée infirmière*, Laval, Éditions Études vivantes, 1994.

42. Barbara A. CARPER, « Fundamental Patterns of Knowing in Nursing », *Advances in Nursing Science,* 1, 1, 1978, p. 13-23.

La formation d'infirmières cliniciennes généralistes: le programme de baccalauréat

Malgré le succès du programme de baccalauréat révisé et implanté en 1981, un comité d'évaluation de l'Université de Montréal[43] souhaite augmenter la part de la formation fondamentale dans le programme de baccalauréat. Il recommande de prêter une plus grande attention aux étudiants du DEC professionnel dont la formation universitaire requiert davantage de crédits en sciences. Au début des années 1990, les membres du Conseil de la FSI s'inquiètent de la diminution des demandes d'admission au baccalauréat et de la préférence pour les certificats entretenue par un grand nombre de titulaires du DEC professionnel en soins infirmiers[44]. En 1991, c'est au tour des étudiants du baccalauréat de faire valoir leurs revendications au sujet du programme[45]. Bien que les 18 infirmières présentes à l'évaluation apprécient en général la qualité des cours en sciences infirmières et le stage en milieu communautaire, elles soulignent les difficultés de «se libérer» pour un stage en milieu hospitalier et le malaise qu'elles ressentent à être jugées comme des étudiantes de «seconde zone» à la FSI. Par ailleurs, sur les 76 étudiantes de 3ᵉ année présentes à l'évaluation, qui sont titulaires d'un DEC en sciences de la santé, près de 74 % disent souhaiter prolonger d'un an la durée des études de premier cycle pour leur permettre une réflexion plus approfondie et l'allongement de la durée des stages. En somme, selon certaines étudiantes, le programme de baccalauréat ne permet pas d'accueillir les infirmières diplômées et d'allouer le temps requis aux stages des étudiantes détenant un DEC en sciences de la santé. La restructuration et la révision du programme de baccalauréat sont donc remises à l'ordre du jour.

De plus, le sous-comité du développement académique de l'Université de Montréal dépose en février 1993 un avis recommandant à la FSI de procéder à un réexamen de l'ensemble des activités de formation offertes aux infirmières. Le projet doit permettre l'accès à un seul baccalauréat en sciences infirmières aux titulaires d'un DEC profes-

---

43. Comité d'évaluation présidé par M. Pierre Jean, 1986-1987.
44. AUM, procès-verbal du conseil de la faculté des sciences infirmières, 15 juin 1990.
45. AFSI, procès-verbal de l'assemblée de faculté, 15 mars 1991, opinion des étudiants du baccalauréat au sujet de leur programme.

sionnel ou d'un DEC général. La Faculté doit aussi définir et élaborer un « *core curriculum* universitaire en sciences infirmières et réfléchir à sa mission quant à la formation universitaire courte et ponctuelle[46] ». Des professeurs suggèrent qu'une position facultaire soit prise sur cette question[47] ; le dossier est donc rouvert et soumis à une réflexion fondamentale par la doyenne Kérouac.

La refonte en profondeur du programme de baccalauréat, orchestrée par la vice-doyenne aux études de premier cycle, Céline Goulet, crée une véritable dynamique dans la Faculté. Guidés par le travail du comité d'élaboration du programme de la FSI, les professeurs choisissent l'école de pensée du *caring* pour leur nouveau programme de baccalauréat. Le choix de cette école de pensée fournit « une vision claire de la discipline et reflète également une volonté d'humaniser les soins[48] ».

On veut mettre l'accent sur une approche heuristique des soins en réponse à la complexité croissante des situations de santé ; on veut aussi s'inscrire dans une perspective qui reconnaisse la rapidité et la simultanéité des changements et de l'être humain. Le choix de cette école de pensée répond enfin à un désir collectif, plus ou moins conscient, de transformer les façons de voir, de dire et d'effectuer les soins aux personnes.

Les cours centraux du programme, communs aux deux cheminements (DEC sciences de la santé et DEC soins infirmiers), portent entre autres sur les individus, familles et communautés en santé, sur l'évaluation de leur santé et sur diverses pratiques de soin dont la relation d'aide et l'enseignement/apprentissage. Des cours de sciences biologiques sont rapatriés à la FSI afin d'augmenter les applications aux sciences infirmières (tout comme pour le premier baccalauréat en 1962). Adopté par le Conseil de la FSI en 1994 et accepté, sans modification, par la Commission des études de l'Université en janvier 1995, ce nouveau programme s'avère plus solide quant à la formation

46. FSI, Refonte des programmes d'études de premier cycle, document d'accompagnement, 1995.
47. AFSI, procès-verbal de l'assemblée de faculté, 19 février 1993, discussion sur les modifications aux programmes de premier cycle, discussion pour faire suite au document, synthèse du projet de programme de baccalauréat ès sciences infirmières révisé.
48. AFSI, procès-verbal de l'assemblée de faculté, 20 octobre 1995, effets du cadre de référence sur les activités facultaires.

fondamentale et plus accessible aux deux clientèles, tout en respectant leur spécificité. À la fin du programme, un internat de 12 crédits permet l'intégration et l'application des savoirs infirmiers pour les détentrices d'un DEC général, alors qu'un stage d'intégration de 7 crédits est offert aux détentrices d'un DEC en soins infirmiers.

**Baccalauréat ès sciences infirmières, 1995-1996
(programme détaillé en annexe)**

- durée : 3 ans
- conditions d'admission :
  DEC en sciences de la santé
  DEC en soins infirmiers

cheminement 1 (détentrices d'un DEC en sciences de la santé)
102 crédits obligatoires
  sciences infirmières : 87 cr.
  sciences biomédicales et appliquées : 12 cr.
  philosophie : 3 cr.

cheminement 2 (détentrices d'un DEC en soins infirmiers)
69 crédits obligatoires, 12 cr. à option et 9 cr. au choix (total de 90 crédits)
  sciences infirmières : 73 cr.
  sciences biomédicales et appliquées : 5 cr.
  philosophie : 3 cr.
  sciences sociales : 9 cr. (au choix)

Il est encore tôt pour évaluer les retombées du nouveau programme, particulièrement dans les milieux de soins. Toutefois, le programme semble avoir réconcilié les besoins des deux clientèles étudiantes avec la création de l'internat, ce qui facilite grandement la transition entre les études et le marché du travail. Les étudiantes sont jumelées à une infirmière d'un milieu de leur choix (6 crédits en milieu hospitalier et 6 crédits en milieu communautaire) pour l'internat. Ce nouveau programme a d'ailleurs donné lieu à une formule différente de supervision des pratiques cliniques. Un projet pilote de supervision clinique par des infirmières du milieu s'est d'abord déroulé en 1996 à l'Hôpital Maisonneuve-Rosemont. Chaque étudiante était jumelée à une infirmière bachelière pour toute la durée de son stage, alors que le professeur de la Faculté assumait une supervision indirecte. Ce projet pilote a été rendu possible grâce à la collaboration de l'équipe de direction de l'hôpital et de professeures de la FSI. Des conférences cliniques dirigées par les professeures permettent d'assurer un contact étroit avec les étudiantes et le milieu. Cette forme de supervision adoptée pour les stages d'internat s'est rapidement répandue, à la suggestion des étudiants et de plusieurs milieux cliniques parce qu'elle facilite la préparation à la réalité des milieux de pratique tout en privilégiant la relation professeur-étudiant si précieuse à ce moment de la formation.

Il semble que ce soit au cours de cette refonte du programme de baccalauréat qu'a pris forme la stratégie de la direction de la FSI pour la formation initiale et pour un plus grand recrutement d'infirmières diplômées. De fait, la restructuration du programme permet à la FSI de mettre en évidence les connaissances acquises dans la discipline. Ce processus dérange et suscite la mobilisation de l'Association des étudiants de la FEP qui tente de discréditer ce nouveau programme de baccalauréat[49]. Toutefois, les retombées de ce nouveau programme sur la structure des certificats à forte clientèle infirmière et sur le contenu des cours laissent croire qu'un grand nombre d'infirmières hésitent à s'inscrire dans un programme long. La question de la mission de la FSI quant à la formation courte et ponctuelle, posée par le sous-comité du développement académique de l'Université, reste alors entière.

Les savoirs enseignés au baccalauréat: le soin holiste et l'école de pensée du *caring*

La refonte du programme de baccalauréat a lieu au moment où des professeurs sont de retour de leur congé de perfectionnement après l'obtention d'un doctorat en sciences infirmières (à Cleveland, New York, Philadelphie, Madison, Rochester, etc.). De plus, depuis 1989, l'ensemble des professeurs a eu l'occasion de réfléchir sur la discipline infirmière lors du processus de révision du programme de maîtrise. Tout cela se traduit par l'adoption, en janvier 1994, d'une nouvelle philosophie de la discipline infirmière, à savoir « l'étude du soin à travers les expériences de santé de la personne, de la famille, du

---

49. AUM, procès-verbal du conseil de la faculté des sciences infirmières, 16 décembre 1994.

groupe et de la communauté en interaction constante avec l'environ-nement. Les expériences de santé se vivent lors de transitions reliées au développement ou à diverses situations, dont la maladie, et ce à travers les étapes du cycle de la vie ».

Sollicitée par la Direction générale de la planification et de l'éva-luation du ministère de la Santé et des Services sociaux, la FSI produit en 1992 un document de réflexion qui deviendra un livre en 1994, *La pensée infirmière,* signé par Suzanne Kérouac, Jacinthe Pepin, Francine Ducharme, André Duquette et Francine Major[50]. À l'instar de Meleis[51], les auteurs présentent la pensée infirmière comme étant à la fois spécifique et diversifiée. Ils regroupent les conceptions, théories et modèles conceptuels, selon différentes écoles de pensée: l'école des besoins où l'infirmière vise l'indépendance des personnes dans la satisfaction de leurs besoins fondamentaux ou dans l'accomplissement de leur *self care*; l'école de l'interaction qui décrit le processus de la relation infirmière/client; l'école des effets souhaités qui décrit diffé-rents buts poursuivis par l'infirmière avec son client, de l'adaptation aux stimuli de l'environnement à la recherche d'équilibre, ou autres; l'école canadienne de la promotion de la santé développée dans la foulée de la création des CLSC et de la déclaration de la santé pour tous de l'OMS; l'école de l'être humain unitaire qui insiste sur l'indivisibilité de l'être l'humain et sur la simultanéité de ses échanges avec l'environnement; et, finalement, l'école du *caring* qui décrit la relation transpersonnelle entre l'infirmière et la personne qui vit une expérience de santé/maladie. Comme on l'a vu dans les chapitres précédents, l'école des besoins puis l'école de la promotion de la santé ont inspiré, plus ou moins consciemment, les premières versions du programme de baccalauréat à la Faculté. L'école de pensée du *caring* est maintenant adoptée par les professeurs pour guider l'élaboration du programme de baccalauréat. Les professeurs conviennent de conti-nuer de fonder leurs travaux de recherche et autres enseignements sur les conceptions de leur choix. Compte tenu du souhait de plusieurs professeurs, c'est une école de pensée, plutôt qu'une conception unique, qui est retenue. L'école du *caring* regroupe les écrits de Madeleine Leininger, Jean Watson, Patricia Benner, Ann Boykin et bien d'autres, pour la plupart des Américaines.

50. Laval, Éditions Études vivantes.
51. Afaf I. MELEIS, *Theoretical Nursing. Development and Progress,* 2ᵉ éd., Philadelphie, Lippincott, 1991.

Judith Benner et Patricia Wrubel[52], par exemple, suggèrent une pratique infirmière qui encourage le *caring* dans toutes les activités de la vie en remplacement d'une pratique qui met d'abord de l'avant la prévention de la maladie et la restauration de la santé. Jean Watson[53] propose le *caring* comme idéal moral pour une pratique infirmière à la fois humaniste et scientifique, alors que Madeleine Leininger[54] insiste sur le soin infirmier adapté à la culture des personnes. L'école de pensée du *caring* relève d'un paradigme plus récent, constructiviste en philosophie des sciences, ou de la « transformation » telle que décrite en sciences infirmières ; paradigme où la personne et l'environnement participent simultanément au changement. Le choix de cette école représente donc un changement réel de vision du soin, de la personne et de la santé. Par exemple, l'infirmière apprend tout autant que la personne dans une situation d'enseignement au client, et la personne est perçue comme un tout indivisible. L'intégration de cette nouvelle vision au soin représente un défi pour le corps enseignant.

Dès la préparation du cours d'introduction à la discipline infirmière, il apparaît nécessaire d'élaborer une description plus précise de ces grands concepts. Louise Bouchard travaille avec d'autres professeurs à plusieurs versions de ce texte. Le soin infirmier y est décrit comme une action engagée lors d'une interaction entre l'infirmière et la personne soignée. Cette action reflète l'ensemble des valeurs du *caring*. Le but du soin infirmier est de faciliter la transition inhérente à une expérience de santé en faisant appel aux divers modes de connaissance (empirique, éthique, esthétique et personnel) qui marquent le développement des sciences infirmières[55]. Ainsi, un groupe d'enseignants au premier cycle tente à nouveau de clarifier la contribution spécifique de l'infirmière aux soins de santé, au-delà des gestes quotidiens, et de synthétiser les ouvrages clés utilisés dans le programme d'études.

Dans les cours portant sur la discipline, les concepts centraux de soin, personne, santé et environnement, et l'interrelation entre ces

52. Patricia BENNER et Judith WRUBEL, *The Primacy of Caring: Stress and Coping in Health and Illness,* Don Mills, Addison-Wesley, 1979.
53. Jean WATSON, *Nursing: The Philosophy and Science of Caring,* 2ᵉ éd., Boulder, Associated University Press, 1985.
54. Madeleine LEININGER, *Transcultural Nursing: Concepts Theories, Research and Practice,* 2ᵉ éd., New York, Mc Graw Hill, 1979.
55. KÉROUAC *et al., op. cit.* 1994.

concepts sont donc examinés à la lumière des écrits de divers auteurs (philosophes, psychologues, etc.) sur le *caring* et comparés à d'autres perspectives infirmières. Dans les enseignements au baccalauréat, on retrouve les concepts de promotion et maintien de la santé, prévention de la maladie, âges de la vie, transitions, expériences de santé ; unité familiale et perspective systémique, structure, fonctionnement, cycles de vie, interaction santé/maladie, dynamique familiale. Il y a ainsi une augmentation substantielle des enseignements consacrés aux savoirs de base. Au cours des années précédentes, ces savoirs étaient enseignés en rapport avec une population spécifique : la relation d'aide en santé mentale et l'unité familiale ou les étapes du cycle de vie en périnatalité ou en santé communautaire.

Une différence importante apparaît dans le nouveau programme de baccalauréat dans l'approche de soin ou les méthodes de soins. La démarche de soins ou la démarche clinique en étapes définies n'est plus mise de l'avant comme par le passé. Les étudiantes sont amenées à exercer un jugement clinique et à se familiariser avec les attitudes de *caring*, avec les valeurs et croyances, de même qu'avec la relation thérapeutique, dite transpersonnelle dans l'école de pensée du *caring*. C'est dans cette relation et à partir des préoccupations immédiates des personnes et des familles que l'infirmière évalue leur santé globale et adopte une approche heuristique pour dispenser des soins qui font appel ou non à ses habiletés psychomotrices. L'approche se veut davantage inductive et participative. Il reste à voir si les professeurs réussissent à faire intégrer une approche associée à l'expertise par leurs étudiants.

Le concept d'« environnement » apparaît dans le titre du cours « Gestion des environnements de soins ». Ce cours porte sur les théories et concepts spécifiques à la gestion des soins. Il porte également sur les systèmes de prestation des soins, sur l'évaluation de la qualité des soins et sur la gestion des ressources humaines en soins infirmiers. Les enseignements en administration offerts à la FSI évoluent, passant d'éléments et de principes de l'administration et de l'organisation appliqués au nursing, à des théories, concepts et approches spécifiques à la gestion des soins infirmiers. Par conséquent, le niveau d'application est tout autre : il fait appel à la capacité de décision, à l'ouverture aux changements et à l'engagement par rapport à l'efficacité des soins infirmiers, et cela en collaboration avec les autres professionnels qui s'occupent des soins et de la santé des personnes.

S'inspirant galement de l'école du *caring*, un nouveau cours portant sur la santé des infirmières voit le jour. La principale ressource de soin étant l'infirmière elle-même, le bien-être et la santé de l'infirmière revêtent une grande importance. Ce cours vise la compréhension critique de l'interaction entre le travail, la santé de l'infirmière et sa capacité de dispenser des soins empreints de *caring*.

La sempiternelle question de la formation initiale de l'infirmière

Qui aurait cru que, à la fin des années 1990, la Faculté des sciences infirmières aurait eu à défendre de nouveau la légitimité de la formation initiale de l'infirmière à l'université ? Loin d'être terminé, le débat sur la formation initiale ressurgit sous le mandat de Suzanne Kérouac. En 1995, la Faculté s'engage, à la demande de la vice-rectrice à l'enseignement Irène Cinq-Mars, dans un projet pilote d'harmonisation des programmes collégial et universitaire. La direction des études du Collège de Bois-de-Boulogne a adressé à l'Université de Montréal une demande de collaboration à un projet pour la continuité des études en soins infirmiers / sciences infirmières. Compte tenu de projets similaires en cours dans d'autres provinces canadiennes, le Conseil de la FSI se montre favorable au projet. Une demande de subvention est déposée conjointement par le Cégep et par l'Université auprès du ministère de l'Éducation du Québec. Les travaux se déroulent plutôt difficilement. En 1996, la ministre de l'Éducation, Pauline Marois, demande de réduire de 20 % les admissions dans les universités québécoises. Malgré tout, le projet intègre un peu plus tard quatre autres collèges de l'île de Montréal. En 1998, la ministre de l'Éducation va plus loin en demandant de fermer l'accès à la formation au baccalauréat en sciences infirmières aux détenteurs d'un DEC en sciences de la nature. L'assemblée de la Faculté décide alors de suspendre ses travaux d'harmonisation jusqu'à ce que cette décision soit révoquée et jusqu'à l'obtention de l'assurance que les travaux d'harmonisation respectent les objectifs de formation poursuivis au baccalauréat. La déclaration ministérielle a soulevé un tollé de protestations, campagne de lettres aux ministres, conférence de presse, lettres ouvertes dans les journaux et autres[56]. Une concertation des

---

56. Une lettre écrite par un groupe de professeures (Nicole Ricard, Jacinthe Pepin, Danielle Fleury, Sylvie Lauzon, Marie-Christine Bournaki) et publiée dans

infirmières et des organismes favorables à la formation universitaire (la Conférence des recteurs et principaux des universités du Québec, l'Association des hôpitaux du Québec, la Fédération québécoise des professeurs d'universités, le Bureau de coordination des centres hospitaliers affiliés à l'Université de Montréal, etc.) permet de renverser la décision de la ministre. Ce n'est qu'avec le dépôt du rapport d'un comité conseil (1999) au ministre de l'Éducation François Legault que la Faculté et les universités obtiennent l'assurance du maintien et du renforcement de cette voie d'accès à la formation universitaire. Il est intéressant de noter l'appui des professeurs de l'ensemble des universités québécoises à la FSI, si l'on tient compte que, dans le passé, ils ont fait preuve d'ambivalence par rapport à la formation des infirmières.

La doyenne Kérouac adopte une position ferme quant à la formation initiale universitaire et flexible quant aux modalités de son application. Comme nombre de ses collègues, la doyenne croit à la nécessité d'une formation de haut niveau. Elle soutient que l'accroissement du nombre de bachelières devrait être, si l'on tient compte des prévisions d'autres pays occidentaux, de 50 % à 60 % des effectifs infirmiers en l'an 2002[57]. De plus, divers pays, tels l'Australie, l'Espagne, le Portugal, le Brésil, le Mexique, la Thaïlande, Israël et le Royaume-Uni, ont pris position pour la formation initiale à l'université. Pourtant, le ministère de l'Éducation, de 1995 à 2000, multiplie les comités sur la formation infirmière. Suzanne Kérouac est membre de la plupart de ces comités à titre de représentante de la Faculté et de l'ACEUN, comme vice-présidente et présidente.

Les dernières orientations ministérielles ayant trait à la formation des infirmières coïncident avec la mise à la retraite d'infirmières expérimentées exerçant dans les milieux de pratique. Ce départ sollicité par le ministère de la Santé vise à faire des économies substantielles pour équilibrer les dépenses publiques. La Faculté s'est ainsi vue privée de partenaires importants pour son nouveau programme de formation de base. Des déclarations telles que l'appel au contingentement en 1996

Actualités professionnelles (vol. 22, n° 1, 1998) portait le titre « Limiter l'accès à une formation infirmière universitaire à un groupe d'étudiants : une décision lourde de conséquences pour les infirmières ».

57. Entretien avec Suzanne Kérouac, juillet 1999. Selon elle, les tenants de « la formation universitaire pour tous en l'an 2000 » avaient lancé un message des plus pertinent...

(de la part des ministères de la Santé et de l'Éducation) dans les programmes de soins et sciences infirmières entraînent une certaine morosité dans la profession et dans le public : le doute concernant la place de la profession contribue à la diminution des inscriptions des étudiants en 1998-1999. Ironie du sort, on prévoit dès lors une importante pénurie d'infirmières qui ne tarde pas à se produire.

Les transformations des institutions de santé et d'éducation depuis les années 1960 n'ont pas réussi à améliorer le statut professionnel des infirmières ni à leur conférer une reconnaissance politique et économique. Les besoins d'une formation infirmière avancée pour faire face à l'afflux de patients ayant des problèmes de santé multiples, les transformations rapides des sciences biomédicales et des technologies, et l'émergence d'une discipline sont sous-estimés par les instances décisionnelles et politiques. Les conséquences aux plans sociopolitique et financier sont à peine entrevus.

Les enseignements cliniques à la FSI, le départ à la retraite de plusieurs infirmières expérimentées, la récurrence des compressions budgétaires à l'Université de Montréal, tout cela crée un contexte où les tensions au sein de la Faculté s'amplifient. Le doute s'installe au sein même de l'équipe dirigeante de la Faculté ; quatre vice-doyens démissionnent entre 1995 et 1997, remettant en cause la direction exercée par la doyenne Kérouac.

La consolidation de la recherche subventionnée

Le nombre de chercheurs actifs, la variété des sujets de recherche, le nombre de subventions obtenues et les montants provenant des organismes subventionnaires ainsi que le soutien du bureau de la recherche de l'Université de Montréal font foi du développement bien amorcé de la recherche à la Faculté des sciences infirmières au cours des années 1980 et de l'essor de la recherche au cours des années 1990.

Les efforts pour stimuler la recherche à la FSI s'intensifient au début des années 1990. On espère créer un meilleur lien avec les soins de santé, décloisonnant ainsi la recherche et la pratique. De fait, un projet d'études conjointes menées par les chercheurs de la FSI, les directrices des soins infirmiers (DSI) et les infirmières cliniciennes des hôpitaux, est propsé par les membres du conseil de la Faculté[58]. Ces

---

58. AUM, procès-verbal du conseil de la faculté, 19 avril 1991.

travaux conjoints permettraient d'augmenter le potentiel éducatif des milieux cliniques. En 1993, on revient sur la nécessité d'établir un lien plus étroit avec les milieux cliniques et la FSI veut s'impliquer dans la création du centre de santé universitaire[59]. La même année, le comité de la recherche de la FSI propose des mesures visant à améliorer son potentiel en recherche : création d'un poste de vice-doyenne à la recherche et aux études supérieures, recrutement d'une adjointe à la vice-doyenne et élargissement du comité de la recherche afin d'y accueillir un membre de l'assemblée des chercheurs, une directrice de soins infirmiers d'un centre hospitalier affilié à l'Université de Montréal et un étudiant inscrit aux études supérieures[60]. S'il est difficile d'évaluer l'impact de ces mesures sur le développement de la recherche, il convient de dresser le bilan de la recherche subventionnée à la FSI pour la première moitié de la décennie 1990.

Les organismes qui ont soutenu la recherche infirmière durant les années 1970 et 1980 consacrent davantage de ressources aux chercheurs de la FSI. Le FRSQ, qui commence à octroyer des subventions à la fin des années 1980, suit sa nouvelle ligne directrice de soutien à une discipline en émergence et subventionne de façon plus importante la recherche à la Faculté. La Fondation de recherche en sciences

Tableau 6.1   Répartition des fonds de recherches selon les facultés à l'Université de Montréal (1990-1997)

FACULTÉS	1990	1995	1997
Aménagement	504 781	561 689	623 359
Arts et sciences	34 689 829	37 509 127	37 497 235
Droit	1 412 308	1 830 957	1 870 884
Éducation physique	517 302	562 500	526 040
Médecine	72 983 426	89 165 185	92 714 306
Médecine dentaire	1 774 586	1 429 110	1 151 986
Médecine vétérinaire	181 058	150 393	101 008
Optométrie	410 946	645 662	575 815
Pharmacie	1 055 405	1 287 267	2 294 323
Sciences de l'éducation	1 382 719	1 222 474	1 893 806
Sciences infirmières	446 191	744 185	1 554 007
Théologie	77 154	228 544	198 479

59. AUM, procès-verbal du conseil de la faculté, 22 janvier 1993.
60. AUM, procès-verbal du conseil de la faculté, 19 mars 1993.

infirmières du Québec (FRESIQ), nouvellement créée[61], s'ajoute à cet organisme pour offrir du soutien à la recherche. Le CRM, pour sa part, reste peu enclin à financer des recherches qui ne relèvent pas de disciplines biomédicales. Bien que des infirmières faisant de la recherche siègent à certains comités depuis les années 1970 et qu'un comité ait été créé en 1982 afin d'étudier l'état et les besoins de la recherche infirmière, les outils dont elle a besoin, ce n'est qu'en 1990 que Louise Lévesque, de la FSI, bénéficie d'une bourse de recherche offerte conjointement par le CRM et le PNRDS. C'est le PNRDS qui subventionne largement la recherche infirmière à la FSI : pour les années 1990 à 1995, il subventionne 9 projets de recherche dont les chercheurs principaux sont de la FSI et un projet d'un cochercheur[62].

Le CQRS augmente aussi le nombre de subventions octroyées aux chercheurs de la FSI, au nombre de 8, plus 2 en collaboration, au cours des années 1990 à 1995. Encore pour cette période, les projets subventionnés «couvrent des thèmes à caractère psychosocial concernant certains patients hospitalisés ou à domicile et leur famille». Énumérons-les : le soutien conjugal chez les couples âgés, les déterminants psychosociaux de la santé des infirmières, les liens entre la famille et les services de réadaptation, le fardeau des soignants naturels d'une personne atteinte d'un trouble mental, le portrait social et la qualité de vie des hommes infectés par le VIH, un programme d'interventions auprès de familles ayant un enfant handicapé, la signification de la paternité chez des hommes vivant en situation d'extrême pauvreté et les interventions à domicile auprès de soignants naturels d'enfants atteints du VIH.

61. Organisme à but non lucratif créé par l'OIIQ en 1987 dans le but de favoriser l'avancement des connaissances en sciences infirmières.
62. Ainsi, l'étude sur le soin des personnes âgées par leurs soignants naturels, dirigée par Louise Lévesque, et les recherches sur la problématique du sida effectuées par Marie-Elizabeth Taggart, Mary Reidy et autres, poursuivent leur cours. De nouvelles recherches, principalement d'évaluation, sont aussi financées : programme prénatal en prévention et promotion de la santé en milieu défavorisé, menée par Michel Perreault ; soins à domicile pour des femmes qui présentent un travail prématuré, menée par Céline Goulet ; intervention familiale chez des familles ayant un enfant handicapé, menée par Diane Pelchat ; et stratégies adaptatives de couples âgés face aux stresseurs quotidiens, menée par Francine Ducharme.

Les subventions accordées par le FCAR, bien que présentes, demeurent restreintes: 5 projets de recherche effectués par des chercheurs de la FSI sont financés de 1990 à 1995[63].

L'élargissement du mandat du FRSQ pour le financement de la recherche infirmière présente des résultats significatifs au cours des années 1990. De fait, cet organisme subventionne 9 projets de recherche dont les chercheurs principaux sont des membres de la FSI et un projet auquel collabore un chercheur de la FSI. Bien que souvent offert en collaboration avec d'autres organismes (RRRMOQ, FRESIQ, CQRS), ce type de subvention soutient l'effort de recherche à la FSI[64]. Le FRSQ subventionne, de 1992 à 1998, la première équipe en sciences infirmières, dont les efforts portent sur les déterminants psychosociaux de la santé et l'intervention infirmière; cette équipe est dirigée par Louise Lévesque, Nicole Ricard, Francine Ducharme et André Duquette.

Bien que moins importantes en ce qui à trait aux montants accordés, les subventions nouvellement octroyées par la FRESIQ contribuent également à cet essor: 5 subventions sont accordées à la FSI de 1990 à 1995[65].

Les montants provenant des fonds de recherche de l'Université de Montréal et octroyés aux chercheurs de la FSI s'accroissent davantage durant cette période, témoignant d'un appui tangible de la part de l'institution universitaire: 29 projets de moindre envergure et de

63. Les projets de Diane Pelchat sur un programme d'intervention familiale, de Nicole Tremblay sur la perception de la douleur chez la personne âgée, d'André Duquette sur les modes d'organisation en milieu hospitalier, de Sylvie Lauzon sur la situation de soins des personnes atteintes de démence et de Francine Ducharme sur la situation des couples âgés sont ainsi subventionnés.

64. Les projets de recherche de Diane Pelchat et ceux de Lise Talbot en réadaptation, de Marie-Elisabeth Taggart et de Mary Reidy sur la problématique du sida, et de Sylvie Lauzon sur les aidants naturels des malades atteints de démence ont bénéficié de l'aide financière du FRSQ.

65. Les chercheuses, à savoir Nicole Ricard pour un projet de recherche visant l'implantation d'un programme de réadaptation pour les personnes atteintes de schizophrénie, Louise Lévesque pour un projet abordant l'intégrité biopsychosociale des aidants naturels des malades atteints de démence, Fabie Duhamel pour une recherche concernant une approche systémique auprès de familles ayant un membre atteint d'insuffisance cardiaque, Mary Reidy pour une recherche sur l'intervention infirmière auprès de familles ayant à charge un enfant atteint du VIH et Céline Goulet pour l'adaptation d'un instrument de recherche, ont bénéficié des subventions offertes par la Fondation.

démarrage voient le jour entre 1990 et 1995 grâce au soutien du Fonds de développement de la recherche de l'Université de Montréal (FDR) et du CAFIR.

Certains projets de recherche et des collaborations internationales sont financés par des organisations comme l'ACDI, le ministère de l'Éducation, le ministère de la Santé et des Services sociaux du gouvernement du Québec, des associations et plusieurs autres types de fondations.

Au cours des années 1990, les fonds de recherche connaîtront une augmentation soutenue à la Faculté[66]. De mai 1993 à mai 1996, la FSI se démarque parmi les unités de sciences infirmières au Québec par le nombre élevé des publications de ses chercheurs : 137 articles dans des revues avec comités de lecture, 48 chapitres de livres, 19 livres, 64 comptes rendus, 233 résumés et 301 conférences. La diffusion des résultats de recherche prend une place centrale dans les activités des chercheurs de la FSI.

Également, si on se fie à la banque de données sur le financement de la recherche en sciences infirmières de l'ACEUN, les universités québécoises auraient été financées plus tôt pour la recherche infirmière, mais le boom du financement observé à la FSI durant les années 1997 à 2000 marque aussi l'ensemble de la recherche universitaire au Canada, particulièrement en Ontario et en Alberta.

En 1995, de façon à renforcer cet essor de la recherche, la FSI, sous la direction de Suzanne Kérouac, établit un plan quinquennal de développement de la recherche en trois points : consolidation d'une masse critique de recherche, renforcement du soutien aux chercheurs et accroissement de la diffusion des résultats de la recherche pour faire de la FSI un lieu de création et d'évolution résultant d'un partage de connaissances, de la libre expression des idées et de la place accordée à l'innovation[67].

Plusieurs moyens sont envisagés par la FSI afin de consolider sa masse critique de recherche en matière de subventions obtenues et d'activités de diffusion. Le développement de théories issues de la recherche empirique, l'élaboration et l'évaluation d'interventions infirmières auprès de groupes vulnérables et en santé et l'étude de phénomènes biopsychosociaux propres à la discipline sont les objectifs

66. FSI, Rapport d'auto-évaluation 1995-2000, 31 mai 2000.
67. FSI, Vers l'avenir. Plan de développement 1995-2000, Rapport d'activités 1992-1995, p. 101.

de recherche de la Faculté. Il est encore trop tôt pour évaluer les retombées de cette planification.

Des réalisations qui caractérisent la Faculté

Au milieu des années 1990, d'importantes réalisations découlant des travaux antérieurs mobilisent les forces de la Faculté et donnent un nouvel essor à la recherche. En 1996, la Faculté est l'hôte de l'un des cinq centres d'excellence sur la santé des femmes subventionnés par Santé Canada. Sous la codirection de Bilkis Vissandjee et de Francine Ducharme pour la partie universitaire et de Christine O'Doherty pour le milieu communautaire, le Centre d'excellence regroupe un grand nombre de participants et partenaires, dont le Comité permanent sur le statut de la femme de l'Université de Montréal, le Regroupement des centres de santé des femmes du Québec, la Fédération des CLSC, la Direction de la santé publique et bien d'autres. Le Centre désire contribuer avant tout à améliorer la santé des Québécoises et des Canadiennes, plus particulièrement celle des femmes aidantes « naturelles », des femmes autochtones et des femmes immigrantes, dans une perspective de reconnaissance de l'expérience de vie et de pouvoir des femmes. L'équipe du Centre a cinq mandats : le développement des connaissances, l'information, la communication, le développement et la création de réseaux et le conseil en matière politique ; il travaille en partenariat depuis la conception jusqu'à la réalisation des projets. En plus de soutenir les chercheurs du domaine de la santé des femmes, le Centre offre une visibilité pour la FSI par ses nombreuse interfaces université/communauté, femmes/chercheurs/praticiens/décideurs.

La Faculté crée en 1998 la chaire de recherche en soins infirmiers à la personne âgée et à la famille, unique au Canada, qui se trouve au Centre de recherche de l'Institut universitaire de gériatrie de Montréal. La première titulaire, Louise Lévesque, est reconnue comme pionnière en recherche sur les soins aux personnes âgées. Elle élabore, avec son équipe de recherche (Francine Ducharme, Sylvie Lauzon, Lise Talbot), un programme quinquennal à trois volets : le développement et l'évaluation de modèles d'intervention ; la prestation de services infirmiers auprès de clientèles dont les services sont peu connus ; et l'évaluation de la douleur chez les personnes atteintes de déficiences cognitives graves. Elle s'adjoint des cliniciennes (Louise Francœur et Olivette Soucy) et des étudiantes des programmes de maîtrise et de doctorat en

La chaire de recherche en soins infirmiers à la personne âgée et à la famille, créée en 1998, est attribuée à sa deuxième titulaire, Francine Ducharme (au centre), en 2000. Celle-ci est entourée, à gauche, de Guy Sauvageau, donateur, Marielle Gascon-Barré, représentante du bureau de la recherche de l'Université de Montréal, Suzanne Kerouac, doyenne de la FSI, Louise Lévesque, première titulaire de la chaire, et, à droite, de Colette Tracyk, directrice générale de l'Institut de gériatrie de Montréal, Yves Joanette, directeur du Centre de recherche de l'Institut et Richard Lachance, donateur de la Croix Bleue.

sciences infirmières. La chaire, qui incarne l'arrimage entre recherche, formation et intervention, bénéficie du soutien financier du Fonds Alma Mater de la Faculté, d'entreprises du secteur privé et de donateurs anonymes.

Ces deux réalisations s'inscrivent dans les premiers champs de connaissances à la Faculté, la santé des femmes, dont les pionnières sont Marie-Elizabeth Taggart, Fabienne Fortin et Suzanne Kérouac, et le soin aux personnes âgées, dont la pionnière est Louise Lévesque avec le concours de Marie-France Thibaudeau. D'autres éléments marquent la maturité de la Faculté en recherche. Il s'agit d'abord de l'obtention en 1995 de trois bourses de recherche de cinq ans attribuées par le PNRDS à des professeurs[68] dont les programmes de recherche rejoignent diverses clientèles vulnérables et leur famille. Il faut aussi mentionner la reconnaissance de nombreux chercheurs de la FSI au sein de centres de recherche d'institutions affiliées à l'Université de Montréal (en santé mentale, santé communautaire, périnatalité et pédiatrie, soins aux adultes et personnes âgées) et le début de stages postdoctoraux à la Faculté.

68. Francine Ducharme, Sylvie Robichaud et Lise Talbot.

Enfin, en lien avec l'objectif d'une plus grande diffusion des résultats de recherche, le comité de la recherche de la Faculté met sur pied, à l'automne 1993, des conférences scientifiques mensuelles. L'objectif de ces conférences, parrainées par un organisme différent selon le thème de la recherche, est de faire connaître les activités de recherche dirigées par les professeurs aux personnels des milieux cliniques et à divers partenaires. Toutes ces conférences ont lieu dans des milieux cliniques et communautaires. La première conférence donnée par Lise Talbot à l'Institut de réadaptation de Montréal porte sur des stratégies d'intervention auprès des personnes vivant en état de conscience altérée (en collaboration avec l'Association québécoise des traumatisés crâniens). La seconde porte sur la recherche d'information chez les personnes atteintes de cancer par Sylvie Bélanger, diplômée de la maîtrise, et Louise Bouchard, sa directrice, au pavillon Notre-Dame du CHUM (en collaboration avec la Fondation québécoise du cancer). Si les professeurs sont soucieux de rendre accessible le fruit de leurs travaux de recherche, arrivent-ils à amorcer une transformation des pratiques de soins en milieux cliniques? Voilà une question qui reste à explorer.

Une autre activité importante de diffusion est la journée annuelle de la recherche, nommée Colloque Alice-Girard dès 1997. Lors de la première journée, en juin 1996, des membres de l'équipe de recherche en sciences infirmières (ERSI) présentent les résultats des travaux des chercheurs et de leurs étudiants aux cycles supérieurs sur les déterminants psychosociaux de la santé de groupes cibles (aidants naturels, infirmières et autres) et sur les interventions qui favorisent leur adaptation. Parmi les thèmes retenus au Colloque Alice-Girard, mentionnons «L'émergence de nouvelles pratiques infirmières, vers un millénaire en santé», à l'occasion de l'année internationale de la personne âgée en 1999. Sylvie Lauzon[69] prononce la conférence principale sur les particularités du vieillissement en invitant les infirmières à réfléchir sur l'avenir des soins et à envisager la révision de certaines pratiques de soins.

Ces activités de diffusion sont réalisées dans un esprit d'ouverture aux milieux cliniques. Elles sont une occasion de ressourcement pour les infirmières et une occasion d'échanges entre chercheuses et praticiennes.

---

69. Sylvie LAUZON et Evelyn ADAM, *La personne âgée et ses besoins*, Laval, Éditions du Renouveau pédagogique, 1986.

De nouveaux savoirs pour la discipline infirmière

Ces travaux de recherche et de diffusion menés à la Faculté contribuent à l'établissement de la discipline infirmière. En effet, les savoirs développés par les chercheurs portent principalement sur les expériences de santé ou de soins à des groupes spécifiques. D'autres encore portent sur la santé publique et l'environnement des soins. Soins, expériences de santé et environnement constituent des concepts centraux de la pratique infirmière. Par ailleurs, certains écrits professaux relèvent davantage de l'analyse conceptuelle et théorique. C'est le cas du livre *La pensée infirmière*[70] rédigé par le groupe de professeurs Suzanne Kérouac, Jacinthe Pepin, Francine Ducharme et André Duquette, avec la collaboration de Francine Major alors étudiante à la maîtrise en sciences infirmières. Ce livre décrit plus haut présente diverses façons de concevoir le domaine infirmier et les regroupe en écoles de pensée. De plus, il fournit des pistes de réflexion pour la pratique infirmière, la pratique en interdisciplinarité, de même que pour la gestion, la formation et la recherche. De plus, soulignons qu'à partir de 1992, plusieurs écrits de professeurs portent sur le *caring*: *caring* chez les infirmières-chefs (Kérouac, 1992), *caring* chez les membres de la famille et chez les infirmières (Pepin, 1992), les comportements de *caring* chez les infirmières (Gagnon, 1993), les principes du *caring* (Reidy, 1995) et le soutien organisationnel d'une pratique empreinte de *caring* (Cara, 1997). Il n'est pas étonnant que l'école de pensée du *caring* ait été choisie comme base du nouveau programme de baccalauréat. Chantal Cara, qui a fait ses études doctorales en nursing au Colorado auprès de Jean Watson, figure importante de l'école du *caring*, contribue elle aussi à transmettre ces enseignements et poursuit l'entreprise de Georgette Desjean à la maîtrise. D'autres publications enfin portent sur des considérations philosophiques, disciplinaires ou théoriques[71], ou sur des fondements pratiques de la discipline[72].

70. Études vivantes, 1994 et 1995 en français et 1996 en espagnol.
71. Jacqueline LAURIN, « The Philosophy of Nursing: What It Is. What It Is Not ». A discussion paper. Philosophy in the Nurse's World. An Invitational Conference, Banff, Alberta, 1991; Sylvie LAUZON (dir.), *Past, Present and Future of the Discipline of Nursing: Redefining the Ties of Philosophy of Science*, proceedings of the 5th Annual Rosemary Ellis Scholars Retreat. Frances Payne Bolton School of Nursing, Cleveland, Ohio, 1994; Sylvie LAUZON, « Gortner's Contribution to Nursing Knowledge Development », *Image: Journal of*

Les savoirs portant sur des expériences de santé ou de soins à des groupes spécifiques

Un peu plus de 300 publications des professeurs (1990 à 1998)[73], de même que la majorité des 167 mémoires et 98 rapports de stage (1990 à 1997)[74] de cette décennie portent sur l'étude d'expériences de santé ou de soins auprès de populations spécifiques. Ces écrits se regroupent principalement autour des grandes étapes du cycle de vie, comme les soins à la mère et au nouveau-né; les soins à l'enfant et à l'adolescent; les soins à l'adulte de tout âge; les soins à la famille et les soins à la personne âgée. Ces thématiques reflètent les domaines de spécialisation du programme de la maîtrise; elles s'inscrivent dans la poursuite des intérêts des années 1980, présentant un ajout marqué, «les soignants naturels», thème sur lequel portent 36 publications[75] de professeurs de 1990 à 1998. Les écrits sur les soignantes ou aidantes «naturelles» fournissent une description, sous divers angles, de l'expérience qui est de prendre soin d'un conjoint, d'un parent ou d'un

Nursing Scholarship, 2 7, 1995, p. 100-103; André DUQUETTE *et al.*, «Gestion du stress en soins infirmiers: une approche novatrice» *Soins*, 9, 1, 1994, p. 48-55; Jacinthe PEPIN, Francine DUCHARME, Suzanne KÉROUAC, Louise LÉVESQUE, Nicole RICARD, André DUQUETTE, «Développement d'un programme de recherche basé sur une conception de la discipline infirmière», *Canadian Journal of Nursing Research/Revue canadienne de recherche en sciences infirmières*, 26, 1, 1994, p. 41-53.

72. La professeure Hélène Lazure continue de publier des textes sur la relation d'aide infirmière (1992) et sur les relations interpersonnelles: voir Hildegard E. PEPLAU, *Les relations interpersonnelles en soins infirmiers*, traduit de l'anglais par Anne Pietrasik, adaptation française et préface d'Hélène Lazure, Paris, InterÉditions, 1995; en 1996, elle publie un article intitulé «Prendre soin de soi pour prendre soin des autres». Rainville (1993) discute de l'utilisation thérapeutique de soi. Lefebvre (1997) rédige un article sur l'examen physique.

73. Période couverte par la collecte de données.

74. Période couverte par la collecte de données.

75. À titre d'exemple, Louise Lévesque aborde le soutien social des soignantes de personnes atteintes d'Alzheimer, Nicole Ricard celui des soignantes de personnes atteintes d'un trouble mental et Mary Reidy celui des soignantes de personnes atteintes de SIDA. Elles s'intéressent au bien-être psychosocial des aidantes et examinent les programmes et services offerts à domicile. Francine Ducharme identifie les prédicteurs du bien-être psychosocial et Sylvie Lauzon établit une relation entre le soin informel, le soutien social et la santé; de son côté, Jacinthe Pepin se penche sur l'expérience du soin auprès d'un parent âgé.

ami, et des interventions infirmières de soutien ou de renforcement[76]. Ce thème populaire auprès des chercheurs de plusieurs disciplines est en rapport étroit avec l'objet d'étude nommé plus ci-dessus de la discipline infirmière, à savoir le soin.

LES SOINS À LA MÈRE ET AU NOUVEAU-NÉ

Au cours des années 1990, deux approches sont développées dans les publications quant aux soins à la mère. D'une part, Céline Goulet se penche sur l'évaluation des soins et des services à l'occasion de la grossesse ou de l'accouchement, ainsi que sur l'expérience de donner naissance pour la mère. Son évaluation d'un suivi infirmier à domicile pour des femmes présentant une grossesse à risque élevé lui vaut le grand prix Innovation-clinique Abbott 1996 décerné par l'OIIQ[77]. D'autre part, Michel Perreault s'attarde à l'étude des besoins, en termes de prévention et de soutien, d'une population spécifique de mères, les femmes des milieux défavorisés. Du côté des soins au nouveau-né, ce sont les concepts d'*accointance* et d'attachement mère-enfant qui font l'objet de publications par Céline Goulet et ses étudiants.

LES SOINS À L'ENFANT ET À L'ADOLESCENT

Les écrits traitant des soins à l'enfant, bien que peu nombreux, sont plutôt diversifiés et portent sur leurs besoins psychosociaux et leurs besoins de services dans divers milieux, tels le milieu familial, hospitalier ou scolaire[78]. Les écrits portant sur les soins aux adoles-

---

76. Mentionnons le bilan critique des études portant sur les expériences des aidantes à partir d'une perspective émique, subventionné par le Centre d'excellence pour la santé des femmes : Sylvie Lauzon, Jacinthe Pepin, Jean-Pierre Lavoie, Marlène Simard, Marie-Élisa Montejo, « Bilan critique des études menées sur les expériences des aidantes naturelles à partir d'une perspective émique », rapport présenté au Centre d'excellence pour la santé des femmes Consortium Université de Montréal, 1998.

77. Céline Goulet a aussi reçu le prix régional Montréal-Laval en 1996 et le prix d'excellence pour publication à volet clinique de l'APIDES (Association professionnelles des infirmier(ère)s diplômé(e)s des études supérieures) en 1999, pour ces mêmes travaux.

78. Mary Reidy, Marie-Elizabeth Taggart et Louise Robinette se préoccupent particulièrement des besoins des enfants infectés par le SIDA. Ajoutons les

cents sont plus ciblés[79], relevant leurs comportements sexuels et de contraception et étudiant les modes de prévention du sida et des abus de drogues et d'alcool[80] (en lien avec les travaux de Fortin, Taggart et Kérouac des années 1980).

LES SOINS AUX ADULTES

Différents secteurs de soins aux adultes sont l'objet de plusieurs études. Leurs auteurs analysent les expériences de santé/maladie auprès de diverses populations cibles et établissent des modèles de soins et d'interventions infirmières. Les populations qui sont les plus souvent étudiées sont les personnes infectées au VIH[81], les personnes présentant un problème psychiatrique ou de santé mentale[82],

travaux de Marie-Christine Bournaki sur la douleur chez les enfants d'âge scolaire et ceux de Diane Pelchat sur le développement du jeune enfant.

79. Michel Perreault s'attarde aux pratiques sexuelles et à la contraception des adolescents de milieux défavorisés.

80. Lucie Richard se concentre sur l'évaluation des programmes de prévention du sida et de l'abus de drogues et d'alcool.

81. Voir les écrits, nombreux et variés, de Marie-Elizabeth Taggart, Mary Reidy, José Côté et Michel Perreault sur la prise en charge des personnes infectées et la trilogie famille-soignant-personne infectée au VIH. Mary REIDY et Marie-Elizabeth TAGGART ont publié *VIH/SIDA: une approche multidisciplinaire*, Boucherville, Gaëtan Morin éditeur, 1995.

82. Cela a fait l'objet d'études de Nicole Ricard, Hélène Lazure et Francine Gratton. Nicole Ricard discute du besoin de reconfigurer les services en santé mentale et publie des textes sur les soins aux schizophrènes: programme de renforcement de l'estime de soi chez les patients schizophrènes et pertinence du paradigme *stress coping* pour la réadaptation de ces patients. Elle supervise les travaux d'étudiants sur l'assiduité au traitement, le soutien social et les groupes thérapeutiques auprès de personnes atteintes de troubles mentaux. Avec Hélène Lazure, elle s'intéresse à la dépression chez les femmes et aborde les nécessités d'auto-soin de ces femmes. De plus, Ricard publie des études sur les soignantes de personnes atteintes de troubles mentaux: déterminants du fardeau, état de santé et soutien social. Elle supervise des mémoires sur les stratégies de *coping* et sur les interventions infirmières auprès des soignantes. Francine Gratton publie une série de textes sur le suicide chez les jeunes; elle traite du climat social propice au suicide existentiel et sur sa signification, sur l'importance des valeurs et des ressources pour prévenir les suicides. Elle publie sa thèse doctorale aux Presses de l'Université du Québec en 1996, *Les suicides d'« Être » de jeunes Québécois*.

les personnes atteintes de maladies cardiovasculaire[83] ou pulmonaires[84] et les personnes traumatisées de la moelle et cérébro-lésées[85]. D'autres populations comme les personnes atteintes du cancer[86] ou ayant subi un remplacement d'organe[87] et des personnes atteintes d'autres pathologies telles que le diabète et les problèmes rénaux, bien qu'étudiées, sont l'objet de moins d'écrits. Les concepts le plus souvent abordés gravitent autour de la qualité de la vie, du rétablissement, du soutien, du *coping* et des besoins psychosociaux. Par ailleurs, une expertise quant au phénomène de la douleur, qui transcende toutes les populations, est développée à la FSI. Tous ces écrits mettent l'accent non seulement sur la dimension de l'expérience des personnes, mais aussi sur la recherche de stratégies pour les interventions infirmières. Enfin, mentionnons le développement des connaissances relatives aux problématiques des soignantes de personnes atteintes du SIDA ou de troubles mentaux ; le fardeau et la détresse sont mis en lien avec les stratégies de *coping* et le soutien social. Enfin, le suivi systématique des clientèles, incluant les membres de leur famille, est présenté comme une approche de soins continus à évaluer[88].

LES SOINS À LA FAMILLE

Si les soins à la famille sont présents dans l'étude des diverses populations mentionnées, il importe de souligner les publications

---

83. Étudiées par Fabie Duhamel, Sylvie Lemay, Sylvie Robichaud et Fabienne Fortin, sous l'angle des dimensions psychosociales.
84. Étudiées par Sylvie Robichaud et Jacinthe Pepin (qualité de vie et expérience).
85. Étudiées par Louise Gagnon (qualité de vie et adaption /réadaptation) et Lise Talbot (mesures et stratégies d'intervention).
86. Étudiées par Louise Bouchard : situation des femmes ayant un cancer du sein ; influence de certains facteurs (conception de la santé, contrôle du cancer, espoir, environnement physique) sur leur qualité de vie et gestion de l'information par les femmes. Par ailleurs, Louise Bouchard aborde avec ses étudiantes les effets du toucher thérapeutique sur le bien-être des personnes en phase terminale, le soutien social et la qualité de vie des personnes atteintes de cancer.
87. Étudiées par Jocelyne Saint-Arnaud sous l'angle éthique. Voir Jocelyne SAINT-ARNAUD, *L'allocation des ressources rares en soins de santé : l'exemple de la trans-plantation d'organes,* Cahiers scientifiques de l'ACFAS, n° 92, 1997.
88. Travaux d'Hélène Lefebvre, Fabie Duhamel, Lise Talbot, Louise Bouchard et Isabelle Reeves.

portant spécifiquement sur les soins à la famille comme entité. Ces publications, apparues assez tôt dans l'histoire de la FSI (1978), augmentent au milieu des années 1990 grâce aux écrits de Fabie Duhamel, Diane Pelchat, Francine Ducharme entre autres. L'expertise développée se centre sur la dynamique familiale en période de santé/maladie et sur l'approche systémique de l'intervention infirmière auprès de la famille. Les publications sont diversifiées et abordent plusieurs situations, dont les expériences des parents avec leur nouveau-né, celles des couples âgés[89], celles des familles dont un membre est fragile, hospitalisé ou malade. Ce sont surtout le savoir-faire et le savoir-être de l'infirmière auprès de la famille qui sont mis en évidence par ces publications sur les soins à la famille. Mentionnons en particulier *La famille et la santé : une approche systémique en soins infirmiers,* ouvrage qui découle des travaux et enseignements de Fabie Duhamel[90], et *Déficiences, incapacités et handicaps : processus d'adaptation et qualité de vie de la famille,* dont les préoccupations sont celles développées par Diane Pelchat concernant l'intervention précoce[91].

LES SOINS AUX PERSONNES ÂGÉES

Le thème des soins aux personnes âgées, qui est apparu durant les années 1970 à la FSI, continue de faire l'objet de nombreux écrits. On s'attarde d'abord à la compréhension de phénomènes particuliers, tels la cohabitation de personnes lucides et non lucides, le processus de la maladie d'Alzheimer. En 1990, Louise Lévesque, Carole Roux et Sylvie Lauzon publient *Alzheimer, comprendre pour mieux aider*[92]. Puis, comme on peut le voir dans les travaux de Francine Ducharme, on s'intéresse à la communication et à la promotion de la santé des aînés. Par ailleurs, *La personne âgée et ses besoins,* publié par Sylvie Lauzon et Evelyn Adam[93] et regroupant des collaborateurs, profes-

---

89. Voir les travaux de Francine Ducharme ayant trait aux stratégies adaptatives, au soutien conjugal, au recadrage.
90. Fabie DUHAMEL, *La famille et la santé : une approche systémique en soins infirmiers*, Boucherville, Gaëtan Morin éditeur, 1995.
91. Diane PELCHAT, *Déficiences, incapacités et handicaps : processus d'adaptation et qualité de vie de la famille*, Montréal, Éditions Guérin Universitaire, 1994.
92. Montréal. Éditions du Renouveau pédagogique, 330 pages.
93. Sylvie LAUZON et Evelyn ADAM (dir.), *La personne âgée et ses besoins*, Laval, Éditions du Renouveau pédagogique, 1996.

seurs et diplômés de la FSI, reflète la maturité des savoirs infirmiers dans ce domaine de soins. En effet, les auteures relèvent le défi de concevoir un *textbook* à partir du modèle conceptuel de Virginia Henderson, et de proposer des interventions infirmières qui ont fait l'objet de recherches. On consacre un chapitre à chacun des besoins fondamentaux ; les autres chapitres présentent la personne âgée, la personne âgée et sa famille, l'interdisciplinarité au service de la personne âgée ou traitent de considérations éthiques et démographiques. Enfin, le bien-être, la détresse et les expériences des soignantes membres de la famille préoccupent Francine Ducharme et Louise Lévesque ainsi que leurs étudiants.

Les savoirs portant sur la santé publique et sur l'environnement des soins

LA SANTÉ PUBLIQUE

Les thèmes regroupés sous la catégorie « santé publique » sont variés. Ce sont principalement les attitudes et comportements de santé, l'utilisation des services de santé dans les communautés culturelles vivant au Québec (Bilkis Vissandjee et autres), les modèles d'intervention dans des situations de violence conjugale ou de violence faite aux femmes, l'éducation à la santé (Carmen Loiselle), les comportements de santé (Madeleine Clément), les habitudes de santé et les programmes de promotion de la santé (Lucie Richard) et, enfin, les programmes d'intervention en milieu communautaire. Certains travaux de Mary Reidy portent sur le rôle éducatif de l'infirmière en santé communautaire. De son côté, Danielle D'Amour s'attarde aux pratiques professionnelles et aux collaborations interprofessionnelles et intersectorielles, surtout en milieu communautaire.

Bien que présents dès les débuts de la Faculté, ces thèmes ont ressurgi depuis quelques années seulement ; d'ailleurs, les écrits qui les abordent ne constituent pas un corpus très important jusqu'ici.

DE L'ADMINISTRATION À LA GESTION DES ENVIRONNEMENTS DE SOINS

Au cours des années 1990, les publications des professeurs traitant de la gestion des soins se font plus nombreuses et se rattachent davantage à ce qui fait la spécificité de la discipline infirmière : le soin, la santé du personnel soignant et les environnements de soins. Ces publications prennent largement appui sur les recherches des professeurs et influencent les nouveaux enseignements offerts au baccalauréat. Cette décennie est principalement marquée par les publications de Raymond Grenier sur la qualité des soins et celles d'André Duquette sur la santé des infirmières et les systèmes de prestation des soins.

Il apparaît assez clairement que ces thèmes sont associés au corps professoral en place, ainsi qu'à l'arrivée de nouveaux professeurs et à leur intérêt soutenu pour le développement de la discipline infirmière. Il y a beaucoup de continuité et de cohérence entre les publications des professeurs et les thèmes de recherche des étudiants à la maîtrise. On peut voir aussi l'influence des nouveaux savoirs développés dans les sciences infirmières et qui gravitent autour du soin, de la santé et de l'environnement. Les études des trois premières décennies à la FSI ont largement été influencées par les concepts et les paradigmes des sciences administratives, qu'on a appliqués au secteur des soins infirmiers, alors que celles de la dernière décennie sont davantage orientées par des concepts et des phénomènes spécifiques aux sciences infirmières. On peut enfin observer que les thèmes de recherche sont également associés aux nouveautés et aux modes qui apparaissent dans la pratique des soins et dans les environnements où sont dispensés les soins. Les années 1990 sont marquées par une réforme majeure du système de santé canadien et québécois, réforme qui nécessite de nouveaux modes de prestation des soins et soulève des questionnements et revendications relatifs à la santé du personnel soignant.

LES SAVOIRS RELATIFS À L'ÉDUCATION EN SOINS INFIRMIERS ET À LA RECHERCHE EN SCIENCES INFIRMIÈRES

Au cours des années 1990, savoirs relatifs à l'éducation en soins infirmiers sont peu développés à la FSI. Le nombre de mémoires et rapports de stage consacrés à ce thème diminue rapidement. À la fin de la décennie, il n'y a plus de professeur dans ce champ d'étude. À l'opposé, c'est au cours de ces années que les professeurs de la FSI publient le plus grand nombre de textes sur la recherche en sciences infirmières. Ces textes portent sur les éléments méthodologiques de la recherche, ainsi que sur le développement, la validation et la description d'instruments de mesure pertinents aux sciences infirmières. En 1996, Fabienne Fortin publie un nouveau livre sur *Le processus de la recherche*, avec divers collaborateurs, et quelques articles sur l'enseignement de la recherche. Enfin, des publications présentent un profil de la recherche infirmière ou discutent de la prospective et de l'application de la recherche en sciences infirmières. Un grand nombre de professeurs contribuent à ces publications.

❖

Les travaux d'enseignement et de recherche des professeurs de la Faculté au cours des années 1990 reflètent une plus grande familiarité avec les concepts de leur discipline. Depuis 1995, le programme de baccalauréat s'inscrit dans une école de pensée spécifique, soit celle du *caring*. Les publications et programmes de recherche effectués après le retour de professeurs de leurs études doctorales, plusieurs en sciences infirmières, sont caractérisés par une ouverture à une diversité de conceptions de la discipline infirmière, telle que présentée dans *La pensée infirmière*[94] : l'adaptation de Roy, la diversité et l'universalité du soin culturel de Leininger, le *caring* des Watson, Leininger et autres. On l'a vu, les années 1990 sont marquées par de nouveaux thèmes de recherche plus près de la discipline infirmière. Aussi, les recherches et publications dénotent un intérêt marqué pour l'expérience des personnes, l'élaboration et l'évaluation de modèles d'intervention auprès de groupes spécifiques et l'avancement vers l'élaboration de modèles théoriques. Tout en étant très variées, les recherches témoignent d'une préoccupation fondamentale, celle de répondre à des besoins sociaux à la fois nombreux et complexes qui s'inscrivent dans les grandes priorités de l'heure. Une attention particulière est accordée à la santé des personnes âgées, des femmes, des soignantes naturelles et à la santé des groupes vulnérables, comme les personnes souffrant de troubles mentaux, du cancer, de maladies chroniques ou encore à la santé des groupes à risque dans la communauté.

Si on en juge par les recherches portant sur des thèmes qui s'inscrivent dans une vaste perspective de santé, on peut croire ici à un début de réconciliation entre le nursing et les secteurs oubliés au cours des décennies précédentes (comme la santé publique et l'administration des soins). Il y a, en effet, au cours des années 1990 un plus grand nombre de publications sur les «communautés, santé publique et

---

94. Kérouac *et al.*, *op. cit.*, 1994.

*Christine Colin, actuelle doyenne de la Faculté
des sciences infirmières.*

environnements de soins ». Par ailleurs, le domaine de l'enseignement
des soins aura été bien peu encouragé au cours de cette décennie.

Il est possible que le processus d'obtention des subventions de
recherche et des promotions, qui valorise essentiellement le premier
chercheur ou auteur, ait défavorisé les regroupements entre chercheurs
de la FSI. Une seule équipe de chercheurs a permis la concertation des
efforts et le début d'une théorisation. Une autre explication serait
l'étendue du champ de la connaissance en sciences infirmières, que les
chercheurs de la Faculté tentent de couvrir à eux seuls. Les possibilités
de développement sont immenses et les choix difficiles à faire.

Une autre grande question est celle de la prédominance du mode
scientifique pour le développement des savoirs en sciences infirmières.
D'autres modes, l'éthique, l'esthétique, le personnel et le sociopolitique, ont été identifiés en lien avec le domaine infirmier[95]. À la FSI,

95. Barbara CARPER, « Fundamental Patterns of Knowing in Nursing », *Advances
in Nursing Science,* 1, 13-23, 1978 ; Janice WHITE, « Patterns of Knowing :
Review, Critique and Update », *Advances in Nursing Science*, 17, 1995 73-86.

comme ailleurs, le développement des connaissances obtenu par ces autres modes reste timide. Pourtant, les conceptions contemporaines de la discipline reconnaissent le caractère heuristique des soins infirmiers et s'appuient sur une philosophie ouverte à l'utilisation de diverses méthodes d'appréhension et d'enquête et à des critères de rigueur non conventionnels pour l'étude des phénomènes d'intérêt. En ce sens, une véritable concertation des sphères académique et clinique reste à consolider : la promotion d'un « éthos » qui porte la recherche au service de la pratique et vice-versa, c'est-à-dire une pratique qui fournit aux chercheurs de nouvelles pistes d'investigation.

En somme, cette décennie est marquée par la rapidité et la simultanéité des changements, autant dans les milieux cliniques, d'enseignement que de recherche. La Faculté en sort forte de son équipe de professeurs-chercheurs, à la fois modeste et très active, dont le mouvement a été amorcé dans la décennie précédente. L'ouverture créée en particulier entre la pratique et la recherche, et nécessaire au développement des savoirs, a été fructueuse et reste par ailleurs à renforcer : la nomination de Christine Colin comme doyenne de la Faculté en 2000 marque également cette volonté de changement.

Conclusion

L'HISTOIRE DES SAVOIRS INFIRMIERS et de leur développement au sein de la Faculté des sciences infirmières de l'Université de Montréal montre la réussite spectaculaire d'un groupe de femmes soignantes, religieuses et laïques, qui a réussi à intégrer un univers académique et scientifique occupé par des hommes, surtout des religieux et des médecins. Tantôt le caractère laïque et public a favorisé l'entrée des hygiénistes dans l'arène universitaire, sous la tutelle des médecins, tantôt le caractère religieux des communautés hospitalières a favorisé l'entrée des femmes dans les institutions universitaires. Ainsi les Sœurs Grises ont-elles été parmi les premières à occuper les postes de direction de l'enseignement universitaire de perfectionnement aux infirmières, dans les secteurs de l'éducation, de l'administration et du nursing proprement dit. C'est dire l'impact qu'elles ont pu avoir sur l'ensemble de l'institution universitaire à un moment où très peu de femmes pouvaient encore y avoir accès. À cet égard, on peut dire des infirmières qu'elles ont ouvert la voie de l'université à un bon nombre d'autres femmes et qu'elles ont fourni un des premiers modèles de carrière académique féminine.

Au tournant du XIXe siècle, le mouvement de réforme a joué un rôle déterminant dans l'ouverture d'un domaine nouveau, celui de l'hygiène, en structurant la première pratique professionnelle laïque des infirmières. Les débats qui ont eu lieu dans le mouvement de réforme sur le nursing ont permis de dégager les lignes de force d'une formation propre dont les hygiénistes ont été les premières bénéficiaires. L'alliance de ces dernières avec des médecins influents dans le mouvement laïque de réforme leur ont permis d'implanter au Québec une formation supérieure dans les institutions universitaires montréalaises, autant à l'Université de Montréal qu'à McGill au début des années 1920. Elles ont ainsi réussi à transférer les savoirs infirmiers, acquis dans les écoles d'hôpitaux et pratiqués dans les services privés ou publics de soins, au sein d'une discipline universitaire, l'hygiène, que peu de gens ont remise en cause et qui donne accès à une profession à part entière.

L'accès rapide au statut de discipline autonome au sein d'une école où médecins et infirmières sont formés ensemble garantit le maintien de ce champ et son déploiement. Outre une carrière dûment reconnue, la formation en hygiène reste une voie royale d'accès au domaine florissant de nos jours de la santé publique et communautaire. Les hygiénistes ont réussi à définir un profil particulier d'infirmières, permettant ainsi à nombre d'entre elles de poursuivre une carrière professionnelle autonome dès l'ouverture de l'École dans les années 1920, poussant par là même la formation générale en nursing à évoluer.

Si le secteur de l'hygiène trouve son épanouissement dans les premiers moments de la laïcisation de la santé, le nursing au contraire se déploie avec les religieuses. Aux postes de commande de la formation et des services infirmiers dans la plupart des hôpitaux du Québec au début du XXᵉ siècle, ce sont elles qui ont érigé la structure d'un enseignement universitaire en nursing à l'Université de Montréal. Les Sœurs Grises de Montréal mettent sur pied les premiers cours universitaires en nursing, pour lesquels elles demandent une institution autonome. L'Institut Marguerite d'Youville sert d'abord de lieu de formation des religieuses travaillant déjà dans le système de santé et de tremplin pour une nouvelle génération qui désire y entrer. Il est le lieu central, sinon unique, de la formation universitaire pour les infirmières franco-catholiques. L'argument avancé par les Sœurs Grises est qu'il faut rattraper le retard des institutions de formation des infirmières par rapport aux écoles anglo-protestantes du Canada. De fait, elles obtiennent plus rapidement que leurs consœurs canadiennes l'aval de l'archevêché et de l'Université de Montréal pour créer des programmes et une institution autonomes. Ainsi s'explique la création de la Faculté des sciences infirmières à l'Université de Montréal. Cette situation particulière au Québec, entretenue par les rapports étroits entre les autorités religieuses, hospitalières et académiques, explique en partie leur succès. Elles ouvrent ainsi la porte à un enseignement supérieur des sciences infirmières qui essaime partout dans la province. L'École des sciences infirmières de l'Université Laval est créée en 1967 ; en 1972, la School for Graduate Nurses de l'Université McGill devient School of Nursing ; l'Université de Sherbrooke et les composantes de l'Université du Québec (UQTR, UQAC, UQAR, UQAH, UQAT) offrent des programmes de perfectionnement en sciences infirmières depuis les années 1970[1] et certaines universités offrent des programmes de baccalauréat de base en l'an 2000.

Toutefois, la stratégie des Sœurs Grises bute dès la fin des années 1940 sur la question de l'ouverture de leur enseignement à d'autres spécialistes (ou à d'autres congrégations, comme les Hospitalières de Saint-Joseph par exemple) et à un plus grand nombre d'étudiants (laïques). Et ce même si elles créent à l'IMY un baccalauréat de base avec des savoirs propres et de nouvelles spécialités en nursing en 1962, après avoir fait reconnaître leurs programmes de perfectionnement en administration et en enseignement pour les praticiennes. Ce programme n'est pas accessible aux finissantes des écoles d'hôpitaux et crée un fossé profond entre les formations infirmières existantes dans les écoles d'hôpitaux et celle qui est donnée à l'université. Aucune passerelle entre les deux n'est prévue, ce qui contribuera à accentuer le malaise au sein de la profession. Ce sont ces limites qui apparaissent clairement avec la démocratisation et la laïcisation du système d'éducation à partir des années 1960. Les Sœurs Grises devront quitter la direction de la Faculté qu'elles ont contribué à fonder, même si leur influence reste prépondérante dans tous les domaines de son activité.

Plus généralement, les Sœurs Grises et les hygiénistes ont ouvert une brèche pour les femmes dans un système universitaire qui leur était largement réfractaire. Avec la pleine reconnaissance institutionnelle, la nouvelle Faculté de nursing compte le plus grand nombre de femmes étudiantes à l'université, depuis qu'elle s'est approprié

1. André PETITAT, *Les infirmières. De la vocation à la profession*, Montréal, Boréal, 1989, p. 214 ; Olive Goulet, *La profession infirmière : valeurs, enjeux, perspectives*, Boucherville, Gaétan Morin éditeur, 1993, p. 180-181.

l'enseignement en santé publique en 1964. Johanne Collin, qui a étudié la dynamique des rapports de sexes à l'Université de Montréal de 1940 à 1980[2], indique que, au sein des facultés professionnelles, les programmes de santé publique sont les plus fréquentés par la clientèle féminine, qui est en grande partie constituée d'infirmières diplômées jusqu'en 1960. Le secteur de la santé publique est suivi de près par celui de la technologie médicale et des sciences infirmières. Pour la période qui va de 1960 à 1980, on trouve davantage de femmes dans le secteur des sciences infirmières depuis l'intégration de la santé publique à la Faculté, suivie par le secteur de la réadaptation, de la diététique, etc. Il s'agit là d'une véritable ouverture de l'enseignement supérieur aux femmes; limitée certes et plus tardive au Québec qu'ailleurs. C'est pourquoi les analystes parlent souvent de rattra- page[3]. Toutefois, cette histoire de cas montre l'innovation que cons- titue l'ouverture de facultés presque exclusivement féminines. La créa- tion de ces différents programmes et instituts, fondés à l'origine sur des savoirs exclusivement féminins, est largement le fait des reven- dications féminines avancées par des organisations maternalistes dans les années 1920 et 1930. Cette stratégie, souvent critiquée comme conservatrice par certaines historiennes féministes, aboutit néanmoins à ouvrir aux femmes de nouveaux espaces d'intervention, dans les milieux professionnels en particulier[4]. Cette étude le confirme encore, pour ce qui concerne une revendication féministe essentielle, celle de l'accès à l'enseignement supérieur. Le rôle des religieuses dans ce pro- cessus, déjà fort bien décrit par Nicole Laurin, Nadia Fahmy-Eid et Danielle Juteau, y est essentiel. Les Sœurs Grises ont contribué à la réforme du nursing au Québec et permis l'accès, limité certes à quel- ques centaines d'étudiantes, à l'éducation supérieure des filles.

2. Johanne COLLIN, «La dynamique des rapports de sexes à l'université 1940- 1980: une étude de cas», *Histoire sociale,* vol. XIX, n° 38, novembre 1986, p. 373.

3. Pierre DANDURAND, Marcel FOURNIER et Léon BERNIER, «Développement de l'enseignement supérieur, classes sociales et lutte nationales au Québec», *Sociologie et sociétés,* vol. 12, n° 1, avril 1980, p. 101-132; Micheline DUMONT et Nadia FAHMY-EID, *Les Couventines. L'éducation des filles au Québec dans les congrégations religieuses enseignantes, 1840-1960,* Montréal, Boréal, 1986.

4. Yolande COHEN, *Profession infirmière. Une histoire des soins dans les hôpitaux du Québec,* Montréal, Les Presses de l'Université de Montréal, 2000.

Il en va différemment de la reconnaissance académique d'une discipline, qui est fondée sur d'autres critères. L'examen du concept de discipline par les historiens et les sociologues des sciences a, comme le soulignent Keating et Cambrosio dans un article sur le cas de la « chronobiologie[5] », été souvent cantonné à une analyse institutionnelle. La discipline y est conçue comme un espace distinct de production et de transmission d'un savoir spécifique, et un espace d'évaluation et de reconnaissance autonome[6]. Or, selon cette conception, la discipline infirmière existe bel et bien comme processus de création et de reproduction, même si cet espace ne fait qu'émerger au Québec[7]. La Faculté doit démontrer sa capacité à faire valider cette discipline dans l'univers académique tant au plan institutionnel qu'au plan des savoirs. Elle devra également savoir communiquer les résultats des recherches réalisées au sein de cette discipline pour la rendre crédible aux yeux des institutions académiques et du public en général. Comme toute discipline professionnelle, elle doit conquérir sa légitimité par sa pertinence sociale, qui lui est déjà largement acquise, et grâce à sa crédibilité et à son efficacité comme profession soignante.

La discipline, et partant les institutions qui l'incarnent comme les facultés de sciences infirmières, devra-t-elle se dépouiller de toutes ses références à la culture féminine ou aux savoirs féminins et confessionnels pour faire la preuve de la validité (neutralité) académique des sciences infirmières ? Cette question, qui a déjà été soulevée dans les années 1940 et partiellement résolue par la décision d'inclure le masculin dans la terminologie de l'Ordre, reste entière. En effet, plus de cinquante ans plus tard, la mixité reste un problème dans une profession encore majoritairement féminisée. La question est de savoir si le *care,* qui en est le fondement, peut être délié du genre féminin (et de la domination masculine). Or c'est tout un travail de transformation de la culture académique qui devra être mené[8]. Également,

5. Alberto CAMBROSIO et Peter KEATING, « The Disciplinary Stake : The Case of Chronobiology », *Social Studies of Science*, vol. 13, 1983, p. 323-353.
6. Yves GINGRAS, « L'institutionnalisation de la recherche en milieu universitaire et ses effets », *Sociologie et sociétés*, vol. XXIII, n° 1, printemps 1991, p. 41-54.
7. Esther LAMONTAGNE, « Savoirs infirmiers et professionnalisation », communication présentée dans le cadre du colloque en hommage à Nadia FAHMY-EID « Enjeux et promesses de l'histoire des femmes », UQAM, 30 novembre 2001.
8. C'est la conclusion d'Eileen Sellers qui a mené une étude sur la perception du nursing chez les membres de la communauté universitaire (hors nursing). Bien

c'est ici qu'une étude historique approfondie de la constitution de la discipline, *disciplinary form* selon les termes de Keating et Cambrosio, en opposition à *disciplinary stake*[9], pourra éclairer davantage les enjeux disciplinaires (comme processus institutionnel) et les préjugés auxquels la Faculté est confrontée.

Cet ouvrage veut précisément mettre l'accent sur cet aspect de la constitution de la discipline au Québec. Les héritières des Sœurs Grises ont parié sur la formation académique des infirmières comme l'élément déterminant de la nouvelle réforme du système de santé et ont dû faire des compromis pour y parvenir. La Faculté de nursing ayant été créée en 1962, et le rassemblement en son sein des principaux programmes de formation universitaire francophones pour infirmières, achevée en 1967, ses dirigeantes veulent définir une vision de la formation infirmière qui guide l'ensemble de leurs enseigne-ments. À ce titre, l'abandon de l'hygiène comme formation spécialisée des infirmières par la Faculté à la fin des années 1960 à d'autres unités de l'Université marque l'abandon d'une conception jusque-là domi-nante du nursing, où l'hygiène formait la clé de voûte de cette forma-tion. En effet, les dirigeantes de la Faculté font le pari d'une formation au baccalauréat général pour les infirmières ; elles abandonnent un secteur où la demande est forte et où leur expertise est déjà établie et reconnue, même si la Faculté suit le mouvement en faveur d'un bacca-lauréat général. Contraintes à ce choix par la séparation effectuée entre le secteur de l'hygiène et le nursing, les dirigeantes de la Faculté tentent de garder certains cours d'hygiène dans le programme général, mais la spécialité en hygiène leur échappe désormais.

---

que le baccalauréat de base ait été accepté comme formation préalable à la pratique infirmière en Australie depuis 1986, le nursing apparaît comme un nuage nébuleux, athéorique, aux académiciens, résultat d'une ignorance de pratique scientifique en nursing et du manque de communication de ces travaux dans l'univers universitaire général. Eileen T. SELLERS, « Images of a New Sub-Culture in Australian University : Perceptions of Non-nurse Acade-mics of the Discipline of Nursing », *Higher Education,* 43, 2002, p. 172.

9. Ils conçoivent la discipline non pas comme un champ, mais la situent *with respect to the field.* Par là, le processus de disciplinarisation est un enjeu parmi d'autres, au sein du champ. Ces auteurs font une distinction entre le processus de disciplinarisation (*disciplinary stake*) et la constitution de la discipline (*disci-plinary form*). Voir Alberto CAMBROSIO et Peter KEATING, « The Disciplinary Stake : The Case of Chronobiology », *op. cit.,* p. 327.

L'histoire particulière de ce secteur qui fut celui des pionnières du nursing confirme sa forte autonomie. Le choix en faveur de l'École d'hygiène de l'Association des infirmières hygiénistes diplômées de l'Université de Montréal montre leur attachement à leur spécialité plutôt qu'à la Faculté de nursing. Pour la Faculté, au tournant des années 1970, la perspective d'intégrer l'hygiène publique dans le baccalauréat général a pour but de consolider le projet de baccalauréat. On revient à l'organisation précédente, où les infirmières hygiénistes étaient formées ailleurs au sein des programmes de l'Éducation permanente. La Faculté ne détient pas le monopole de la formation universitaire des infirmières et perd alors une clientèle non négligeable d'étudiantes.

La Faculté met plutôt l'accent sur la formation initiale de l'infirmière généraliste au baccalauréat, sur la formation de cliniciennes spécialisées à la maîtrise et sur la recherche scientifique subventionnée. Le développement des savoirs devient l'une des composantes essentielles de ses activités. Les travaux des professeurs et des étudiants en maîtrise contribuent à la formalisation des connaissances et au développement de la science infirmière, malgré les importantes compressions budgétaires qui lui sont imposées et l'épineuse question de la transformation du corps professoral. Il s'agit véritablement de faire une brèche dans le milieu de la recherche scientifique. Car si les fonds obtenus par les chercheurs de la FSI ne permettent pas de voir la recherche infirmière comme une activité majeure à l'Université de Montréal jusqu'au début des années 1990, elle n'en est pas moins fortement encouragée par la direction qui, à partir de cette date, valorise les profils de chercheurs au sein du corps professoral et promeut la formation de chercheurs.

Les savoirs infirmiers : un ensemble de connaissances

La constitution d'un programme complet, au sein d'une école unique, la Faculté de nursing, avec le baccalauréat de base a soulevé passions et confrontations. Son réaménagement ultérieur reflète un contexte sanitaire et sociopolitique différent où la réalisation des objectifs propres à une autre génération d'infirmières (une formation professionnelle de base à l'université) est à l'ordre du jour. La question de la nature des savoirs enseignés dans ce programme et dans ces nouvelles institutions de savoirs devient donc très vite centrale.

On a vu comment les savoirs formalisés à la fin du XIXe siècle par Florence Nightingale s'appuient sur les qualités féminines de maternage. Selon cette dernière, la réforme des soins infirmiers consiste à intégrer les préceptes de l'hygiène de l'époque et, par le *character training*, à mettre en valeur quelques-unes des qualités qu'on attribuait à une catégorie de femmes éduquées. Le comportement, l'organisation et l'éducation deviennent ainsi des compétences infirmières et hygiénistes. Les infirmières de la première moitié du XXe siècle, religieuses et laïques, se sont appuyées sur ces savoirs pour l'ouverture d'un champ de connaissances et de compétences à transmettre et à développer. Elles ont, au cours du XXe siècle, formalisé certains aspects implicites et pratiques des soins infirmiers, en référence aux concepts alors en vigueur en psychologie.

Notre analyse des programmes de la Faculté et des recherches qui y ont été réalisées nous permet de définir les contours de ces savoirs. Les religieuses et les laïques à la direction des écoles d'infirmières et des services infirmiers ont, grâce à l'observation de la pratique quotidienne de soin, repris ces formulations sur les aptitudes et qualités naturelles des femmes comme soignantes. Mais, contrairement à Nightingale, les Sœurs Grises au sein de l'IMY, par exemple, inventorient les qualités requises des infirmières, définissent une compétence particulière et formulent une série de tâches à effectuer sous forme de procédure. Et même si elles intègrent dans la procédure technique les éléments d'attention et de réconfort recommandés par Nightingale, leur méthode de soin requiert également des éléments théoriques de formation.

Cette formulation des théories infirmières est approfondie dans le cadre académique, notamment à l'Université de Montréal, où les Sœurs Grises ont imprimé leur marque. D'inspiration américaine surtout, ces écoles de pensée infirmière sont marquées, tour à tour et selon les périodes, par la prédominance de la psychologie (Peplau, 1952), des sciences biologiques, puis des sciences humaines, en particulier de l'anthropologie (Leninger, entre autres). La relation d'aide, le processus de soins, l'orientation vers les âges de la vie (par rapport aux cas pathologiques de la médecine) et la personnalisation des soins définissent désormais les savoirs infirmiers propres. Le concept de *caring*, qui précise plus spécifiquement encore l'apport infirmier aux soins de santé, permet de le démarquer plus nettement des autres professions sanitaires (psychologue, travailleur social, etc.).

Il est paradoxal de noter qu'en tentant de fonder la discipline des sciences infirmières sur le *caring* les tenants de ce concept ont réalisé la quadrature du cercle. En réhabilitant la pratique infirmière comme un don de soi (la relation transpersonnelle), exprimé un siècle plus tôt par le dévouement, qu'il soit maternel, charitable, religieux ou aujourd'hui humaniste et holiste, n'opère-t-on pas un retour aux principes de départ? À moins qu'en fait ces valeurs soient restées des constantes liées au caractère sexué de la pratique infirmière depuis les réformes du siècle dernier.

Car, si les compétences et la spécificité infirmières relèvent maintenant des connaissances publiques et d'un savoir formalisé, et non plus d'une expertise implicite et privée à caractère féminin, comment expliquer la forte concentration de femmes dans ce secteur professionnel? Cette profession ne peut-elle échapper à son histoire? Compte tenu des changements intervenus dans des disciplines connexes comme l'hygiène, on dira plutôt qu'elle reflète bien les divisions contemporaines de la société, où les identités de genre marquent encore la fonction. L'humanité et la relation d'aide représentent encore des valeurs davantage féminines. Ce sont ces valeurs qui sont expérimentées et théorisées au sein de la discipline. L'activité de recherche scientifique donne ainsi aux infirmières la légitimité de mesurer et valider les impacts de cette pratique et d'en développer les applications sur tous les plans.

Confrontées au morcellement et à l'hyperspécialisation qui marquent le système de santé depuis les années 1960, les sciences infirmières doivent en même temps définir leur spécificité et justifier leur importance. Ce qu'elles ont incontestablement réussi à faire.

La question qui reste posée est celle de la valorisation globale de cette profession et de la discipline qui la sous-tend. Danielle Juteau et Nicole Laurin dressent un portrait plutôt sombre de leur situation: «[...]à une conception des soins comme "un engagement de la personne au service d'autres personnes" façonnée et exercée par des femmes (qui dirigeaient aussi les institutions à cette époque) se substitue une conception du travail comme marchandise comme à l'usine sous la direction d'hommes. En quittant le modèle dit traditionnel de l'institution hospitalière au Québec, on a aussi laissé de côté un cadre moral et une rationalité religieuse qui offraient une certaine reconnaissance du soin, au profit d'une rationalité technocratique qui en tient moins compte, parce que difficilement quantifiable[10]. » En fait, du point de vue des communautés religieuses et d'une certaine manière de celui des infirmières des seconde et troisième générations, ce constat est certainement vrai. Il reste que, malgré cette commodification des soins qui les intègre davantage au marché courant de consommation, les infirmières ont su tirer leur épingle du jeu en se rendant incontournables pour rendre le service par excellence sur lequel tout l'édifice de santé est construit, le soin aux patients. En se faisant, comme femmes, les porteuses des valeurs humanistes ou de *caring*, elles consolident leur contribution propre dans les équipes de soin pluridisciplinaires. Par ailleurs, la féminisation des autres professions de santé, comme la médecine et la pharmacie, rendent plus floues les frontières interprofessionnelles et la distinction entre *caring* et *curing*. À l'inverse, la mixité tant espérée parmi les « infirmières » changera-t-elle fondamentalement la nature des savoirs et l'exercice du soin? Pour l'heure, force est de constater que la pénurie chronique d'infirmières dans l'ensemble des systèmes de santé occidentaux montre à quel point elles se sont rendues indispensables. Profession pivot sur lequel le système de santé est bâti, le nursing a encore de beaux jours devant lui, quelles que soient les crises qu'il traverse, même si ce type de reconnaissance sociale ne suffit plus.

Des perspectives de développement

Les savoirs infirmiers véhiculés depuis les trente-cinq dernières années à la FSI sont marqués en aval et en amont par la nécessité de cerner la nature et les frontières des soins infirmiers et de la discipline infirmière. On est passé du nursing des années 1960, comme pratique soignante auprès du malade souffrant ou comme éducation de pratiques de santé, vers un exercice infirmier professionnel dans les années 1970, centré sur les besoins de santé des personnes quel que soit le milieu de soin. Les années 1980 sont marquées par la constitution d'une science infirmière centrée sur le processus de recherche et sur l'examen des dimensions surtout psychosociales des expériences

---

10. Danielle JUTEAU et Nicole LAURIN, « La sécularisation et l'étatisation du secteur hospitalier au Québec de 1960 à 1966 », dans Robert COMEAU *et al.*, *Jean Lesage et l'éveil d'une nation: les débuts de la révolution tranquille*, colloque sur les leaders politiques du Québec contemporain (1988), Sillery, Presses de l'Université du Québec, 1989, p. 160.

des personnes ou des familles. La contribution des professeurs de la Faculté à la définition de la discipline infirmière amorcée au cours des années 1980 s'intensifie durant les années 1990 (publications académiques, programme de doctorat, développement des concepts et de l'école du *caring* en sciences infirmières).

L'analyse des données révèle une croissance constante du nombre de recherches subventionnées et de publications, et reflète l'effort d'inscrire enseignement et recherche dans une perspective disciplinaire. La Faculté des sciences infirmières de l'Université de Montréal se démarque par cette préoccupation conceptuelle et disciplinaire proche du courant américain exprimé notamment dans *La pensée infirmière* (Kérouac *et al.*, 1994), alors que la School of Nursing de l'Université McGill s'engage, dans les années 1970, à créer et raffiner un modèle de pratique centré sur le client-famille et sur le processus de santé[11] qui seront à la base de ses enseignements et recherches. Par ailleurs, l'École, puis la Faculté des sciences infirmières de l'Université Laval se préoccupe surtout de la dimension professionnelle des sciences infirmières au sein des sciences de la santé[12]. Ces trois facultés ou écoles partagent une préoccupation commune face aux impératifs contextuels de la discipline, à partir de points de vue différents.

Les résultats de notre recherche sur les savoirs concordent avec ceux de Goettlieb[13] qui a présenté une classification des publications en sciences infirmières depuis 1970 en quatre volets (éducation, conceptualisation de la pratique, expansion des perspectives et production des nouveaux savoirs au profit de la pratique). Selon cette auteure, ce sont les recherches sur les aspects éducationnels qui font l'objet des premières publications. À ce moment-là, Judith Ritchie (aujourd'hui directrice de la recherche au CUSM-McGill) lance un cri de ralliement en faveur de la recherche clinique. Vers les années 1980, apparaissent des publications qui mettent l'accent sur la nature et les contours de la pratique infirmière. C'est aussi au cours de cette décennie que l'Association des infirmières canadiennes précise ses orientations pour le développement de la recherche infirmière au Canada. Il apparaît

11. Dans la foulée de la redéfinition du système de santé et de l'ouverture des CLSC.
12. Voir Olive GOULET et Clémence DALLAIRE, *Soins infirmiers et société*, Boucherville, Québec, Gaëtan Morin, 1999.
13. *Canadian Journal of Nursing Research,* 1999.

clairement que la production des savoirs infirmiers, bien qu'ancrée dans l'institution universitaire, embrasse largement les prérogatives de la profession et tente de répondre à ses besoins.

L'évolution de la recherche en sciences infirmières au cours des dernières décennies nous conduit aujourd'hui à caractériser « la recherche comme étant au service de la pratique ». Cette tendance dépasse la FSI et s'inscrit dans une perspective nord-américaine. Les recherches réalisées au cours des dernières décennies, on l'a vu, ont pour finalité la santé en améliorant la qualité, l'efficacité et l'efficience des soins infirmiers dans le système de santé. Ces recherches visent une compréhension des expériences et des phénomènes liés à la santé qui se manifestent à travers les différentes étapes de la vie ; le développement et l'évaluation des interventions infirmières auprès de personnes ou de groupes spécifiques ; ainsi que l'organisation des soins et services infirmiers et des environnements de soins qui contribuent à favoriser la santé des personnes, des familles, des groupes ou de la communauté.

Ces recherches viennent enrichir les enseignements aux divers cycles d'études et fournissent des occasions de collaborations nouvelles entre étudiants, professeurs, chercheurs, infirmières des milieux de pratique, gestionnaires et décideurs. À cette fin, des modèles de concertation sont proposés de manière à ce que les résultats de recherche soient portés le plus rapidement possible vers la pratique[14]. La concertation entre ces différents milieux apparaît essentielle au développement de nouveaux savoirs.

Toutefois, l'on craint une certaine érosion de la théorie en milieu infirmier. N'y a-t-il pas aussi une pénurie de nursing (comme le prétend Goettlieb dans un de ses éditoriaux) ? Serions-nous entrés dans

---

14. Maureen DOBBINS, Donna CILISKA et Alba DICENSO, « Dissemination and Use of Research Evidence for Policy and Practice : A Framework for Developing, Implementing and Evaluating Strategies ». A Report prepared for the Dissemination and Utilization Model Advisory Committee of the Canadian Nurses' Association and Health Canada, 1998 ; Francine DUCHARME et Diane SAULNIER, « La recherche contribue-t-elle à influencer la pratique professionnelle ? », Actes du colloque « La gériatrie : une jeune tradition », Institut universitaire de gériatrie de Montréal, octobre 1998 ; Alba DICENSO, « Clinically Useful Measures of the Effects of Treatment », *Evidence-Based Nursing*, 2001, 4, p. 36-39.

une phase de méconnaissance du caractère fondamental des soins infirmiers ? Le nursing se serait-il trop médicalisé (comme en font état certaines publicités internationales) ? Les soins infirmiers ne sont pas *glamour* et c'est dans les rôles médicaux qu'il faut exceller. Comment faire face à tous ces défis ?

Au Québec, la lutte pour le statut académique et pour la reconnaissance sociale des savoirs infirmiers demeure ainsi à l'ordre du jour. Les discussions engagées avec les autres disciplines sont certes prometteuses, mais beaucoup de choses sont encore en friche. Les aspects sociopolitiques liés à la santé et entourant la prestation des soins sont une autre source de savoir essentielle à l'évolution des soins infirmiers, s'ajoutant ainsi aux sources empiriques, éthiques, esthétiques et personnelles[15]. Le développement des analyses critiques ouvre la possibilité de construire collectivement les connaissances, de déployer les habiletés et de développer les processus de gestion partagée dont les sciences infirmières ont besoin pour assurer leur plein épanouissement. Au plan institutionnel, la formation infirmière est également à un moment charnière de son histoire. La division ancienne entre le baccalauréat de base pour une minorité d'infirmières et le programme collégial pour la majorité d'entre elles est sur le point d'être dépassée. Les travaux actuels, qui visent à l'établissement d'un programme dont la structure intègre les éléments universitaire et collégial, tracent la voie à un nouveau rapport entre les savoirs « élitistes » et techniques. L'ambition de ce projet est de familiariser une majorité d'infirmières praticiennes à un mode de pensée et de valeurs qui imprègne la pratique et les services infirmiers que l'on considère comme « bloqués » par des identités diverses... Mais l'histoire des savoirs infirmiers ne nous apprend-elle pas que ce qui anime la discipline c'est sa constante mise en question et son étonnante capacité à intégrer le changement ?

15. Jill WHITE, « Pattern of Knowing », *Advances in Nursing Science*, 17, 1995, p. 73-86.

Annexes

Structure générale du système d'éducation
au Québec de 1923 à 1967

Niveau supérieur
- Universités
- Institutions d'enseignement
supérieur de même niveau

Niveau secondaire professionnel
- Écoles techniques et professionnelles
(textile, papeterie, etc.)
- Écoles normales

Niveau secondaire général
- Collèges classiques (1re à 8e années secondaires)
- High School 10e et 11e années (1923-1935)
10e-12e années (1935-1967)
- Institutions de l'enseignement primaire supérieur
10e-12e années (1923-1956)

Niveau élémentaire professionnel
- Écoles d'agriculture, écoles d'arts
et métiers
- Centres d'apprentissage

Niveau primaire complémentaire
- 7e et 9e années (1937-1956 ;
en 1956 intégration au niveau secondaire)
- Cours intermédiaires des écoles protestantes
(8e et 9e années)

Niveau primaire élémentaire
- Écoles catholiques publiques
(1re à 6e années)
- Écoles élémentaires protestantes
(1re à 7e années)

Annexe 2
Structure du système d'éducation
pour les filles de 1923 à 1940

Niveau supérieur
- Universités : certains programmes seulement au sein de facultés, comme celui de l'École d'hygiène sociale appliquée de la Faculté de médecine de l'Université de Montréal, ou le programme de la School of Household Science à la Faculté d'agriculture de l'Université McGill
- Institutions d'enseignement supérieur de même niveau, l'Institut Marguerite d'Youville par exemple

Niveau secondaire général
- Collèges classiques féminins
- Cours Lettres-Sciences
- High School 10e et 11e années (1923-1935) 10e à 12e années (1935-1940)

Niveau primaire complémentaire
- Pensionnat (7e et 8e années)
- Cours intermédiaires des écoles protestantes (8e et 9e années)

Niveau élémentaire professionnel
- Écoles ménagères, écoles d'infirmières, écoles commerciales, écoles normales

Niveau primaire élémentaire
- Écoles catholiques publiques (1re-6e années)
- Écoles élémentaires protestantes (1re-7e années)

Annexe 3
Structure du système d'éducation
pour les filles de 1940 à 1967

Niveau supérieur
- Universités : certains programmes seulement au sein de facultés,
comme celui de l'Institut de diététique et de nutrition (1942)
à la Faculté de médecine de l'Université de Montréal
- Institutions d'enseignement supérieur de même niveau, l'École
de pédagogie familiale affiliée à l'Université de Montréal par exemple

Niveau secondaire professionnel
- Écoles d'infirmières, écoles
ménagères, écoles commerciales,
instituts familiaux, écoles normales

Niveau secondaire général
- Collèges classiques féminins
- High School (10e à 12e années)
- Institutions de l'enseignement primaire
supérieur 10e à 12e années (1937-1956)
8e à 12e années (1956-1967)

Niveau primaire complémentaire
- Pensionnat (8e et 9e années)
- Cours intermédiaires
des écoles protestantes
(8e et 9e années)

Niveau élémentaire professionnel
- Écoles ménagères

Niveau primaire élémentaire
- Écoles catholiques publiques
(1re à 6e années)
- Écoles élémentaires protestantes
(1re à 7e années)

Annexe 4
Origines et parcours académiques des infirmières
à l'Université de Montréal de 1923 à 1967

Niveau supérieur 2
Deuxième cycle universitaire
Programme de maîtrise à la Faculté de nursing (1964-   )

Niveau supérieur 1
Premier cycle universitaire

Cours de perfectionnement
• en diététique à la Faculté de médecine
(1923-1925)
• en administration et en enseignement des
soins infirmiers à la Faculté de médecine
(1923-1925), puis à l'Institut Marguerite
d'Youville (1934-1967)
• en hygiène à la Faculté de médecine (1925-
1949), à l'École d'hygiène (1949-1964), puis
à la Faculté de nursing (1964-1967)
• en spécialités cliniques à l'Institut
Marguerite d'Youville (1958-1967)

**Programme de baccalauréat
en sciences infirmières**
à l'Institut Marguerite d'Youville
(1962-1967)

Niveau secondaire professionnel
• Écoles d'infirmières en milieu hospitalier

Niveau secondaire général
• Cours primaire supérieur (1939-1956) ;
cours secondaire (1956-1967)
• High School
• Cours Lettres-Sciences
• Collèges classiques féminins

Annexe 5
Le système d'éducation public après 1967

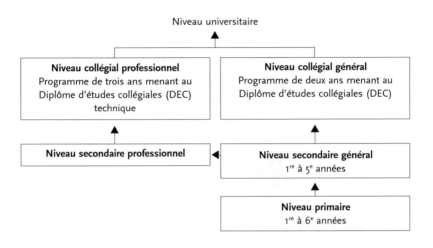

Niveau universitaire

Niveau collégial professionnel
Programme de trois ans menant au
Diplôme d'études collégiales (DEC)
technique

Niveau collégial général
Programme de deux ans menant au
Diplôme d'études collégiales (DEC)

Niveau secondaire professionnel

Niveau secondaire général
1re à 5e années

Niveau primaire
1re à 6e années

Annexe 6
Origines et parcours académiques des infirmières
à l'Université de Montréal de 1967 à 2000

NIVEAU UNIVERSITAIRE

Troisième cycle
• Programme de doctorat à la
Faculté des sciences infirmières
(en collaboration avec l'École de nursing
de l'Université McGill) (1993-)

Deuxième cycle
• Programme de maîtrise à la Faculté
des sciences infirmières
• Diplôme d'études supérieures spécialisées
à la Faculté des sciences infirmières (1996-)

Premier cycle

• Programme de certificat
à la Faculté de nursing
• Programme de certificat au Service
de l'éducation permanente (1967-1974) ;
puis à la Faculté de l'éducation
permanente (1974-)
• cheminement spécifique à l'intérieur
du programme de baccalauréat

• Programme de baccalauréat
à la Faculté des sciences infirmières

Niveau collégial professionnel
• Diplôme d'études collégiales
en techniques infirmières

Niveau collégial général
• Diplôme d'études collégiales
en sciences de la santé

Annexe 7
Baccalauréat ès sciences infirmières - section de base (1962-1963)

MATIÈRES FONDAMENTALES

Philosophie	**10 crédits**
Logique	2 cr.
Philosophie de la nature	4 cr.
Morale	4 cr.
Sciences religieuses	**6 crédits**
Théologie professionnelle	4 cr.
Morale professionnelle	2 cr.
Français	**10 crédits**
Stylistique	3 cr.
Littérature	6 cr.
Expression verbale	1 cr.
Sciences humaines	**15 crédits**
Psychologie	6 cr.
Sociologie et doctrine sociale	9 cr.
Sciences physiques et biologiques	**29 crédits**
Chimie générale	6 cr.
Physique	3 cr.
Biologie	6 cr.
Physiologie	6 cr.
Nutrition	4 cr.
Microbiologie	4 cr.

MATIÈRES PROFESSIONNELLES

Orientation au nursing	10 cr.
Nursing général (médical et chirurgical)	16 cr.
Soins à la mère et à l'enfant	15 cr.
Hygiène mentale et nursing en psychiatrie clinique	10 cr.
Nursing en hygiène publique	10 cr.
Nursing avancé (médical et chirurgical)	18 cr.
Séminaires en nursing	4 cr.
Administration et enseignement en nursing	7 cr.

RÉPARTITION DES COURS

Première année		**Deuxième année**	
Philosophie	4 crédits	Philosophie	6 crédits
Théologie professionnelle	2 cr.	Français	6 cr.
Biologie	6 cr.	Psychologie	3 cr.
Chimie	6 cr.	Théologie professionnelle	2 cr.
Physique	3 cr.	Physiologie	6 cr.
Microbiologie	4 cr.	Nutrition	4 cr.
Orientation au nursing	10 cr.	Nursing général (médical et chirurgical)	16 cr.

Troisième année		**Quatrième année**	
Morale professionnelle	2 crédits	Français	4 crédits
Psychologie	3 cr.	Sociologie	6 cr.
Sociologie	3 cr.	Nursing avancé (médical et chirurgical)	18 cr.
Soins à la mère et à l'enfant	15 cr.	Séminaires en nursing	4 cr.
Hygiène mentale et nursing psychiatrique	10 cr.	Surveillance et enseignement en nursing	7 cr.
Nursing en hygiène publique	10 cr.		

Baccalauréat ès sciences infirmières - section pour les infirmières

MATIÈRES FONDAMENTALES

Philosophie	**10 crédits**
Logique	2 cr.
Philosophie de la nature	4 cr.
Morale	4 cr.
Métaphysique (facultatif)	2 cr.
Histoire de la philosophie (facultatif)	2 cr.

Français	**10 crédits**

Sciences religieuses	**6 crédits**
Théologie professionnelle	4 cr.
Morale professionnelle	2 cr.

Sciences humaines	**15 crédits**
Psychologie dynamique, sociale et éducative	6 cr.
Sociologie	2 cr.
Doctrine sociale	4 cr.
Initiation à l'économique	1 cr.
Législation sociale	1 cr.
Civisme	1 cr.

Sciences physiques et biologiques   **15 crédits**
Chimie générale   6 cr
Chimie physiologique   4 cr
Physique   3 cr.
Physiologie   2 cr.

MATIÈRES PROFESSIONNELLES

Nursing général   **12 crédits**
Nursing de prévention   3 cr.
Pathologie et soins
(médecine et chirurgie)   6 cr.
Nursing de réhabilitation   3 cr.

Principes de surveillance et d'enseignement clinique   **5 crédits**
Orientation professionnelle   1 cr.
Surveillance clinique   2 cr.
Enseignement clinique   2 cr.

Initiation à la recherche   **7 crédits**
Méthodologie de la recherche   1 cr.
Statistiques   1 cr.
Projet de recherche   3 cr.
Séminaires   2 cr.

Option en nursing   **10 crédits**
Au choix
Administration en nursing   **10 crédits**
Organisation et direction de l'hôpital   2 cr.
Principes d'administration   1 cr.
Administration du service de nursing à l'hôpital   2 cr.
Administration des écoles d'infirmières   2 cr.
Administration du nursing en hygiène publique   1 cr.
Stage   2 cr.
ou
Enseignement en nursing   **10 crédits**
Méthodologie générale   2 cr.
Organisation du programme d'études   3 cr.
Principes d'administration et administration
des écoles d'infirmières   3 cr.
Méthodologie de l'art du nursing   2 cr.
ou
Pédagogie appliquée   2 cr.
ou
Soins spécialisés   **10 crédits**
Pathologie et soins spécialisés
(dans une spécialité au choix de l'étudiante)   4 cr.
Stage   4 cr.
Cours au choix   2 cr.

Sources : ASGM, IMY, Annuaire général, 1962-1963.

Annexe 8
Baccalauréat ès sciences (nursing)
(1972-1973)

	Cours	Titre	Professeurs	Nombre d'heures		Crédits
1re année						
	ANA 151	Anatomie	P. Jean	5-0	0-0	5
	BCH 157	Biochimie	R. Morais	4-0	0-0	4
**	DN 246	Éléments de nutrition	L. Lahaie	2-0	0-0	2
**	DN 248	Diétothérapie	L. Lahaie	0-0	1-0	1
	MIC 184L	Microbiologie	L. G. Mathieu	2-4	0-0	4
	NURS 152L	Orientation au nursing	M. Charlebois en coll.	3-3	0-0	4
***	NURS 153	Nursing médico-chirurgical	M. Clément en coll.	0-0	2-4	2
	NURS 154L	Nursing médico-chirurgical (expérience clinique)	M. Clément en coll.	0-0	2-12	5
	PAT 101L	Pathologie	N . . .	0-0	4-0	4
**	PHY 151	Physiologie humaine	A. Imbach en coll.	2-0	2-0	4
**	PSY 109CS	Psychologie de l'affectivité	G. St-Germain	3-0	0-0	3
**	SOC 157A	Eléments de sociologie	N . . .	2-0	2-0	4
2e année						
***	NURS 260L	Nursing obstétrical	E. Taggart en coll.	5-15	0-0	8
***	NURS 270L	Nursing pédiatrique	F. Fogarty	5-15	0-0	8
	NURS 280L	Nursing en santé communautaire I	P. Baribeau en coll.	6-12	0-0	6
***	NURS 290L	Nursing psychiatrique	D. Durivage en coll.	0-0	5-15	8
**	MATH 137TV	Introduction à la statistique I	M. Bertaud	14 émissions		2
	RI 302S	Éléments d'administration et d'organisation	M. Archambault	0-0	3-0	3
	TH 455.2	Morale professionnelle	G. Durand	0-0	2-0	2
3e année						
	DR 252	Législation	A. Morel en coll.	1-0	0-0	l
	ED 100	Introduction à la pédagogie	R. Tousignant	2-0	2-0	4
***	NURS 352L	Nursing médico-chirurgical	E. Adam	0-0	4-20	10
	NURS 380L	Nursing en santé communautaire	P. Baribeau en coll.	2-0	2-0	4
	NURS 400	Études dirigées	J. Reynolds en coll.	1-0 1	0-2	
	NURS 484	Tendances actuelles en nursing	J. Laurin	3-0	0-0	3
	NURS 488L	Méthodologie de la recherche	M. P. Grégoire	2-0	1-2	3
	PSY 103	Psychologie de l'apprentissage	M. Sabourin	0-0	3-0	3
Cours-options						
	ANTH 202	Initiation à l'anthropologie	L. Vallée	0-0	3-0	3
	EDDO 335	Principes de la mesure et de l'évaluation en éducation	N . . .	0-0	3-0	3
	RI657S	Introduction aux relations du travail	A. Rousscau	0-0	3-0	3
	SOC212	Sociologie de la famille	P. Garigue	3-0	0-0	3
	PHA501	Pharmacie	N . . .	0-0	1-0	l

La répartition des cours et des travaux pratiques est indiquée par le nombre d'heures qui y sont consacrées chaque semaine. Ainsi 3-0 ; 3-6 signifie qu'un cours comporte 3 heures de leçons théoriques au premier et au second semestres ; qu'il ne comporte pas de travaux pratiques au premier semestre, mais en comporte 6 au second.

Les infirmières pourront être exemptées des cours de formation générale suivis avec succès au CÉGEP, si tous les cours se retrouvent au programme du baccalauréat auquel ces candidats sont inscrits. Ces cours sont indiqués par deux astérisques.

En vertu de leur formation professionnelle antérieure, les infirmières admises au programme du baccalauréat à partir de 1972 auront le privilège, si elles le désirent, d'accélérer les cours et stages de nursing indiqués par trois astérisques. La durée du cours peut donc varier de trois à six semestres, ceux-ci devant être complétés en deçà de cinq ans.

Sources : Université de Montréal, Annuaire général, 1972-1973.

Annexe 9
Baccalauréat ès sciences en sciences infirmières
(1983-1984)

Ce programme totalise 100 crédits obligatoires. Le bloc 70 A constitue la première année, le bloc 70 B, la deuxième année et le bloc 70 C, la troisième année.

Sigle du cours	Crédits	Semestre	Groupe	Titre du cours
SEGMENT 70				
BLOC 70 A				34 crédits
ANI 1951	4	A	1	ANATOMIE HUMAINE
BCM 1971	3	AH	1	BIOCHIMIE GÉNÉRALE
MCB 1976	3	A	1	MICROBIOLOGIE
NUT 1967	3	H	1	NUTRITION
PHL 1010	I	H	1	PRINCIPES GÉNÉRAUX EN PHARMACOLOGIE
PSL 1971	4	A	2	ÉLÉMENTS DE LA PHYSIOLOGIE HUMAINE
PSY 1975	3	AH	1	PSYCHOLOGIE DE LA PERSONNALITE
PSY 2976	1	A	1	INITIATION À LA DYNAMIQUE DE GROUPES
+ PTL 1973	2	H	1	PATHOLOGIE GÉNÉRALE
SOI 1162	4	A	1	INTRODUCTION AUX SCIENCES INFIRMIÈRES
SOI 1163	3	H	1	SC. INFIRMIÈRES ET SANTÉ DE L'ADULTE
SOI 1164	3	H	1	EXPÉRIENCE CLINIQUE I
BLOC 70 B				36 crédits
MSN2951	3	A	1	ENVIRONNEMENT ET SANTÉ COMM.
PSY1953	3	AH	1	PSYCHOLOGIE DE L'APPRENTISSAGE
PTL 2976	3	AH	2	PATHOLOGIE SPÉCIALE (SC. INFIRMIÈRES)
SOI 2262	6	A	1	SC. INF. ET SANTÉ DE L'ENFANT ET DE LA FAMILLE
SOI 2263	6	A	1	SC. INFIRMIÈRES ET SITUATIONS DE CRISE
SOI 2262	4	H	1	EXPÉRIENCE CLINIQUE 2
SOI 2263	4	H	1	EXPÉRIENCE CLINIQUE 3
SOI 2284	4	H	1	EXPÉRIENCE CLINIQUE 4
SOL 1967	3	H	1	INITIATION À LA SOCIOLOGIE
BLOC 70 C				30 crédits
MAT 1971	3	AHE	1	INTRODUCTION À LA STATISTIQUE I
SOI 3363	3	A	1	SC. INF. ET PROBL. DE SANTÉ DE L' ADULTE
SOI 3364	9	A	1	EXPÉRIENCE CLINIQUE 5
SOI 3366	3	H	1	SC. INF. ET PERSONNE ÂGÉE
SOI 3370	3	H	1	ORGANISATION DES SOINS INFIRMIERS
SOI 3382	3	H	1	DIMENSIONS SOCIALES DE LA PRATIQUE INF.
SOI 3386	3	H	1	INT. À LA RECHERCHE EN SC. INFIRMIÈRES
SOI 3390	3	H	1	CONCENTRATION CLINIQUE

Sources: Université de Montréal, Annuaire général, 1983-1984.

Annexe 10
Baccalauréat ès sciences en sciences infirmières
(1995-1996)

Ce programme propose deux cheminements :
le cheminement destiné aux titulaires d'un diplôme d'études collégiales comportant les cours de la structure d'accueil des sciences de la santé comprend les segments 01 et 70, avec 102 crédits obligatoires ; le cheminement destiné aux titulaires d'un diplôme d'études collégiales en soins infirmiers (ou techniques infirmières) comprend les segments 01 et 71, avec 69 crédits obligatoires, 12 à option et 9 au choix.
N.B. : certains stages se poursuivent à la suite du trimestre.

Sigle du cours	Crédits	Semestre	Groupe	Titre du cours
SEGMENT 01				
BLOC 01 A OBLIGATOIRE				62 CRÉDITS
MAT 3974	3	AH	1	BIOSTATIQUE ET ÉPIDÉMIOLOGIE
PHI 1960	3	AH	1	PHILOSOPHIE DES SCIENCES DE LA SANTÉ
PHL 1951	2	AH	1	PRINCIPES GÉNÉRAUX DE PHARMACOLOGIE
SOI 1001	3	AH	1	INTRODUCTION À LA DISCIPLINE INF.
SOI 1003	2	AH	1	INITIATION À LA RECHERCHE 1
+SOI 1004	3	AH	1	MÉTHODES DE PRATIQUE INFIRMIÈRE 1
+SOI 1005	3	AH	1	INDIVIDUS, FAMILLES ET COMMUN. SANTÉ 1
+SOI 1006	3	AH	1	INDIVIDUS, FAMILLES ET COMMUN. SANTÉ 2
+SOI 1007	3	AH	1	MÉTHODES D'ÉVALUATION DE LA SANTÉ
+SOI 1008	3	H	1	PRATIQUES DE SOINS 1
+SOI 1101	3	AH	1	SC. BIOL. APPLIQUÉES AUX SC. INF. 1
+SOI 1201	3	AH	1	SC. BiOL. APPLIQUÉES AUX SC. INF 2
+SOI 2004	3	AH	1	MÉTHODES DE PRATIQUE INFIRMIÈRE 2
+SOI 2101	3	AH	1	SC. BIOL. APPLIQUÉES AUX SC. INF. 3
+SOI 2102	3	AH	1	SC. BIOL. APPLIQUÉES AUX SC. INF. 4
+SOI 2200	2	AH	1	DIVERSITÉ CULTURELLE ET SOINS
+SOI 2202	3	AH	1	ÉTHIQUE EN SCIENCES INFIRMIÈRES
+SOI 3001	3	AH	1	ÉCOLES DE LA PENSÉE INFIRMIÈRE
+SOI 3002	3	AH	1	DÉVELOP. DU RÔLE PROFESS. DE L'INF.
+SOI 3003	3	AH	1	INITIATION À LA RECHERCHE 2
+SOI 3004	2	AH	1	INFIRMIÈRES EN SANTÉ
+SOI 3010	3	AH	1	GESTION DES ENVIRONNEMENTS DE SOINS
SEGMENT 70				
BLOC 70 A OBLIGATOIRE				40 CRÉDITS
MCB 1975	2	A	1	MICROBIOLOGIE ET IMMUNOLOGIE
NUT 1959	2	A	1	NUTRITION ET SANTÉ
+SOI 2006	4	A	1	SOINS & EXPÉR. SANTÉ ENFANT & JEUNE FAMILLE
+SOI 2007	3	H	1	PRATIQUES DE SOINS 2
+SOI 2008	3	H	1	PRATIQUES DE SOINS 3

+SOI 3005	4	A	1	SOINS & EXPÉRIENCES DE SANTÉ MENTALE
+SOI 3006	4	A	1	SOINS & EXPÉR. SANTÉ ADULTE & PERS. ÂGÉE
+SOI 3007	3	H	1	PRATIQUES DE SOINS 4
+SOI 3008	3	H	1	PRATIQUES DE SOINS 5
+SOI 3333	12	A	1	PRATIQUES DE SOINS 6

SEGMENT 71

BLOC 71 A OBLIGATOIRE				7 CRÉDITS
+SOI 3332	7	H	1	PRATIQUES DE SOINS 7

BLOC 71 B OPTION				MINIMUM 3 CR., MAXIMUM 6 CR.
+SOI 3206	3	AH	1	SÉNESCENCE ET SOINS INFIRMIERS
+SOI 3209	3	AH	1	SOINS INFIRMIERS AUX MOURANTS
+SOI 3220	3	AH	1	INTERVENTION EN SITUATION DE CRISE
+SOI 3303	3	AH	1	PRATIQUE INF. ET RÉINSERTION SOCIALE
+SOI 3305	3	AH	1	SC. INF. ET ADAPTATION-RÉADAPTATION
+SOI 3306	3	AH	1	SANTÉ DES FEMMES

BLOC 71 C OPTION				MINIMUM 3 CR., MAXIMUM 6 CR.
AEG 2110	3	AHE	1	ENTRAÎNEMENT AU TRAVAIL EN ÉQUIPE
ANT 1950	3	A	1 js	ÉLÉMENTS D'ANTHROPOLOGIE CULTURELLE
CRI 3341	3	AH	1 j	DROGUES ET CRIMINALITÉ
ETA 3145	3	AHE	1	LES MODÈLES D'ENSEIGNEMENT
HEC 3012	3	AHE	1	RELATIONS HUM. ET COMMUNIC. AU TRAVAIL
IFT 1800	3	AHE	1 js	INITIATION À L'INFORMATIQUE
MSN 2510G	3	AHE	1	ENVIRONNEMENT ET PRÉVENTION
POL 3000	3	AH	1 j	GROUPES DE PRESSION, MOUV. SOCIAUX
PSY 1958	3	AHE	1 j	PSYCHOLOGIE SOCIALE

BLOC 71 D OPTION				MINIMUM O CR., MAXIMUM 6 CR.
ANT 1980G	3	AHE	1 s	ANTHROPOLOGIE DE LA SANTÉ
ANT 3055	3	A	1 j	ANTHROPOLOGIE DES PROBLÈMES MÉDICAUX
DRT 2221G	3	AHE	1 js	DROIT DE LA SANTÉ
NUT 1033	2	AH	1	NUTRITION ET ALIMENTATION
PSY 3048	3	A	1 j	PSYCHOLOGIE DE LA SANTÉ 1
SOL 1957S	3	AH	1	INIT. À LA SOCIOLOGIE DE LA SANTÉ
SOL 3004	3	A	1 j	INTRO. À LA GÉRONTOLOGIE SOCIALE
TXM 2420	3	AHE	1	PRÉVENTION ET TRAVAIL DE RUE

Sources et bibliographie

Sources

Archives de l'Université de Montréal

Fonds D35 (Cours supérieurs pour infirmières à l'Université de Montréal) et E62 (Fonds de la Faculté de nursing - sciences infirmières).

Annuaires généraux de l'Université de Montréal, de 1964 à 1999.

Rapports annuels de l'Université de Montréal, de 1970 à 2000.

Statistiques institutionnelles de l'Université de Montréal, de 1964 à 2000.

Jacques Ducharme et Francine Pilote (dir.), *Répertoire numérique détaillé du Fonds du Secrétariat général (D35) (1876-1950)*, Université de Montréal, Service des archives, Division des archives historiques, 1982.

Documents de la Faculté des sciences infirmières de l'Université de Montréal

Synthèse des activités de recherche et publications des professeurs de la FSI, de 1969 à 1999, et curriculum vitae des professeurs.

Archives des Sœurs Grises de Montréal

Fonds L102 (Institut Marguerite d'Youville), procès-verbaux, correspondances et programmes.

Archives orales

Huit entrevues réalisées avec des professeurs et doyennes de la Faculté (sœur Marie Bonin, sœur Jeanne Forest, sœur Marguerite Létourneau ; Mme Jeannine Pelland, Mme Diane Goyette, Mme Marie-France Thibaudeau, Mme Suzanne Kérouac, Mme Evelyn Adam).

Entrevues avec Alice Girard réalisées par Julienne Provost.

Entrevues réalisées par l'équipe de recherche de Yolande Cohen dans le cadre de la recherche sur « La profession infirmière » avec Alice Girard et Jeanne Reynolds.

Sources secondaires

Rapports d'enquête

Association des infirmières et infirmiers de la province de Québec, « La formation infirmière dans les cégep après cinq ans d'existence », octobre 1972.

Michel CHEVRIER, *Nouveaux programmes de nursing au niveau du baccalauréat,* Direction générale de l'enseignement collégial, 1977.

Commission royale d'enquête sur les services de santé, *La formation infirmière au Canada,* Ottawa, 1966.

MUSSALEM, Helen K., *Spotlight on Nursing Education, The Report of the Pilot Project for Evaluation of Schools of Nursing in Canada,* Ottawa, AIC, 1960.

LAMBERT, Cécile, « L'enseignement infirmier dans les cégeps. Plan d'action du ministère de l'Éducation du Québec », *L'infirmière canadienne,* avril 1980, p. 33-36.

LAMBERT, Cécile, *Historique du programme des techniques infirmières 1962-1978,* Québec, Éditeur officiel du Québec, 1979.

LALONDE, Marc, *Nouvelle perspective de la santé des Canadiens: un document de travail,* Ottawa, 1974.

WEIR, Georges, *Survey of Nursing Education in Canada,* Toronto, University of Toronto Press, 1932.

ZILM, Gwen, Odile LAROSE et Shirley STINSON, Rapport du séminaire national Kellogg en vue d'une préparation au niveau doctoral pour les infirmières et les infirmiers du Canada, Ottawa, AIIC, 1979.

Manuels

ALLEN, Moyra et Mary REIDY, *Learning to Nurse: the First Five Years of the Ryerson Nursing,* Toronto, Registered Nurses Association of Ontario, 1971.

DOCK, Lavinia, *Materia Medica for Nurses,* 1890.

HAMPTON, Isabel A., *Nursing: Its Principles and Practice*, 2ᵉ éd. (1ʳᵉ en 1893), Toronto, J. A. Carveth & Co, 1899.

IMY, *Le soin des malades: principes et techniques*, 2ᵉ éd. en 1955.

IMY, *Le nursing: principes généraux, pratique de base*, 4ᵉ éd. en 1968.

NIGHTINGALE, Florence, *Notes on Nursing: What It Is, and What It Is Not*, Londres, Harrison and Sons, 1859.

RHEAULT, M. Claire, s.g.m, *Le nursing, aspects fondamentaux des soins*. Montréal, Éditions du Renouveau pédagogique, 1973.

WEEKS, Clara, *A Textbook for Nurses*, 1885.

Bibliographie

ACKER, Françoise, « Informatisation des unités de soins et travail de formalisation de l'activité infirmière », *Sciences sociales et santé*, septembre 1995, vol. 13, n° 3, p. 69-90.

ACKER, Françoise, « Être et rester infirmière », *Soins*, n° 645, 2000, p. 36-39.

ACKER, Françoise, « Écriture du travail, travail d'écriture », dans *Diagnostics infirmiers, un langage pour le 3ᵉ millénaire,* n° 8 des Actes des journées d'étude de l'AFEDI, 2000.

ADAM, Evelyn, *Être infirmière*, 2ᵉ éd., Montréal, HRW, 1983.

ADAM, Evelyn, *I Mind the Time*, Montréal, E. Adam, 2000.

ARBORIO, Anne-Marie, « Quand le « sale boulot » fait le métier : les aides-soignantes dans le monde professionnalisé de l'hôpital », *Sciences sociales et santé*, vol. 13, n° 3, septembre 1995, p. 93-124.

BAILLARGEON, Denyse, « Care of Mothers and Infants in Montreal Between the Wars: The Visiting Nurses of the Metropolitan Life, Milk Deposits and Assistance maternelle », dans Dianne DODD et Deborah GORHAM (dir.), *Caring and Curing, Historical Perspectives on Women and Healing in Canada*, Ottawa, Presses de l'Université d'Ottawa, 1994, p. 163-182.

BENNER, Patricia et Judith WRUBEL, *The Primacy of Caring: Stress and Coping in Health and Illness*, Don Mills, Addison-Wesley, 1989.

BERGERON, Françoise, Danielle FLEURY et Sylvie TRUCHON, « Une conception du nursing et la démarche clinique de l'infirmière », Montréal, Faculté des sciences infirmières, Université de Montréal, 1987.

BERGERON, Françoise *et al.*, *Après 50 ans de formation infirmière universitaire: le point*, Université de Montréal, Faculté des sciences infirmières, 1984.

BERNIER, Jacques, *La médecine au Québec. Naissance et évolution d'une profession*, Québec, Les Presses de l'Université Laval, 1989.

BIENVENUE, Louise, « Le rôle du V.O.N. dans la croisade hygiéniste montréalaise (1897-1925) », mémoire de maîtrise (histoire), Université du Québec à Montréal, 1994.

BOSCHMA, Geertje, « Ambivalence about Nursing Expertise : the Role of a Gendered Holistic Ideology in Nursing », dans Anne-Marie RAFFERTY, Jane ROBINSON et Ruth ELKAN, *Nursing History and the Politics of Welfare*, Londres, Routledge, 1997, p. 164-176.

BOURDIEU, Pierre, *Le sens pratique*, Paris, Éditions de Minuit, 1980.

BOURDIEU, Pierre, *La domination masculine*, Paris, Seuil, 1998.

BOUTILIER, Beverly, « Helpers or Heroines ? The National Council of Women, Nursing, and "Woman's Work" in Late Victorian Canada », dans Diane DODD et Deborah GORHAM (dir.), *Caring and Curing*, Ottawa, Presses de l'Université d'Ottawa, 1994.

BUREAU-JOBIN, Céline et Jacinthe PEPIN, « Instrument de collecte de données », dans Evelyn ADAM, *Être infirmière*, 2ᵉ éd, Montréal, HRW, 1983, p. 45-68.

CAHOON, Margaret, « Research Developments in Clinical Settings : A Canadian Perspective » dans Shirley STINSON et Janet KERR (dir.) *International Issues in Nursing Research*, Philadelphie, Croom Helm, 1986.

CAMBROSIO, Alberto et Peter KEATING, « The Disciplinary Stake : The Case of Chronobiology » ?, *Social Studies of Science*, vol. 13, 1983, p. 323-353.

CARPER, Barbara A., « Fundamental Patterns of Knowing in Nursing » *Advances in Nursing Science*, 1, 1, 1978, p. 13-23.

COBURN, Judi, « I See and I Am Silent : A Short History of Nursing in Ontario », dans *Women at Work, 1850-1930*, Toronto, Canadian Women's Educational Press, 1974, p. 127-163.

CHEVALIER, Louis, *Classes laborieuses et classes dangereuses à Paris pendant la première moitié du XIXᵉ siècle*, Paris, Hachette, 1984 (1ʳᵉ éd. en 1958).

COHEN, Yolande, *Profession infirmière. Une histoire des soins dans les hôpitaux du Québec*, Montréal, Les Presses de l'Université de Montréal, 2000.

COHEN, Yolande, « La contribution des Sœurs de la Charité à la modernisation de l'Hôpital Notre-Dame, 1880-1940 », *The Canadian Historical Review*, vol. 77, nº 2, juin 1996, p. 185-220.

COHEN, Yolande, « La modernisation des soins infirmiers dans la province de Québec (1880-1930) : un enjeu de négociation entre professionnels », *Sciences sociales et santé*, vol. 13, nº 3, septembre 1995, p. 11-34.

COHEN, Yolande et Louise BIENVENUE, « Émergence de l'identité professionnelle chez les infirmières québécoises, 1890-1927 », *Bulletin canadien d'histoire de la médecine*, 11, 1994, p. 119-51.

COHEN, Yolande et Éric VAILLANCOURT, « L'identité professionnelle des infirmières canadiennes-françaises à travers leurs revues (1924-1956) », *Revue d'histoire de l'Amérique française*, 50, 4, printemps 1997, p. 537-570.

COLLIÈRE, Marie-Françoise, *Soigner... le premier art de la vie*, Paris, InterÉditions, 1996.

COLLIÈRE, Marie-Françoise, « Difficultés rencontrées pour désentraver l'histoire des femmes soignantes », dans François Walter (dir.), *Peu lire, beaucoup voir, beaucoup faire. Pour une histoire des soins infirmiers au 19ᵉ siècle*, Genève, Zoé, 1992, p. 13-31.

COLLIÈRE, Marie-Françoise, *Promouvoir la vie. De la pratique des femmes soignantes aux soins infirmiers*, Paris, InterÉditions, 1982.

COLLIN, Johanne, « La dynamique des rapports de sexes à l'université 1940-1980 : une étude de cas » *Histoire sociale*, vol. XIX, n° 38, novembre 1986, p. 365-385.

CORBO, Claude, *Repenser l'école. Une anthologie des débats sur l'éducation au Québec de 1945 au rapport Parent*, Montréal, Presses de l'Université de Montréal, 2000.

CREEKMUR, Terri, DEFELICE, Janet, DOUB, Marylin S., HODEL, Ann, PETTY, CHERYL Y., « Evelyn Adam : Conceptual Model for Nursing », dans Ann MARRIMER-TOMEY (dir.), *Nursing Theorists and their Work*, 2ᵉ éd., Saint Louis, Mosby, 1989, p. 133-145.

CREUTZER, Mathurin, « Les conditions sociohistoriques de la création des facultés de sciences de l'éducation au Québec », thèse de doctorat (sociologie), Université de Montréal, 1992.

DAIGLE, Johanne et Nicole ROUSSEAU, « Le service médical aux colons. Gestation et implantation d'un service infirmier au Québec (1932-1943) », *Revue d'histoire de l'Amérique française*, vol. 52, n° 1, été 1998, p. 47-72.

DAIGLE, Johanne, Nicole ROUSSEAU et Francine SAILLANT, « Des traces sur la neige... La contribution des infirmières au développement des régions isolées du Québec au XXᵉ siècle », *Recherches féministes*, vol. 6, n° 1, 1993, p. 93-104.

DAIGLE, Johanne, « Devenir infirmière : le système d'apprentissage et la formation professionnelle à l'Hôtel-Dieu de Montréal, 1920-1970 », thèse de doctorat (histoire), Université du Québec à Montréal, 1990.

DAIGLE, Johanne, « Une « révolution » dans la tradition : les réformes dans le champ de la santé au cours des années 1960 et l'organisation du travail hospitalier », dans Robert COMEAU *et al.*, *Jean Lesage et l'éveil d'une nation : les débuts de la révolution tranquille* Colloque sur les leaders politiques du Québec contemporain (1988), Sillery, Presses de l'Université du Québec, 1989.

DAIGLE, Johanne, « L'émergence et l'évolution de l'Alliance des infirmières de Montréal, 1946-1966 », mémoire de maîtrise (histoire), UQAM, 1983.

DANDURAND, Pierre, Marcel FOURNIER, Léon BERNIER, « Développement de l'enseignement supérieur, classes sociales et lutte nationales au Québec », *Sociologie et sociétés*, vol. 12, n° 1, avril 1980, p. 101-132.

DANYLEWYCZ, Martha, *Profession religieuse. Un choix pour les Québécoises, 1840-1920*, Montréal, Boréal, 1988.

DAVIES, Celia, *Rewriting Nursing History,* Londres, Croom Helm, 1980.

DESJARDINS, Édouard *et al., Histoire de la profession infirmière au Québec,* Montréal, AIPQ, 1970.

DELOUGHERY, Grace L., *Issues and Trends in Nursing,* Saint Louis, Mosby, 1991.

DESROSIERS, Georges, Benoît GAUMER et Othmar KEEL, *La santé publique au Québec. Histoire des unités sanitaires de comté 1926-1975,* Montréal, Les Presses de l'Université de Montréal, 1997.

DESROSIERS, Georges, Benoît GAUMER et Othmar KEEL, *Vers un système de santé publique au Québec. Histoire des unités sanitaires de comté 1926-1975,* Université de Montréal, département de médecine sociale et préventive, département d'histoire, 1991.

DESROSIERS, Georges, Benoît GAUMER et Othmar KEEL, « Contribution de l'École d'hygiène de l'Université de Montréal à un enseignement francophone de santé publique, 1946-1970 », *Revue d'histoire de l'Amérique française,* vol. 47, n° 3, hiver 1994.

DICENSO, Alba, « Clinically Useful Measures of the Effects of Treatment », *Evidence-Based Nursing,* n° 4, 2001, p. 36-39.

DIEBOLT, Évelyne et Marie-Françoise Collières, *Pour une histoire des soins et des professions soignantes,* Lyon, AMIEC, 1988.

DOBBINS, Maureen, Donna CILISKA et Alba DICENSO, « Dissemination and Use of Research Evidence for Policy and Practice: A Framework for Developing, Implementing and Evaluating Strategies », report prepared for the Dissemination and Utilization Model Advisory Committee of the Canadian Nurses' Association and Health Canada, 1998.

DODD, Diane et Deborah GORHAM (dir.), *Caring and Curing. Historical Perspectives on Women and Heath in Canada,* Ottawa, Presses de l'Université d'Ottawa, 1994.

DONAHUE, Patricia et Patricia A. RUSSAC (dir.), *Nursing: the Finest Art: An Illustrated History,* Saint Louis, Toronto, C. V. Mosby, 1985.

DONALDSON, Sue K., CROWLEY et Donna M., « The Discipline of Nursing », *Nursing Outlook,* 26, 2, 1978, p. 113-120.

DUBOS, René J., *Man Adapting,* New Haven, Yale University Press, 1965.

DUCHARME, Francine et Diane SAULNIER, « La recherche contribue-t-elle à influencer la pratique professionnelle ? », actes du colloque « La gériatrie: une jeune tradition », Institut universitaire de gériatrie de Montréal, octobre 1998.

DUHAMEL, Fabie, *La famille et la santé: une approche systémique en soins infirmiers,* Boucherville, Gaëtan Morin éditeur, 1995.

DUFOUR, Andrée, *Histoire de l'éducation au Québec,* Montréal, Boréal Express, 1997.

DUMONT, Micheline et Nadia FAHMY-EID, *Les Couventines. L'éducation des filles au Québec dans les congrégations religieuses enseignantes, 1840-1960*, Montréal, Boréal, 1986.

DUMONT, Micheline, « Les infirmières... cols roses ? », *Nursing Québec*, vol. 1, n° 6, 1981, p. 10-19.

DUQUETTE, André *et al.*, « Gestion du stress en soins infirmiers : une approche novatrice », *Soins*, 9, 1, 1994, p. 48-55.

FAHMY-EID, Nadia *et al.*, *Femmes, santé et professions : histoire des diététistes et des physiothérapeutes au Québec et en Ontario, 1930-1980*, Montréal, Fides, 1997.

FAHMY-EID, Nadia et Aline CHARLES, « Savoirs contrôlés ou pouvoir confisqué ? La formation des filles en technologie médicale, réhabilitation et diététique à l'Université de Montréal », *Recherches féministes*, vol. 1, n° 1, 1988, p. 5-29.

FAWCETT, Jacqueline, « The Metaparadigm of Nursing : Present Status and Future Refinements », *Image : The Journal of Nursing Scholarship, 16, 30*, 1984, p. 84-89.

FORTIN, Marie-Fabienne, *Le processus de la recherche : de la conception à la réalisation*, Montréal, Décarie Éditeur, 1996.

FORTIN, Marie-Fabienne, « Nurse Practitioner in Primary Care : A Longitudinal Study of 99 Nurses and 79 Physiciens », *Canadian Medical Association Journal*, 115, 1977, p. 856-862.

FOURNIER, Marcel, Yves GINGRAS et Othmar KEEL (dir.), *Sciences, médecine au Québec : perspectives sociohistoriques*, Québec, Institut québécois de la recherche sur la culture, 1987.

FRIEDSON, Eliot, *Profession of Medicine*, New York, Harper & Row, 1970.

GAMARNIKOW, Eva, « Nurse or Woman : Gender and Professionalism in Reformed Nursing, 1860-1923 », dans Pat HOLDEN and Jenny LITTLEWOOD, *Anthropology and Nursing*, Routledge, 1991, p. 110-129.

GAUCHER, Dominique, « La formation des hygiénistes à l'Université de Montréal, 1910-1975 : de la santé publique à la médecine préventive », *Recherches sociographiques*, XX, 1, janvier-avril 1979.

GINGRAS, Yves, « L'institutionnalisation de la recherche en milieu universitaire et ses effets », *Sociologie et sociétés*, vol. XXIII, n° 1, printemps 1991, p. 41-54.

GOTTLIEB, Laurie et Kathleen M. ROWAT, « The McGill Model of Nursing : A Practice-derived Model », *Advances in Nursing Science*, 9, 4, 1987, p. 51-61.

GOTTLIEB, Laurie et Hélène EZER, « A Perspective on Health, Family, Learning and Collaborative Nursing », Montréal, McGill University School of Nursing, 1997.

322   *Les sciences infirmières : genèse d'une discipline*

322   *Les sciences infirmières : genèse d'une discipline*

GOULET, Olive et Clémence DALLAIRE, *Soins infirmiers et société*, Boucherville, Gaëtan Morin, 1999.

GOULET, Olive (dir.), *La profession infirmière. Valeurs, enjeux, perspectives.* Boucherville, Gaëtan Morin éditeur, 1993.

GOULET, Denis, François HUDON et Othmar KEEL, *Histoire de l'Hôpital Notre-Dame de Montréal*, Montréal, VLB Éditeur, 1993.

GOULET, Denis, *Histoire de la Faculté de médecine de l'Université de Montréal, 1843-1993*, Montréal, VLB Éditeur, 1993.

GRATTON, Francine, *Les suicides d'«ÊTRE» de jeunes Québécois,* Montréal, Les Presses de l'Université du Québec, 1996.

GRENIER, Raymond, Janine DRAPEAU et Jacqueline DÉSAUTELS, *Normes et critères de qualité des soins infirmiers,* Montréal, Décarie, 1989.

GUÉRARD, François, *Histoire de la santé au Québec*, Montréal, Boréal Express, 1996.

HEAP, Ruby et Alison PRENTICE (dir.), *Gender and Education in Ontario,* Toronto, Canadian Scholars' Press, 1991.

HENDERSON, Virginia, *The Nature of Nursing: A Definition and Its Implications for Practice, Research, and Education*, New York, Macmillan, 1966.

HENDERSON, Virginia, « The Nursing Process — Is the Title Right ? », *Journal of Advanced Nursing*, vol. 7, 1982, p. 103-109.

JUTEAU, Danielle et Nicole LAURIN, « La sécularisation et l'étatisation du secteur hospitalier au Québec de 1960 à 1966 » dans Robert COMEAU, *et al., Jean Lesage et l'éveil d'une nation: les débuts de la révolution tranquille,* Colloque sur les leaders politiques du Québec contemporain (1988), Sillery, Presses de l'Université du Québec, 1989.

KEATING, Peter et Othmar KEEL, *Santé et société, 19ᵉ et 20ᵉ siècles*, Montréal, Boréal, 1995.

KEDDY, Barbara, « The Nurse as Mother Surrogate: Oral Histories of Nova Scotia Nurses from the 1920s and 1930s », *Health Care for Women International,* 5, 1984, p. 181-193.

KEDDY, Barbara, « Private Duty Nursing Days in the 1920s and 1930s in Canada », *Canadian Woman Studies*, 7, 3, 1984, p. 99-102.

KEDDY, Barbara *et al.*, « Nurses Work World: Scientific of Womanly Ministering ? », *Resources for Feminist Research* 16, 4, 37-39.

KÉROUAC, Suzanne, Jacinthe PEPIN, Francine DUCHARME, André DUQUETTE et Francine MAJOR, *La pensée infirmière*, Laval, Études vivantes, 1995.

KERR-ROSS, Janet, *Prepared to Care. Nurses and Nursing in Alberta,* Edmonton, University of Alberta Press, 1998.

KERR-ROSS, Janet et Jannetta MACPHAIL, *Canadian Nursing. Issues and Perspectives.* Saint Louis, Mosby, 3ᵉ éd., 1996.

KINEAR, Julia, «The Professionnalisation of Canadian Nursing, 1924-1932: Views in the CN and the CMAJ», *Bulletin canadien d'histoire de la médecine* 11, n° 1, 1994, p. 153-174.

KIRKWOOD, Rondalyn, «Blending Vigorous Leadership and Womanly Virtue: Edith Kathleen Russel at the University of Toronto, 1920-1952», *Bulletin canadien d'histoire de la médecine* 11, 1, 1994, p. 175-206.

KNIEBILHER, Yvonne, *Cornettes et blouses blanches. Les infirmières dans la société française, 1880-1980*, Paris, Hachette, 1984.

KOVEN, Seth et Sonya MICHEL, *Mothers of a New World. Maternalist Politics and the Origins of Welfare State*, New York et Londres, Routledge, 1993.

KRAVITZ, Mona, Maureen A. FREY, «The Allen Nursing Model», dans Joyce J. FITZPATRICK et Ann L. WHALL (dir.), *Conceptual Models of Nursing. Analysis and Application*, 2ᵉ éd., Norwalk, Appleton & Lange, 1989.

LAHAISE, Robert, «L'Hôtel-Dieu du Vieux-Montréal», dans *L'Hôtel-Dieu de Montréal 1642-1973* (en collaboration), Montréal, Hurtubise HMH, 1973.

LAMONTAGNE, Esther, «Histoire sociale des savoir-faire infirmiers au Québec de 1880 à 1970», mémoire de maîtrise (histoire), Université du Québec à Montréal, 1999.

LAPOINTE-ROY, Huguette, *Charité bien ordonnée. Le premier réseau de lutte contre la pauvreté à Montréal au XIXᵉ siècle*, Montréal, Boréal, 1987.

LAURIN, Jacqueline, «The Philosophy of Nursing: What It Is. What It Is Not». A Discussion Paper. Philosophy in the Nurse's World. An Invitational Conference, Banff, Alberta, 1991.

LAURIN, Jacqueline, *Évaluation de la qualité des soins infirmiers*, 2ᵉ éd., Saint-Hyacinthe, Édisem, 1988.

LAURIN, Nicole, Danielle JUTEAU, *Un métier, une vocation. Le travail des religieuses au Québec de 1900 à 1970*, Montréal, Les Presses de l'Université de Montréal, 1996.

LAURIN, Nicole, Danielle JUTEAU et Lorraine DUSCHESNE, *À la recherche d'un monde oublié: les communautés religieuses de femmes au Québec de 1900 à 1970*, Montréal, Le Jour, 1991.

LAUZON, Sylvie, «Gortners Contribution to Nursing Knowledge development», *Image: Journal of Nursing Scholarship*, 2, 7, 1995, p. 100-103.

LAUZON, Sylvie (dir.), *Past, Present and Future of the Discipline of Nursing: Redefining the Ties of Philosophy of Science*, Proceedings of the 5ᵗʰ Annual Rosemary Ellis Scholars Retreat, Frances Payne Bolton School of Nursing, Cleveland, Ohio, 1994.

LAWLER, Jocalyn, «In Search of an Australian Identity», dans Mikel GRAY et Robert PRATT (dir.), *Towards a Discipline of Nursing*, Melbourne, Churchill Livingstone, 1991.

LAZURE, Hélène, *Vivre la relation d'aide, approche théorique et pratique d'un critère de compétence de l'infirmière*, Montréal, Décarie, 1991.

LEROUX-HUGON, Véronique, *Des saintes laïques: les infirmières à l'aube de la Troisième République*, Paris, Sciences en situation, 1992

LÉVESQUE, Louise, Carole ROUX et Sylvie LAUZON, *Alzheimer, comprendre pour mieux aider*, Montréal, Éditions du Renouveau pédagogique, 1990.

LÉVESQUE, Louise, *Un défi simplement humain: des soins aux personnes atteintes de déficits cognitifs*, Montréal, Éditions du Renouveau pédagogique, 1988.

LIPPMAN, Doris T., *The Evolution of the Nursing Textbooks in the United States from 1873 to 1953: A Preliminary Survey*, Columbia University Teachers College, 1980.

LOUX, Françoise, *Traditions et soins d'aujourd'hui*, Paris, InterÉditions, 1982.

MAGNON, René, *Léonie Chaptal, 1873-1937: la cause des infirmières*, Paris, Lamarre, 1991.

MASLOW, Abraham, *Motivation and Personality*, 2ᵉ éd., New York, Harper and Row, 1970.

MCPHERSON, Kathryn, *Bedside Matters. The Transformation of Canadian Nursing, 1900-1990*, Oxford University Press, 1996.

MCPHERSON, Kathryn, « Science and Technique: The Content of Nursing Work at a Canadian Hospital, 1920-1939 », dans Dianne DODD et Deborah GORHAM (dir.), *Caring and Curing, Historical Perspectives on Women and Healing in Canada*, Ottawa, Presses de l'Université d'Ottawa, 1994.

MELEIS, Afaf Ibrahim, *Theoretical Nursing: Development and Progress*, Philadelphie, J. B. Lippincott, 1991.

MELOSH, Barbara, *The Physician's Hand: Work, Culture and Conflict in American Nursing*, Philadelphie, Temple University Press, 1982.

MITCHELL, G. J., « Diagnosis: Clarifying or Obscuring the Nature of Nursing », *Nursing Science Quarterly*, 4, 2, 1991, p. 52.

NADOT, Michel, « La formation infirmière, une histoire à ne pas confondre avec celle de la médecine », dans François WALTER, *Peu lire, beaucoup voir, beaucoup faire. Pour une histoire des soins infirmiers au 19ᵉ siècle*, Genève, Zoé, 1992.

NEWMAN, Margaret A., Margaret SIME, Sheila A. CORCORAN-PERRY, « The Focus of the Discipline of Nursing », *Advances in Nursing Science*, 14, 1, 1991, p. 1-6.

OLSON, Thomas, « Laying Claim to Caring: Nursing and the Language of Training, 1915-1937 », *Nursing Outlook*, 41, 2, mars-avril 1993, p. 68-72.

ORLANDO, Ida J., *The Dynamic Nurse-Patient Relationship; Function, Process and Principles*. New York, Putnam, 1961.

PAUL, Pauline, « A History of the Edmonton General Hospital: 1895-1970, "Be Faithful to the Duties of your Calling" », thèse de doctorat, Université de l'Alberta, 1994.

PELCHAT, Diane, *Déficiences, incapacités et handicaps: processus d'adaptation et qualité de vie de la famille*, Montréal, Éditions Guérin Universitaire, 1994.

PEPIN, Jacinthe, Francine DUCHARME, Suzanne KEROUAC, Louise LÉVESQUE, Nicole RICARD, André DUQUETTE, «Développement d'un programme de recherche basé sur une conception de la discipline infirmière», *Canadian Journal of Nursing Research/Revue canadienne de recherche en sciences infirmières*, 26, I, 1994, p. 41-53.

PEPLAU, Hildegard E., *Interpersonal Relations in Nursing; A Conceptual Frame of Reference for Psycho-dynamic Nursing*, New York, Putnam, 1952.

PETITAT, André, *Les infirmières. De la vocation à la profession*, Montréal, Boréal, 1989.

PIERRE-DESCHÊNES, Claudine, «Santé publique et organisation de la profession médicale au Québec 1870-1918», *Revue d'histoire de l'Amérique française*, vol. 35, n° 3, décembre 1981, p. 355-375.

RAFFERTY, Anne Marie, *The Politics of Nursing Knowledge*, Londres, Routledge, 1996.

RAFFERTY, Anne Marie, *Nursing History and the Politics of Welfare*, Londres-New York, Routledge, 1997.

REVERBY, Susan, *Ordered to Care: The Dilemma of American Nursing, 1850-1945*, Cambridge-New York, Cambridge University Press, 1987.

RICHARDSON, Sharon L., «The Historical Relationship of Nursing Program Accreditation and Public Policy in Canada», *Nursing History Review*, 4, p. 19-41.

RIEGLER, Natalie, N., «The work and networks of Jean I. Gunn, Superintendent of Nurses, Toronto General Hospital 1913-1941: A Presentation of Some Issues in Nursing during Her Lifetime 1882-1941», thèse de doctorat, Université de Toronto, 1992.

REIDY, Mary et Marie-Elizabeth TAGGART (dir.), *VIH/Sida: une approche heuristique et multidisciplinaire: résultats et stratégies pour les professionnels de la santé*, Boucherville, Gaëtan Morin éditeur, 1995.

ROUSSEAU, François, *La Croix et le Scalpel. Histoire des Augustines et de l'Hôtel-Dieu de Québec*, 2 vol., Québec, Septentrion, 1994.

ROUX, Carole, Sylvie LAUZON et Louise LÉVESQUE, *Alzheimer, comprendre pour mieux aider*, Laval, Éditions du Renouveau pédagogique, 1996.

SAILLANT, Francine, «La part des femmes dans les soins de santé», *Revue internationale d'action communautaire*, 28/68, automne, 1992.

SARFATTI LARSON, Magali, *The Rise of Professionalism: a Sociological Analysis*, Berkeley, University of California Press, 1979.

SELLERS, Eileen T., «Images of a New Sub-Culture in Australian University: Perceptions of Non-nurse Academics of the Discipline of Nursing», *Higher Education*, 43, 2002, p. 157-172.

Skeggs, Beverley, *Formation of Class and Gender*, Londres, Sage, 1997.

Stinson, Shirley et Janet Kerr (dir.), *International Issues in Nursing Research*, Philadelphie, Croom Helm, 1986.

Stuart, Meryn, « Shifting Professional Boundaries : Gender Conflict in Public Health Nursing 1920-1925 », dans Diane Dodd et Deborah Gorham, (dir.), *Caring and Curing. Historical Perspectives on Women and Health in Canada*, Ottawa, Presses de l'Université d'Ottawa, 1994.

Summers, Ann, *Angels and Citizens : British Women as Military Nurses, 1854-1914*, Londres, Routledge, 1988.

Thibaudeau, Marie-France, « L'évolution de la recherche infirmière au Québec », dans Olive Goulet, *La profession infirmière : valeurs, enjeux, perspectives*, Boucherville, Gaëtan Morin éditeur, 1993, p. 209-228.

Thibaudeau, Marie-France, *L'enseignement au malade*, Montréal, Les Presses de l'Université de Montréal, 1974.

Tremblay, Arthur, *Le ministère de l'Éducation et le Conseil supérieur. Antécédents et création, 1867-1964*, Québec, Presses de l'Université Laval, 1989.

Trottier, Louise-Hélène, « Évolution de la profession infirmière au Québec de 1920 à 1980 », mémoire de maîtrise (sociologie), Université de Montréal, 1982.

Vaillancourt, Éric, « Les rapports médecins-infirmières au Canada et au Québec : analyse de l'interdiscursif à travers leurs revues professionnelles : (1867-1920) », mémoire de maîtrise, Université du Québec à Montréal, 1995.

Valverde, Mariana, *The Age of Light, Soap, and Water : Moral Reform in English Canada : 1885-1925*, Toronto, McClelland and Stewart, 1991.

Véga, Anne, « Les infirmières hospitalières françaises : l'ambiguïté et la prégnance des représentations professionnelles », *Sciences sociales et santé*, vol. 15, n° 3, septembre 1997, p. 103-130.

Verdier, Yvonne, *Façons de dire, façons de faire. La laveuse, la couturière, la cuisinière*, Paris, Gallimard, 1979.

Vicinus, Martha, *Independent Women : Work and Community for Single Women, 1850-1920*, Chicago, University of Chicago Press, 1985.

Voisine, Nive et Philippe Sylvain, *Histoire du catholicisme québécois*, vol. 2, tome 2 : « Réveil et consolidation (1840-1898) », Montréal, Boréal, 1991.

Watson, Jean, *Nursing : The Philosophy and Science of Caring*, 2ᵉ éd., Boulder, Colorado, Associated University Press, 1985.

White, Jill, « Patterns of Knowing : Review, Critique and Update », *Advances in Nursing Science*, vol. 17, n° 4, juin 1995, p. 73-86.

Wiedenback, Ernestine, *Clinical Nursing : A Helping Art*, New York, Springer Verlag, 1964.

Autres

Association des professeurs de l'Université de Montréal avec le concours des professeurs Michel BRUNET, Pierre DANSEREAU, Abel GAUTHIER, Jacques HENRIPIN, Maurice LABBÉ, André MOREL et André RAYNAULD, *L'Université dit non aux jésuites*, Éditions de l'Homme, Montréal, 1961.

Textes inédits

DESROSIERS, Georges, Benoît GAUMER et Othmar KEEL, « Étude de l'évolution des structures et du contenu de l'enseignement universitaire spécialisé de santé publique au Québec et de ses déterminants de la fin du XIXe à 1970 », communication présentée au Congrès des sociétés savantes, Hamilton, 1987.

KIRKWOOD, Lynn, « Nursing's Intellectual Foundations : McGill University, 1920-1975 », communication présentée dans le cadre du congrès de l'ACFAS, 16 mai 2000.

LAMONTAGNE, Esther, « Savoirs infirmiers et professionnalisation », communication présentée dans le cadre du colloque « Enjeux et promesses de l'histoire des femmes », Université du Québec à Montréal, 30 novembre 2001.

LAMONTAGNE, Esther, « L'émergence de la discipline infirmière au Québec : le cas de la Faculté des sciences infirmières de l'Université de Montréal », rapport de recherche, séminaire de doctorat, Université du Québec à Montréal, avril 2001.

LLOYDLANGSTON, Amber, « Women in Botany in the Federal Department of Agriculture, 1887-1920 », communication présentée dans le cadre de la réunion annuelle de la Société historique du Canada, Québec, mai 2001.

MCPHERSON, Kathryn, « Nursing and the Construction of the Canadian Welfare State 1920-1970 », communication présentée dans le cadre de la conférence annuelle de l'Association canadienne pour l'histoire du nursing, Edmonton, Alberta, juin 1999.

Table des matières

AGMV Marquis

MEMBRE DE SCABRINI MEDIA

Québec, Canada
2002